밀레니얼의 반격

밀레니얼의 반격

초판 발행 · 2019년 10월 30일
초판 4쇄 발행 · 2020년 11월 20일

지은이 · 전정환
발행인 · 이종원
발행처 · (주)도서출판 길벗
브랜드 · 더퀘스트
주소 · 서울시 마포구 월드컵로 10길 56(서교동)
대표전화 · 02)332-0931 | **팩스** · 02)322-0586
출판사 등록일 · 1990년 12월 24일
홈페이지 · www.gilbut.co.kr | **이메일** · gilbut@gilbut.co.kr

기획 및 편집 · 김세원(gim@gilbut.co.kr), 유예진, 송은경, 오수영 | **제작** · 이준호, 손일순, 이진혁
영업마케팅 · 정경원, 최명주 | **웹마케팅** · 이정, 김선영 | **영업관리** · 김명자 | **독자지원** · 송혜란

기획 · 이진아콘텐츠컬렉션 | **디자인** · aleph design | **교정교열** · 공순례
CTP 출력 및 인쇄 · 예림인쇄 | **제본** · 예림바인딩

ISBN 979-11-6050-955-7 03320
(길벗 도서번호 090147)

정가 17,000원

독자의 1초를 아껴주는 정성 길벗출판사

길벗 | IT실용서, IT/일반 수험서, IT전문서, 경제실용서, 취미실용서, 건강실용서, 자녀교육서
더퀘스트 | 인문교양서, 비즈니스서
길벗이지톡 | 어학단행본, 어학수험서
길벗스쿨 | 국어학습서, 수학학습서, 유아학습서, 어학학습서, 어린이교양서, 교과서

이 도서의 국립중앙도서관 출판예정도서목록(CIP)은 서지정보유통지원시스템 홈페이지(http://seoji.nl.go.kr)와 국가자료공동목록시스템
(http://www.nl.go.kr/kolisnet)에서 이용하실 수 있습니다. (CIP제어번호: CIP2019040277)

THE REVENGE OF MILLENNIALS

라이프스타일 혁신가들이 몰려온다

밀레니얼의 반격

전정환 지음

더퀘스트

시대의 변화를 이끄는
밀레니얼 개척자들

밀레니얼 시대,
어떤 변화가 일어나고 있는가?

워라밸, 소확행, 갭이어, 퇴사준비생, 멀티Job, 1인 가구, Go 지방, No재테크, 레트로, 뉴트로, 도시재생, 로컬 크리에이터, 업사이클링, 공유경제…. 최근 몇 년 사이 점점 화제가 되고 있는 용어들이다. 실제로 구글 검색 트렌드에서 '퇴사', '레트로'는 5년 전보다 검색 횟수가 4배 증가했고, '로컬'은 2배, '도시재생'은 20배 증가했다. 3년 전 검색 트렌드에 처음 등장한 '워라밸'도 검색 횟수가 20배로 늘었다.

대학내일20대연구소는 2018년에 이전 2년간 다수 미디어에 회자

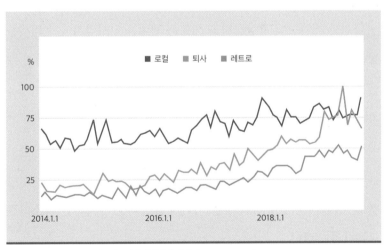

'퇴사', '레트로', '로컬' 키워드의 5년간 검색어 추이(출처: Google Trends)

된 트렌드를 중심으로 기존의 보편적 삶과 달리 새롭게 등장한 라이프스타일을 조사했다. 전국 20~39세 남녀 800명을 대상으로 설문조사한 결과, 이해도 1위는 Go 지방(82.1%, 서울에서 지방 도시로의 이주를 선택하는 것), 2위는 갭이어·No대학(79.6%, 학업이나 직장생활을 잠시 중단하고, 미래의 방향을 설정하기 위해 다양한 경험을 해보며 시간을 갖는 것), 3위는 쓰죽회(78.4%, 다 쓰고 죽자란 뜻으로, 자식들을 위해 희생하지 않고 여행, 취미생활, 자기계발 등을 하며 독립적이고 자유롭게 살고자 하는 것)였다.

이렇게 다양한 라이프스타일이 일시에 몰려오자 기성세대는 당혹스러워하고 있다. 도대체 어떤 변화가 일어나고 있는 걸까? 조직의 사다리를 올라가고, 재테크로 풍요로운 경제력을 얻고, 자녀에게 자산과 권력을 물려주는 것을 지상 과제로 삼았던 세대에게는 해석하기가 쉽지 않은 현상이다.

극심한 취업난에도 불구하고 새로운 세대는 입사하자마자 퇴사를 꿈꾼다. 이들에게는 빠른 승진보다 칼퇴를 하고 개인 시간을 가질 수 있는 직장이 좋은 직장이다. 1년에 몇 번은 휴가를 내고 해외여행을 가거나 여유 시간에 취향에 맞는 커뮤니티 모임에 참여하는 삶을 부러워한다. 저축할 여윳돈은 없지만 사회적 가치를 실현하는 제품이라면 비싼 돈을 주고 선뜻 사기도 한다. 평소 정치에 전혀 무관심한 것 같지만, 사회가 공정한 룰을 지키지 않는다고 생각하면 목소리를 드높이기도 한다.

기성세대에게 이들은 끈기가 없고, 생각이 깊지 않으며, 즉흥적인 세대로 보인다. 어렵게 얻은 좋은 직장도 쉽게 내던지고, 상사의 꾸지람 한마디에 짐을 싸고, 자기가 하고 싶은 일만 하고 싶어 하고, 돈을 모으기 힘들 것 같은 사업에 쉽게 뛰어들고, 정치에 통 무관심하다. 이런 모습을 보면서 우리 사회의 미래가 암담하다고 느낀다.

반면, 밀레니얼 세대는 자신들을 걱정하고 불안해하며 가르치려드는 윗세대들을 '꼰대'라고 부른다.

세대 차이는 현상일 뿐,
본질은 '시대 변화'다

새로운 라이프스타일이 정신없이 밀려들면서 세대 간 차이가 주목받고 있다. 하지만 세대 차이는 현상일 뿐이고, 본질은 시대 변화다. 이런 현상은 대한민국이 '물질주의 사회' 단계를 거쳐 '탈물질주의 사회'로 이동하고 있다는 증거들이다. 탈물질주의 사회는 경쟁, 성장, 노력, 신분을 추구하는 기존 사회와 달리 개성, 다양성, 심미성, 차별성, 연대의 가치를 추구한다. 조직에 연연하지 않고 개인으로서 자유롭게 자기 삶을 살아가는 세상인 것이다. 이런 탈물질주의 사회는 21세기 선진국의 보편적인 모습이다. 우리는 이제 명실상부한 선진국으로 가고 있는 셈이다.

역사적으로 볼 때 시대 변화의 과정이 순탄한 적은 없었다. 우리 사회가 산업화와 (제도적) 민주화 시대로 바뀔 때도 진통이 있었다. 서구 선진국들은 1960년대에 반전 운동, 반문화 운동, 히피 등 극심한 혼돈과 갈등을 겪고 나서 탈물질주의 사회로 이동했다. 그 결과 현재의 개인주의와 자유주의가 바탕이 된 선진국 사회가 되었다. 탈물질주의 사회에서는 매력적인 라이프스타일을 만들어낼 수 있는 개인이 성공하고, 그러한 산업이 성장하고 도시가 번영한다. 이런 사회로의 변화는 진보, 보수의 문제도 아니고 세대 문제도 아니다. 경제가 발전하고 삶의 질이 지속적으로 높아지면서 개인의 표현 가치를 바탕으로 성숙한 민주주의 사회로 가는, 전 세계 선진국들의 보편적인 지향점이다.

이러한 시대 변화의 과도기에 가진 것이 적어 잃을 것도 적은 2030세대의 일부는 보다 적극적으로 행동한다. 꼰대들이 점령한 직장생활에서는 워라밸을 제일 중요시하던 이들이지만, 자신이 지향하는 가치가 실현될 수 있다면 어디서든 쉼 없이 일한다. 어떤 이들은 퇴사 후 골목길에 독립서점을 내거나, 지역 콘텐츠를 담고 커뮤니티로서 기능하는 매력적인 작은 식당이나 베이커리를 창업하기도 한다. 적은 수입과 바쁜 일과에도 불구하고 이런 삶을 지속할 수 있기를 열망한다. 서울에서 태어나고 자란 청년들이 어느 날 제주 · 강릉 · 목포와 같은 지방 도시로 이동하여 도시를 재생한다고 하거나, 대학 입학과 함께 어렵게 서울에 입성한 후 사회생활을 하다가 고향으로 리턴해서 도시 브랜딩에 뛰어들고 지역혁신 커뮤니티를 조성하기도 한다. 위기에 처한 제조업의 부모님 가업을 물려받아 산업화 시대에 축적된 콘텐츠와 밀레니얼 시대의 커뮤니티를 융합해 새로운 라이프스타일 기업으로 변신시켜 크게 키우기도 한다.

40대 이상 세대 중 일부 선구자들도 시대 변화에 앞장서고 있다. 이들은 세대 내, 세대 간으로 보면 소수자 그룹에 속하지만 사회적 임팩트는 상당히 크다. 그동안 쌓아온 전문성과 경험을 새로운 시대에 접목하여 매력적인 라이프스타일 산업을 열어낸다. 이들은 시대의 흐름을 읽으면서 한곳에 머물거나 갇히지 않고 끊임없이 변화하고 성장한다. 그리고 세대 간에 격의 없이 교류하면서 창의적 결과물을 만들어낸다. 경제적 자산이 많은 사람들은 건물을 매입해 공간을 제공하여 스타트업에 투자하는 방식으로 밀레니얼 세대와 협력하고, 사회적 자본이 풍부한 사람들은 다양한 영역과 세대의 혁신가들을 연결하여 변화를 확산시킨다.

이러한 개척자들은 영역과 지역, 세대의 경계를 넘어 기존의 물질주의 시대에 만들어진 성공 방정식에 문제를 제기하면서 '자기를 표현하고 실천'한다. 근대화 세대가 서울 강남을 꼭짓점으로 만들었다면, 이들은 강북의 골목길에서 일상의 위대함을 되찾아낸다. 지방 도시 곳곳에서 고유의 자원을 발굴하고 미래를 열어간다. 전국을 평평한 운동장이 아니라, 다양한 지역이 저마다의 정체성을 통해 자신만의 기울기를 갖게 한다. 과거의 것을 낡았다고 버리지 않고 새롭게 되살려 힙한 미래 가치로 만들어낸다. 그 과정에서 세대와 세대의 기억과 가치가 콘텐츠를 통해 재생되고 연결되게 한다.

나는 이 책에서 이들을 '밀레니얼 개척자'라고 부른다. 이들은 근대화 시대의 직장인과 다르다. 조직의 사다리를 오르는 걸 지상 과제로 여기지도 않고, 자신에게 익숙한 영역과 지역에 갇혀 있지도 않다. 이들은 항상 창의적 연결을 위해 중심보다 경계에 서는 '창의적 경계인'들이다. 안정된 직장을 그만두고 전혀 다른 영역에 도전하기도 하고, 모두가 척박하다고 말하는 지방 도시로 뛰어들기도 하며, 국경을 넘나들며 뜻밖의 연결을 만들어내기도 한다. 이기고 지는 경쟁이 아니라, 정보 공유를 통해 시너지를 일으키며 자유롭게 연대하고 실천한다. 디지털을 자유롭게 사용하되, 아날로그를 사랑한다. 민간과 공공의 영역을 가리지 않고 어느 자리에 있든 변화의 실천가이자 매개자가 된다. 쌓아온 경험과 지식으로 울타리를 두르지 않고 잊고 배우고 융합해내며, 스스로 자기 삶의 디자이너가 되어 자신만의 정체성과 경쟁력을 만들어간다.

전환의 시기, 위기는 곧 기회다!

밀레니얼 개척자들은 자신이 시대 전환기에 살고 있다는 사실을 잘 안다. 경제적 성공보다 자기다움을 잃지 않고 살아갈 수 있는 장기적 성공을 추구하기에 눈앞의 온갖 어려움을 견디며 뚫고 나간다. 그들은 '우리도 한번 잘살아보세'라는 물질주의적 희망으로 살아온 근대화 세대와 달리, 부의 쟁취와 대물림이 더는 가슴 뛰는 희망이 되지 못하는 시대가 됐음을 안다.

지금 우리가 사는 세상은 물질적으로는 과거보다 풍요로워졌지만 인구가 점점 줄고, 저성장이 일상화되며, 지방이 쇠퇴하고 있다. 기회가 특정 계층과 지역에 편중될 뿐 아니라 전 지구적인 환경 위기마저 심화되고 있다. 이런 시대에 강력한 원동력이 되는 것은 탈물질주의적 가치다.

하지만 대한민국이 탈물질주의의 선진 사회로 나가기 위해서는 풀어야 할 몇 가지 문제가 있다. 첫째, 기성세대의 주류가 과거의 성공 경험에 도취되어 있다. 산업화·민주화 시대에 성공했던 이들이 사회를 지배하고 있고, 이들은 자신의 방법이 언제나 옳다는 확신에 빠져 있다. 둘째, 출산율 감소로 청년 인구가 지속적으로 줄고 있어서 제 목소리를 내기 어렵다. 셋째, 수도권에 인구가 밀집되면서 지역 간 격차가 심화되었다. 넷째, 그 결과 수도권과 지방 도시 간에 기회의 편차가 심해진 기울어진 운동장이 됐다. 다섯째, 산업도시를 비롯해 많은 지방 도시가 고유의 경쟁력과 매력을 잃어 청년들이 살고 싶어 하지 않는 도시가 되었다.

이 같은 우리나라의 특수성은 초단기 압축성장으로 인해 생겨난 것이다. 대한민국은 한 세대가 채 지나기도 전에 산업화의 기적을 이뤄 경제 선진국이 되었고, (적어도 제도적으로는) 아시아에서 가장 앞서 민주화를 이뤄냈다. 이웃 나라들은 가지지 못한 놀라운 시대 전환

성공의 경험에 큰 자부심을 가질 만하다. 하지만 이제는 그로 인해 생겨난 문제들을 해결해가지 않으면 사회, 경제, 정치가 후퇴할 위험에 처해 있다. 압축성장의 결과로 경제적 자본은 커졌으나 사회적 자본은 작고, 서로 다른 가치관을 가진 이들이 동시대에 살고 있어 견해차와 갈등이 커져 가고 있다. 이런 상황에서 미래의 방향을 설정하고 시대를 전환하는 것이 매우 중요한 과제가 되었다.

걱정할 일만은 아니다. 역사적으로 위기의 정점은 언제나 전환의 출발점이었기 때문이다. 이런 시기에는 기존과 다른 문법으로 도전하는 사람들이 큰 기회를 잡을 수 있다. '밀레니얼 개척자'들이 그 주인공이다. 이들은 영역과 지역, 세대의 경계를 넘나들며 삶의 방식, 일하는 방식을 창의적으로 만들어나간다.

밀레니얼 개척자들이 만드는 새로운 세상은 이제 막 시작되었다. 이들은 과거의 시스템이 지배하는 세상에서 외로이 싸우며, 아직은 미미하지만 큰 의미가 있는 시도들을 계속하고 있다. 실패할 때도 있지만, 포기하지 않는다. 그 시도에서 얻는 경험과 네트워크가 자신들을 더 강하게 만들기 때문이다. 시간이 흐를수록 이들은 더는 외롭지 않게 될 것이다. 작고 빠르게 실험하며 다양한 시행착오를 겪다가 어느 임계점을 넘으면 팬들과 투자자, 파트너의 네트워크 효과로 'J커브'를 그리며 성장할 것이다. 이 개척자들의 활약으로 우리 사회는 미래지향적으로 변화하여 지속 가능한 선진국 사회로 나아갈 수 있다.

이 책은
어떤 이야기를 하고 있나

나는 우연한 기회를 통해 다양한 영역과 지역의 경계를 넘나들며 살아오게 됐다. 다양한 세계를 낯설게 보고, 새로움을 발견하며, 사람과 자원을 연결할 기회를 가졌다. 그 과정에서 수많은 밀레니얼 개척자들과 만나게 되었고, 우리 사회가 탈물질주의 사회로 전환하는 과도기임을 확인할 수 있었다. 이 책은 그들에 대한 기록이며 잠재적인 개척자들을 위한 가이드다.

이 책은 총 2부로 구성되어 있다.

1부에서는 다양한 밀레니얼 개척자들을 소개하면서 그들이 어떤 가치를 추구하고, 어떤 활동을 하며, 그로 인해 우리 사회가 어떻게 더 낫게 변화해가는지를 살펴본다. 근대화 시대 개척자들이 산업역군 또는 민주화 영웅이었다면 앞으로의 개척자들은 혁신창업가, 지역혁신가, 공공혁신가의 모습일 것이다. 이들은 이전 시대 영웅들처럼 조직의 사다리를 오르거나 혈연·학연·지연의 품앗이 네트워크를 가동하여 경제적 자본을 축적하고 대물림하는 데에는 관심이 없다. 그 대신 세상과 연결된 개인의 가치를 찾아내고 취향과 가치 중심 커뮤니티를 만들어서 창조적인 자본과 사회적 자본을 키운다. 실제로 1부에서 만나볼 밀레니얼 개척자들은 아마도 당신의 가슴을 뛰게 하기에 충분할 것이다.

2부에서는 지금 우리 사회가 어떤 문제를 안고 있는지, 또 앞으로 어디로 가야 하는지를 알아본다. 서구 선진국과 달리 우리는 초단기 압축성장의 길을 걸어온 탓에 여러 부작용을 경험하고 있다. 우리와 비슷하게 짧은 기간에 근대화를 이뤄낸 동아시아 국가들의 모습과 함께 우리의 과제를 살펴보자. 그리고 궁극적으로 서구 선진국들이 어떤 과정을 거쳐 탈물질주의 사회로 변화할 수 있었는지 그 비결을 알아본다. 이를 통해 대한민국의 개인과 산업, 도시가 탈물질주의 사회로 전환할 수 있는 실마리를 제공하고자 한다.

시대 변화의 구체적인 증거들을 만나기에 앞서, 지금 우리가 겪고 있는 문제와 그 원인부터 들여다보고 싶다면 2부를 먼저 읽어도 좋다.

당신은 이 책을 통해 최근 우리 사회에 등장하고 있는 새로운 라이프스타일들이 전환기의 징후였다는 사실을 이해하게 될 것이다. 주변에 존재하는 밀레니얼 개척자들을 발견하게 될 것이며, 그동안 홀로 해왔던 고민이나 행동들 또한 시대 전환의 맥락에서 읽을 수 있게 될 것이다.

근대화 시대에는 개인이 저마다 물질적 성공을 추구하면 사회도 성장하리라는 믿음이 있었다. 하지만 그렇게 물질적 성공만을 추구했던 사람들은 스스로 병들었을 뿐 아니라 사회도 병들게 했다. 이제 우리는 탈물질적 가치가 중시되는 세상을 살아가야 한다. 그러려면 개인의 소명과 시대의 연결점을 찾고, 자기 삶의 디자이너가 되어야 한다. 시대 전환의 흐름을 읽고 자기 일과 삶의 개척자로서 행복하고 성공적인 삶을 살아가는 데 이 책이 작으나마 도움이 되기를 바란다.

CONTENTS -

─── 1부 | 변화의 파도 ───

조직이 아니다,
창의적 개인들이 세상을 바꾸고 있다

CONTENTS -

THE REVENGE OF MILLENNIALS

1부 | 변화의 파도

조직이 아니다,
창의적 개인들이 세상을 바꾸고 있다

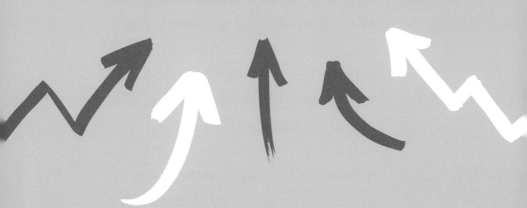

1장
라이프 디자이너

———— 기성세대에게는 20대에 스펙을 갖추고 유망한 조직에 들어가 연공서열로 더 높은 자리에 올라가는 것이 목표였다. 적자생존의 치열한 경쟁에서 살아남아 최대한 많은 경제적 자본을 쌓고 노후를 준비하는 것, 그리고 후대에 많은 자산을 물려주는 것이 최고의 삶이라 여겼다.

밀레니얼 개척자들은 기성세대가 만든 삶의 목적과 성공 방식에 이의를 제기한다. 이들은 경제적 성공만 있고 재미와 가치는 없는 삶을 거부한다. 이들은 '내 삶은 내가 디자인한다'는 태도로 어디까지나 자기답게 살아가기를 선택한다. 남들의 시선을 신경 쓰지 않으며, '삶은 이러이러해야 한다'라는 정의나 편견을 이겨내려 노력한다. 불안과 모호함 속에서도 자신의 중심을 잃지 않는 방법을 끊임없이 모색한다.

이들은 철저한 개인주의자이지만, 동시에 다른 사람들과 함께 더 좋은 삶, 더 의미 있는 삶을 사는 것이 자신의 가치를 실현하는 최선의 방법이라고 믿는다. 말하자면, 협력하고 연대하는 개인주의자들이다. 이들은 기성세대의 성공 방식과 달리,

조직을 위해 일하지 않고 자신의 커리어를 성장시키기 위해 일한다. 자기만의 삶을 디자인하기 위해 잘 다니던 회사를 그만두고 창업을 하기도 한다. 회사를 다니면서도 한편에서 부업을 하거나 끊임없이 새로운 기회를 찾아.나선다. 자기와 같은 가치를 지향하는 사람들과 커뮤니티를 운영하기도 한다. 불확실한 세상에서 불안과 외로움을 이겨내고 자기 삶을 디자인해내며, 그 결과로써 사회를 더 좋게 변화시킨다.

세상과 연결하며
삶을 디자인하는 개척자

세상에 좋은 영향을
미치고 싶었던 신입사원

——————————————— 2013년 11월, 다음커뮤니케이션의 마지막 신입 공채 면접이 열렸다(다음커뮤니케이션은 2014년 10월 카카오와 합병됐다). 나는 그 시기에 경영지원유닛장으로서 채용과 교육을 총괄하고 있었다. 그해 신입 공채는 토론 면접 전형이라는 새로운 방식으로 진행했다. 5~6명의 지원자를 한 팀으로 해서 서로 토론하게 하고, 토론 내용과 자세가 회사의 인재상에 맞는 인재들을 선발했다. 지원자들은 정답이 없는 주제에 대해 A안, B안 중 각자 입장

을 정한 후 토론을 통해 팀의 결론을 도출해야 했다. 모두가 경쟁자인 동시에 협력자가 되어야 한다. 자신의 주장을 적극적으로 제시하고 상대방 주장의 허점을 파고들면서도 최선의 합의를 이루어야 하기 때문이다. 빠르게 변화하는 비즈니스 환경에서는 다양한 직군이 협력을 통해 최고의 서비스를 만들어내야 하기에, 그러한 역량을 갖춘 인재를 발굴하기 위해 설계한 면접 방식이었다.

한 팀이 월등히 우수했다. 그 팀 참가자들은 전원 합격했다. 그들끼리는 그날 면접장에서 서로 처음 본 사람들이었다. 팀워크를 미리 맞출 시간은 없었다. 토론 주제도 그 자리에서 제시됐다. 그럼에도 이 팀은 두 가지 서로 다른 입장을 유지하며 토론을 통해 각각의 이슈에 대해 다양한 관점을 깊이 있게 파악했다. 그리고 최선의 실행 방안을 모색했다. A안과 B안 각각에 어떤 보완책이 필요한지를 집

다음커뮤니케이션의 토론 면접 전형 모습

단지성으로 도출해냈다. 결론은 A안으로 났는데, B안을 주장한 사람들도 불만이 없었다. 양쪽에 제기된 문제를 해결할 수 있는 실행안을 만들었기 때문이다.

그 팀 구성원이 모두 합격한 데에는 리더십을 발휘한 한 참가자의 활약이 결정적이었다. 2개월 뒤 1월, 제주에서 열린 신입사원 연수에서 다시 만났다. 그는 활기가 넘쳤다. '세상에 좋은 영향을 미칠 수 있는' 유일한 기업이기에 다음커뮤니케이션을 '선택'했다고 했다. 다음커뮤니케이션의 미션은 '세상을 즐겁게 변화시키자'였다. 그는 여러 기업을 살펴본 결과 자신이 갈 회사는 다음밖에 없다는 결론에 도달했다고 했다. 대기업 입사의 유혹을 뿌리치고 이 회사를 잘되게 만들어서 세상에 좋은 영향력을 끼치기 위해 선택했노라고 호기롭게 말했다. 그것은 자만과는 다른 느낌이었다. 연수 기간 내내 그는 열정적이었다. 휴식 시간에도 팀장과 내게 끊임없이 의미 있는 질문들을 던지며 탐구하고자 했다.

신입사원들이 부서에 배치된 후, 나는 그가 어떻게 지내고 있는지 수시로 관찰했다. 시간이 지날수록 그는 자신이 품었던 이상을 이곳에서 온전히 실현하기란 어렵다고 느끼는 것 같았다. 게다가 회사에 예기치 못한 큰 변화까지 생겼다. 그가 입사한 후 3개월이 지난 4월 말, 카카오와 다음커뮤니케이션의 합병이 전격 발표된 것이다.

그해 10월 합병이 완료됐다. 나는 경영지원유닛장에서 물러났고, 다음 해 4월 제주창조경제혁신센터의 센터장으로 장기 파견을 가게 됐다. 그와 센터 일을 함께하면 어떨까도 생각해봤다. 얼마 후 그가 퇴사했다는 소식을 들었다. 입사한 지 1년 반이 채 안 된 때였다.

세상에 도움이 되는 일을 하는
독서 클럽 스타트업

──────────────── 2015년 가을, 그는 유료 독서 클럽 스타트업을 창업했다. 많은 사람이 무모한 시도라고 했다. '점점 책을 읽지 않는 시대에 누가 돈을 내면서까지 책 읽는 모임에 참여하겠나'라는 이유였다. 시작하자마자 분명히 망할 거라고들 했다. 그는 이번에도 호기로웠다. 4개월 20여만 원의 멤버십으로 운영하겠다고 했다. 많은 사람이 몸의 건강을 위해 헬스클럽에 돈을 내고 다니는 만큼, 지적인 건강을 위해 돈을 낼 의사가 있는 사람들이 분명 있으리라는 게 그의 대담한 가설이었다.

그 주인공이 바로, 2019년 현재 가장 주목받는 스타트업 중 하나인 '트레바리'의 창업자 윤수영(31) 대표다. 트레바리는 2015년에 사무실도 없이 지인 10명을 설득하여 회비를 모아 작게 테스트하면서 시작한 북클럽이다. 그런데 4년 만에 클럽 수 300개, 회원 수 5,600명의 규모로 성장하며 스타트업의 이상적인 성장곡선인 J커브를 그리고 있다. 밀레니얼의 새로운 라이프스타일 비즈니스로서 성장 가능성을 인정받아 2019년 2월 유명 벤처캐피털인 소프트뱅크벤처스와 패스트인베스트먼트로부터 50억 원을 투자받았다. 창업 후 8개월 동안 혼자 운영했던 회사는 이제 직원이 30명을 넘어섰으며, 독서 클럽은 가입비 19만 원부터 43만 원까지 다양하게 운영되고 있다.

　2017년 1월의 한 장면을 회상해본다. 나는 그가 압구정역 인근에서 북클럽 공간을 확장한다는 소식을 듣고 찾아갔다. 엘리베이터가 없는 건물 4층의 작은 공간을 사용하다가 그 건물 지하 1층의 넓은 공간으로 확장한 것이다. 지하층은 과거에 룸살롱으로 쓰이던 곳인데, 트레바리는 문 닫은 룸살롱의 인테리어 대부분을 그대로 재활용했다. 예전에 술이 놓였을 스탠드에는 책들이 정리되어 있었다. 나는 그날, 북클럽 회원들이 남녀 불문하고 자연스럽게 룸에 들어가 토론하는 모습을 봤다. 그 장소를 지적 유희의 공간으로 활용함으로써, 돈으로 매개된 이들이 유흥을 즐기던 기성 사회에 통쾌한 아이러니를 선사한 것이다. 비단 건물만 변화한 것이 아니었다. 건물주 2세도 트레바리 북클럽 회원으로 활동하고 있었다.

　트레바리는 2017년부터 본격적으로 언론의 주목을 받기 시작했다. 그해 9월에 이뤄진 〈에스콰이어〉 박찬용 에디터와의 인터뷰를 인용한다.

트레바리 압구정동 지점

"세상에 도움이 되는 일을 하고 싶었어요." 윤수영은 몇 번이나 이 말을 했다. 처음 만났던 화요일의 늦은 밤에도, 원고를 쓰기 직전 마지막으로 만난 일요일 새벽에도. 세상에 도움이 되고 싶었다는 건 트레바리를 다룬 다른 언론 인터뷰에도 지속적으로 등장한 말이다. 몇 가지 기사를 통해 공통적으로 볼 수 있는(나도 들었다) 트레바리의 탄생 설화는 다음과 같다. "대학을 졸업하고 다음커뮤니케이션에 들어간 그해에 세월호가 가라앉았어요. 학생 때는 이런 이슈가 생기면 글을 썼는데 사회인이 되니까 쓸 수가 없었어요. '너는 얼마나 떳떳하길래 남의 일에 떠들 수 있냐' 싶었던 거예요. 그래서 사회에 기여할 수 있는 일을 하고 싶어서 회사를 그만두고 이 일을 하게 됐어요."

- "트레바리는 무엇을 판매하는가", 〈에스콰이어〉, 2017년 9월호

돈을 받는 독서 클럽이 가능하다는 기적에 이어 불가사의한 일들이 연달아 일어나기 시작했다. 그의 비전에 공감하는 사람들이 하나둘 모여들어 직원이 됐다. 이들은 다양한 경력을 가진 각 분야의 전문가였다. 삼성전자 출신, 제일기획 출신, 스타트업 '토스' COO 출신, tvN PD 출신 등이 '세상을 바꾸는 일에 도움이 되고 싶다'는 생각으로 남들이 부러워하는 직장을 내던지고 합류했다. 서울시립미술관 이정모 관장, 네이버 김상헌 전 대표, 카카오메이커스 홍은택 대표, 시사인 간판 기자 천관율 등 각 분야의 영향력 있는 사람들이 클럽장을 맡았다. 클럽장이 있는 모임은 일반 클럽보다 10만 원 정도

트레바리 북클럽에서 토론 중인 회원들

더 비싸다. 그렇다고 해서 클럽장에게 많은 보수를 주는 것도 아니다. 아마도 이들 시니어에게 클럽장으로서 가장 큰 보상은 다양한 분야, 다양한 세대와 소통하며 자신도 배움으로써 '꼰대로 퇴화하지 않는 삶'을 살 수 있다는 것이 아닐까.

윤수영 대표의 '세상에 도움이 되는 일'이라는 꿈은 또 다른 방식으로 확장되고 있다. 2017년 3월에 네이버를 퇴사한 김상헌 전 대표가 안국동의 5층짜리 건물을 매입해서 문화공간을 열고 2층과 3층에 트레바리를 입주시킨 것이다. 김 전 대표는 건물 1층은 한국을 소개하는 영어 원서가 전시돼 있는 카페로, 4~5층은 자신과 배우자가 함께 쓰는 공용 사무실과 자택으로 꾸몄다.

이렇게 볼 때 트레바리는 단순히 북클럽 비즈니스를 하는 스타트업이 아니다. 초고속 압축성장의 과정에서 뒷전으로 밀렸던 지적 · 사회적 자본을 생성하고 서로 연결하는 개척자다. 그럼으로써 세상에 긍정적인 변화를 만들어간다.

윤수영 대표는 이렇게 자신만의 창의적인 길을 가고 있다. 세상을 더 좋게 변화시키겠다는 개인적 소명을 실천하기 위해 다음커뮤니케이션에 입사했고, 정확히 같은 이유로 1년여 만에 회사를 나왔다. 트레바리를 창업하여 자신이 세운 사명에 공감하는 사람들을 직원으로 맞이하고 클럽 멤버들로 참여시킴으로써 변화를 키워가고 있다. 그는 세상과 연결된 소명과 정체성을 통해 자기 삶과 자신을 둘러싼 세상이 더 아름다워지도록 끊임없이 디자인해나간다.

낯선 세계에 가서
두려움 없이 만나고 연대한다

9년 동안 카카오에서 근무한 백영선(43)은 2019년 3월 4일부터 카카오임팩트로 이동하여 주 3일 계약직으로 다니기로 했다. 두 아이를 둔 아버지로서 스스로 정규직을 내던졌다는 건 큰 모험이다. 그렇지만 3년 전부터 사이드 프로젝트로 시작해 점차 규모가 커지는 '낯선 대학'을 비롯하여 여러 프로젝트를 본격적으로 실행해보기 위해 과감히 나섰다.

20여 년 전 그는 공대생이었다. 대학 시절 노래 동아리에 가입하면서 거리공연과 축제 기획에 빠졌고, 졸업 후에는 문화로 삶을 변화시키겠다는 꿈을 안고 직업의 길로 들어섰다. 임진택 사단에 들어가 전주 소리 축제, 남양주 세계 야외공연 축제 등에 참여해 축제를 기획하고 운영하는 일을 했다. 전문성을 높이고 네트워킹을 확장하기 위해 경희대 예술경영대학원도 다녔다. 이후 서울예술기획(마케팅팀), 한화호텔앤리조트(문화사업부), 다음커뮤니케이션(문화마케팅)을 거치며 문화마케터로서 성공적인 전문가의 길을 걸었다. 회사 내에서 성장의 한계를 느낄 즈음 제주창조경제혁신센터에 파견을 지원했다. 센터에서는 지역의 창의적 주체들을 연결하는 네트워크 프로그램과 콘퍼런스를 기획했다. 개인 사정으로 2016년 초 판교 카카오로 근무지를 옮겼는데, 인천의 집과 판교의 사무실까지 왕복 4시간이 걸리는 출퇴근을 하면서 '낯선' 프로젝트들을 구상했다.

'낯선대학'은 직장생활을 하면서 느낀 위기의식에서 시작됐다. 성장이 멈출 수 있다는 불안이었다. 새로운 자극과 성장을 위해서 대학원을 다시 갈까 생각도 해봤지만 마땅한 곳이 없었다. 그래서 사이드 프로젝트로 '대안 대학'을 만들어보기로 했다. 직장인들이 일과 병행하며 쉽게 참여할 수 있는 대학이었다. 7명의 친구가 7명씩 초대해서 49명으로 낯선대학 1기를 꾸렸다. 변호사, 의사, 성우, 시인, IT 전문가 등 다양한 직업의 사람들이 모였다. 이들이 서로에게 강사이자 학생이 되어 매주 월요일 오후 8시부터 10시까지, 2명이 1시간씩 1교시를 맡아서 진행했다. 학비는 40만 원, 3월에 시작해 8월 한 달 방학을 거쳐 12월에 '졸수송 데이(졸업·수료·송년회)'를 열었다.

그의 실험은 대성공이었다. 자신처럼 직장을 다니면서 자극과 성장을 갈구하는 사람들이 많았던 것이다. 매일 직장이라는 조직에서 치이며 살다가 전혀 다른 영역의 사람들과 연결되고, 서로를 존중하고 경험을 공유하면서 삶의 변화를 만들어갈 수 있다는 것은 큰 힘이 됐다. 신입생이 되려면 기존 '낯선 멤버'의 초대를 받아야 했는데, 매년 참여자가 늘었고 프로그램도 진화했다. 2기(2017년)에는 가을 운동회, 3기(2018년)에는 플리마켓을 열었다.

낯선대학은 초대를 받아야만 입학할 수 있고, 33~45세만 대상이다. 그래서 33세 이하가 입학할 수 있는 '낯선대학Y'와 제주에서 2박 3일로 진행하는 '낯선 콘퍼런스'도 기획했다. 2017년 카카오스토리 펀딩 담당자로 일하면서 '100일 프로젝트'를 기획한 적도 있다. 10만 원을 내고 프로젝트에 참여한 뒤 성공하면 전액을 돌려받고, 결석하면 1회 1,000원씩 벌금을 내서 기부하는 프로젝트였다. 처음에는 '100일 글쓰기 프로젝트'로 시작했지만 '매일 7,000보 걷기', '매일 아침 꿈 쓰기', '텀블러 사용하기' 등으로 확대했다. 이것이 계기

백영선(좌)과 낯선대학의 모습(우)

가 되어 그는 카카오에서 카카오임팩트로 직장을 옮겨 '100일 프로젝트'라는 서비스를 만들게 됐다.

배우고 잊고 다시
새로 배워야 하는 시대

—————————————— 미래학자 앨빈 토플러는 "21세기의 문맹은 읽고 쓸 줄 모르는 자가 아니라 배우고, 잊고^{unlearn}, 새로 배울 줄 모르는 자를 말한다"라고 했다. 평생직장과 평생직업이 없어진 시대에 끊임없이 학습하며 자신만의 길을 개척해나간다는 것은 매우 불안하고 어려운 일이다. 이런 일들은 고등학교를 졸업한 후 바로 대학에 진학한다고 해서 저절로 배워지는 성격의 것이 아니다. 자기 일과 삶에서 자기주도적으로 학습해나가야 한다. 직장에 다니면서도 끊임없이 학습하고 변화를 모색해야 하는 시대다.

시대 환경의 변화를 가장 분명하게 보려면 가장 최근에 사회에 진입한 세대를 보면 된다. 90년대생이 사회에 진입하면서 직장 상사들은 이들의 사고방식에 당황하고 있다. CJ 인재원에서 신입사원 교육을 담당했던 80년대생 임홍택의 《90년생이 온다》는 이들을 이해하고자 하는 사람들의 필독서가 됐다. 저자는 90년대생을 '기업에 입사하자마자 바로 퇴사를 계획하는' 세대라고 했다. "90년대생은 기존 세대와는 다르게 종신고용에 대한 기대치가 크게 낮다. 대신 기업에서 개인의 미래와 가치 상승을 할 수 있는지에 대한 관심이 크다."

대부분의 기업이 이런 욕구를 충족시켜주지 못하기 때문에 입사하자마자 퇴사와 이직을 준비하는 '퇴사준비생'이 트렌드가 됐고,《퇴사준비생의 도쿄》가 베스트셀러가 되기도 했다.

하지만 잦은 퇴사와 이직은 개인에게도 많은 비용을 요구한다. 직장에 다니면서 자극을 받고 성장할 수 있다면, 그렇게 하는 것도 좋은 방법일 것이다. 트레바리와 낯선대학은 그런 길을 제공한다. 윤수영은 자신의 소명을 이루기 위해 기업을 그만두었다. 백영선은 자신의 소명을 실천하기 위해 겸업을 했다. 그들이 만든 프로그램에 참여하는 사람들은 각자 자기 일을 하면서 새로운 미래를 준비한다. 다양한 사람들과 연결되어 스스로 학습하고 성장하는 라이프 디자이너의 길을 걸어간다.

내 삶은 내가 디자인하는
다원주의 사회

밀레니얼 세대에게 '다중 정체성'은 흔한 일이다. 홍대 앞 유명 인디 뮤지션이었던 가수 요조(본명 신수진)는 가수, 배우, 영화감독, 작가, 책방 주인으로 변신해왔으며 현재도 다중의 삶을 살아가고 있다. 2007년에 가수로 데뷔한 후 2015년 북촌에 '책방무사'라는 독립책방을 열었고, 2017년에는 제주의 문 닫은 동네 가게 '한아름상회'를 임대해 책방무사를 이전했다.

포항공대 산업경영공학과를 졸업했으며, 미래에셋금융그룹, 스톤브릿지캐피탈, 베인앤컴퍼니 등에서 일했던 조퇴계는 회사를 그만두고 로컬숍 연구 잡지 〈브로드컬리〉를 발행했다. 그는 크라우드 펀딩과 독립출판을 통해《서울의 3년 이하 서점들: 솔직히 책이 정말 팔릴 거라 생각했나?》,《제주의 3년 이하 이주민의 가게들: 원했던 삶의 방식을 일궜는가?》등을 발행했다.

LG그룹 광고대행사에서 10여 년간 기획자로 일해온 구선아는 우연히 독립서점의 매력에 빠져들어 탐방하고 정리하면서 크라우드펀딩으로《여행자의 동네서점》이라는 책을 출간했다. 이후 우연한 기회에 서울 연희동에 작업실 겸 책방인 '책방연희'를 오픈하여 운영하게 됐고, 이후 홍대 앞으로 이전해서 운영하고 있다. 서울시립대학교에서 도시사회학 박사를 수료했고, 작가, 기획자, 연구자, 책방 운영자 등으로 활동하고 있다.

서울에서 어렸을 적부터 무용만 했던 무용 전공 대학생 고혜영은 졸업 후 제주창조경제혁신센터의 코워킹 스페이스co-working space(공유사무실) 및 커뮤니티 매니저가 됐다. 그 경험을 바탕으로《적자라도 괜찮은 제주워킹홀리데이》를 출간했으며, 이후 리모트워크remote work(원격근무)가 가능한 기업 슬로워크에 매니저로 취업했다.

대학에서 클래식을 전공하고 마라톤이 취미였던 또 다른 예술가는 졸업 후 컴퓨터 프로그래머가 됐다. 싱가포르로 여행을 갔다가 우연히 면접을 봤고, 이를 계기로 싱가포르로 이주해서 IT 개발자로 취직했다.

부모의 대를 이어 목사의 길을 걷던 청년 김혁주는 지역 교회가 이 시대에 동네에서 진정성 있는 역할을 제대로 해내고 있는지 자문했다. 그 결론으로 비로컬BeLocal을 창업하고 미디어 코워킹 스페이스 '디에어^{DAIR}'를 열면서 스스로 로컬 미디어가 됐다.

평생직장, 평생직업이 사라진 시대에 밀레니얼 세대는 본능적으로 다양한 삶을 디자인한다. 자신의 길을 찾아가기 위해 기성세대의 시선으로는 해석하기 어려운 행동을 한다. 기성세대에게는 잘 다니던 직장을 내던지고, 전혀 다른 영역과 지역으로 무모하게 뛰어들며 우왕좌왕하는 것으로 보일 것이다. 하지만 이런 삶의 방식이 밀레니얼 시대의 생존 방법이며, 삶의 방식이자 성공 방정식이다.

자신을 중심에 놓고 자기 세계를 디자인하며 살아가는 이들은 기존 시스템의 중심에서 멀리 떨어진 주변부 또는 경계에 서기 마련이다. 근대화 시대에는 국가, 조직, 가족이 중심부였다. 고도성장 시기에는 조직의 위계질서가 중심이었고, 그 사다리를 잘 밟고 올라가면 성공하는 삶이었다. 하지만 이제 펼쳐지는 사회는 평생직장과 평생직업이 사라지고 인구가 줄며 성장 속도가 더뎌지기에, 기존 시스템의 중심에 들어가도 개인의 성장이 보장되지 않는다. 과거에는 주변이나 경계에 머물며 개인의 독특한 정체성을 추구하는 사람은 별종 취급을 받았다. 사회의 주변인이 되어 고도성장의 열차를 타지 못하고 낙오됐다. 하지만 이제는 자신만의 정체성을 지키고 스스로 중심을 만들어낸 사람들, 이른바 '창의적 경계인'이 새로운 시대를 열어간다.

최근 이런 사람들이 늘고 있는 현상은, 대한민국 사회가 다음 단계로 진화하면서 겪는 성장통의 시기와 정확히 일치한다. 경제가 급속히 성장하던 시기에는 획일주의, 권위주의, 진영주의 사회였다. 이

디에어에서 열린 'J-Connect 데이 2018'의 로컬
미디어 패널토론 사전 밋업에 참여한 사람들(위)
과 밋업을 준비하는 비로컬 김혁주 대표(아래)

제는 다양한 개인이 다양한 영역의 경계에 의도적으로 자리하면서
자신만의 정체성과 세계를 만들어가는 '다원주의 사회'가 시작됐다.
자신이 중심인 창의적 경계인들은 자신만의 다양한 세계와 행성을 만들어낸다. 수많은 타인이 디자인한 행성들 사이를 스쳐 지나가면서 여러 세계를 창의적으로 연결한다. 그럼으로써 자신의 세계를 더욱 확장하고 지속 가능성을 확보한다.

경계인들의
새로운 가족

세상을 이롭게 만들기 위한 커뮤니티를 지향하는 코워킹스페이스 하이브아레나Hive Arena는 황혜경, 최종진이 2014년 창업했다. 황혜경은 2005년 첫 직장인 LG전자에 입사해 구미의 디스플레이사업부에서 TV에 들어가는 구동회로 설계 업무를 담당했다. 5년간은 재미있게 일했지만, 안정된 시스템 속에서 반복되는 일상에 안주하는 자신이 점차 답답하게 여겨졌다. 회의감이 커지자 '내 삶이 내가 사는 사회에 도움이 되면 좋겠다'라는, 어릴 적 가졌던 직업관을 따라 주말마다 서울에 와서 다양한 커뮤니티 활동을 했다. 그러면서 다양한 사람들을 만나 다양한 삶의 형태를 접하게 됐다. 그러던 중 트위터에서

'소셜 이노베이션social innovation'이라는 키워드로 최종진을 알게 됐다. 두 사람은 런던에서 시작된 코워킹 스페이스 '임팩트 허브'를 접하고, 이에 공감하여 공동 창업을 결심했다. 최종진은 브랜드를 전공했는데, 지향하는 가치가 황혜경과 같았다. 3년 동안의 코워킹 스페이스 운영 경험을 바탕으로 2014년 하이브아레나를 만들었다.

2016년이 되자 하이브아레나는 글로벌 코워킹 스페이스로서 미국 경제지 〈패스트컴퍼니Fast Company〉와 〈포브스Forbes〉에도 알려졌다. 이들이 지향하는 것은 "We want to create a curated community with locals and creators who get adventures from around the world(전 세계를 무대로 새로운 모험을 즐기는 창의적 인재들 그리고 현지인들과 함께 전문가 커뮤니티를 만든다)"였다. 단순히 공간을 임대하는 것이 아니라 원격근무를 하는 전 세계의 개발자, 디자이너들이 모여 자기 일을 하면서 서로 소통하고 즐기는 곳이다.

2018년, 그들은 서울 영등포구 신길동에 오래된 주택을 임대하여 생활까지 함께하는 코리빙co-living 실험을 시작했다. 이곳에서 하이브아레나의 미션을 실행할 수 있는 새로운 가능성을 확인했다. 2017년에 결혼한 황혜경, 최종진 대표는 이곳에서 아이를 낳았다. 강아지를 키웠고, 어느 날 집으로 들어온 들고양이도 가족으로 맞이했다. 여러 나라의 기업 일을 원격으로 처리하며 여행하는 다양한 국적의 인재들이 서울에 오면 하이브아레나를 찾는다. 바로 이들 가족과 함께하는 행복한 친밀감이 있기 때문이다. 이곳에서 여행자들은 한 달 정도를 가족처럼 지낸다. 함께 파티를 즐기며 아이 돌잔치에도 참석한다.

이처럼 일상을 함께하는 동안 다양한 국가의 지식과 경험이 교류된다. 한국에서 경험한 일들을 나누고, 뉴스에서 접하는 일들을 보면서 자기 나라에서는 비슷한 일들을 어떤 방법으로 해결해가는지도 이야기한다. 한국을 떠난 뒤에도 서로 연락할 뿐 아니라 이 가족을 만나기 위해 다시 한국에 오기도 한다.

골목길에서 외국인을 만나는 것은 신길동 주민들에게 신기한 경험이었다. 처음에는 두려워하고 피했지만, 그들이 자기 일을 하면서 마을의 가게와 식당의 단골이 되고 주민들의 삶을 존중하며 어울리자 좋아하게 됐다. 서울에 머무르던 다른 외국인들도 '진짜 서울의 삶'을 경험하고 싶어서 하이브아레나를 찾곤 했다. 하이브아레나에 머물렀던 외국인들은 하나같이 찬사를 보낸다. 뎅키Dengke라는 외국인은 이렇게 말했다.

"한국에서 1년 반을 살면서 나는 외국인으로서 힘든 시간을 보냈다. 한국에는 내게 관심 있는 사람이 아무도 없는 것 같았다. 그런데 하이브아레나에 머물고 일하면서 상황이 바뀌었다. 혜경과 종진은 나를 코리빙 공간에 맞아주었을 뿐 아니라, 그곳에 머무는 사람들이 서로 알아가도록 도와주었다. 그들의 아이 서진과 강아지 '아지'까지도. 저녁 식사 자리나 여행을 통해 우리는 진짜 가족처럼 느꼈다. 하이브아레나에 머무는 동안 나의 행복감은 높아졌고, 동시에 생산성과 동기도 크게 향상됐다."

하이브아레나에서 다양한 사람들이 함께 파티를 열고 있다. 중앙에 아이 서진을 안고 있는 황혜경 대표

 덴키를 비롯한 많이 이들이 하이브레나에서 가족과 같은 경험을 했다고 말한다. 그들의 피드백에서 공통으로 나오는 단어가 'familiar'다. 한국에 대해, 서울에 대해, 동네에 대해, 그리고 서로가 가진 다양한 경험과 지식에 친숙함을 느낀다. 그들은 두 대표의 아이인 서진의 삼촌, 이모가 되기를 자처한다. 이제 두 살이 된 서진은 외국인들 사이에서 여러 언어를 배우며 자랄 것이다. 따로 해외 유학을 보내지 않더라도 혼자 다닐 수 있는 나이가 되면 전 세계 삼촌, 이모들을 찾아다니며 스스로 배우고 성장하는 창의적 경계인이 될 것이다. 이렇게 신길동 가옥에서의 실험은 해체되어가는 전통적인

가족의 틀을 넘어 새로운 가족 공동체, 교육 공동체의 가능성을 보여주었다.

그러나 1년 만인 2019년 6월 하이브아레나는 신길동 주택을 떠나게 됐다. 서울시의 재개발 계획이 발표되자 부동산 가격이 상승할 것으로 본 집주인이 임대 계약을 일방적으로 중도해지했기 때문이다. 그런데 하이브아레나에서 가족 공동체를 경험한 외국인들로부터 이들을 찾아 한국에 다시 오겠다는 연락이 끊이지 않는다.

하이브아레나는 지난 5년간의 코워킹, 1년간의 코리빙 실험을 바탕으로 사업계획을 재정비하고 투자자를 만나면서 건물을 찾고 있다. 이들은 자신들이 해온 일이 보통의 코워킹, 코리빙 서비스와는 확실한 차별점이 있음을 알게 됐다. 그래서 이를 미션, 비전, 일하는 방식 등으로 재정립하고 있다. 흥미로운 것은 하이브아레나에 머물렀던 외국인들이 재정립 과정에 참여하고 있다는 점이다. 그들에게 단순히 피드백만 듣는 것이 아니라 하이브아레나의 가족 공동체로서 함께 만들어가는 것이다.

이들은 국가주의와 민족주의의 경계를 넘어 다양한 경험과 환경에 바탕을 두고 함께 토론하면서 미래를 그려간다. 자신들의 정체성을 지키기 위해 일하는 방식, 삶의 방식을 새롭게 만들어간다. 글로벌 인재들의 코워킹, 코리빙을 만들어가는 하이브아레나는 대안적 가족과 학습의 실현 가능성을 보여주었다. 하이브아레나는 수년간의 실험에서 자신감을 얻어 첫 거점인 서울을 시작으로 지방 도시와 해외로 확장해나가려는 비전을 가지고 있다.

'외로움'이 증가하는 시대,
새로운 가족 공동체의 가능성

──────────────── 2018년 1월 영국의 총리는 외로움 문제를 담당할 장관Minister for Loneliness을 임명했다. 장관은 사회적 고립과 단절 문제의 실태를 조사하고 이에 대처하기 위한 전략을 수립했다. 같은 해 영국 공영방송 BBC도 5만 5,000명에게 외로움 실험 서베이Loneliness Experiment Survey를 실시했다. 그 결과, 응답자의 30% 이상이 '자주 또는 매우 자주 외로움을 느낀다'고 답했다. 대체로 나이가 어릴수록 외로움의 정도가 커지는 추세가 나타났다.

전 세계의 선진국들도 같은 흐름으로 가고 있다. 우리나라도 마찬

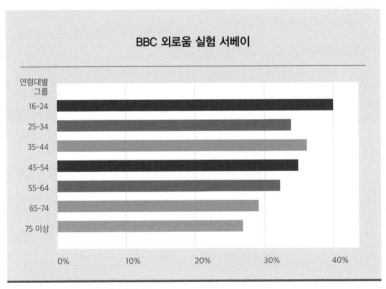

BBC가 실시한 외로움 실험 서베이 결과, 2018

가지다. 〈한국일보〉 기사 "얼마나 자주 외로운가"에 따르면, '외로움을 거의 항상 또는 자주 느낀다'고 응답한 비율이 20대 40%, 30대 29%, 40대 25%, 50대 20%, 60대 이상 17%로 나타났다. 10대, 20대가 성장하면 그들이 느끼는 외로움이 자연스럽게 줄어들까? 이 결과는 단순히 나이의 문제가 아니라 우리가 시대의 전환기를 지나고 있기 때문은 아닐까?

시대의 전환기에는 산업 변화에 따라 라이프스타일이 어떻게 바뀌는지 주목해보자. 농경사회에서는 혈연 중심의 가족family이 친숙함familiarity을 제공했다. 친숙함은 행복감에 직접적으로 영향을 미치는 요소다. 산업사회로 넘어오면서부터는 일상의 대부분 시간을 보내는

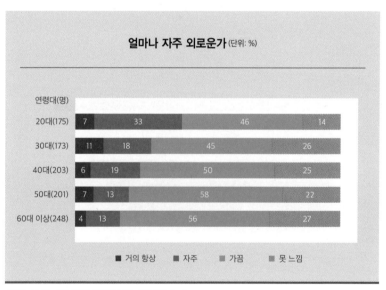

얼마나 자주 외로운가 (단위: %)

연령대(명)	거의 항상	자주	가끔	못 느낌
20대(175)	7	33	46	14
30대(173)	11	18	45	26
40대(203)	6	19	50	25
50대(201)	7	13	58	22
60대 이상(248)	4	13	56	27

"얼마나 자주 외로운가", 강준구 기자, 〈한국일보〉, 2018.5.11

회사라는 조직이 이런 역할을 상당 부분 해냈다. 청소년들은 산업 인재를 양성하는 기관인 학교에서 대부분의 시간을 보냈고, 이곳에서 지속적인 친숙함과 친밀감을 얻었다. 가정은 핵가족화됐지만, 지역 기업이 평생 고용을 하는 경우가 많았던 시절에는 기업과 지역이 가족 공동체의 외연을 확장해주는 역할을 했다.

그러나 20세기 후반을 거쳐 21세기가 되면서 기존의 가족, 학교, 회사가 제공하던 친숙함과 친밀감의 영속성이 사라졌다. 경제 선진국들에서부터 평생직장의 개념이 무너지고, 산업 인력을 양성하던 학교도 위기에 빠지기 시작했다. 이에 따라 국가나 조직의 경계를 넘어 자유롭게 활동하는 창의적 경계인들의 생활 양식이 새로운 라이프스타일로 자리 잡게 됐다. 산업 단계의 변화는 한번 일어나면 되돌리기가 거의 불가능하기에, 이런 추세는 앞으로도 계속될 것이다.

기존의 공동체는 안정적이지만 위계적이었다. 자유로운 네트워킹을 추구하는 창의적 경계인들에게는 적합하지 않은 구조다. 이들은 기존 유형의 공동체에서 편안함을 느끼지 않는다. 그런 한편으로 개인의 경쟁력을 위해 아이를 낳지 않게 되면서 출산율이 급감하고, 은퇴 후 노후에 소속감을 느낄 공동체가 없어 사회적 고립감을 겪지 않을까 하는 두려움이 커지고 있다. 이에 따라 창의적 경계인들을 위해 친숙함을 형성할 수 있는 새로운 가족의 필요성이 점점 더 커지고 있다.

하이브아레나가 서울에서 전 세계 사람들을 대상으로 진행해온 대안적 가족 실험이 그 성공 사례다. 전 세계적으로 커지는 창의적 경계인들의 외로움을 해소하고, 미래지향적인 가족을 만들 수 있다는 가능성을 보여주었다. 하이브아레나는 창의적인 사람들이 행복한 삶을 위해서 국경과 영역, 나이의 경계를 넘어 가족을 만들어가는 커뮤니티다. 이들이 대안적 가족을 지속적으로 만들어간다면, 매우 흥미로운 일들이 일어날 것이다. 한국의 여러 지방 도시와 전 세계 곳곳에 고유의 정체성을 가진 하이브아레나가 생겨날 것이다. 서울의 하이브아레나가 그 허브가 되어 글로벌 시민이 모여서 축제를 여는 미래를 상상해본다.

다양한 지역을 넘나들며
현장을 학교로 만든다

"어떻게 지금의 메이글이 됐는지 알고 싶어요."

2018년 12월 코엑스몰에서 크립톤^{Krypton} 메이글 김$^{Magel Kim}$(37) 이사에게 물었다. 그곳에서는 '헤이스타트업 × 스타트업 박싱데이'가 열렸고, 우리는 2층에서 현장을 함께 내려다보고 있었다. 헤이스타트업^{HeyStartups}은 스타트업 축제로 '스타트업들이 자신들의 문화를 직접 만들어가고 응원한다'는 취지로 만들어졌다. 스타트업 박싱데이 Startup Boxing Day는 스타트업들이 제품을 전시하고 판매하며 서로 네트워킹을 하는 축제다. 크립톤은 스타트업을 발굴하고 투자하여 키워내는 액셀러레이터^{accelerator} 중 하나로 한국무역협회, 제주창조경

헤이스타트업협동조합 청년들을 이끄는 메이글(좌)과 2018 스타트업 박싱데이(2018.12.8.~9) 현장(우)

제혁신센터 등과 함께 스타트업들의 자발적 축제를 후원한다. 메이글 이사가 자원봉사 방식으로 이 행사를 총괄하고 있다.

3년 차였던 2018년 행사에는 140여 개의 스타트업이 참여했고 2만여 명이 방문했다. 메이글은 스태프로 일하는 청년들에게 자신의 집까지 내주며 한 달여 동안 밤낮을 가리지 않고 함께 준비했다. 며칠 전까지만 해도 불가능해 보였던 기적이 눈앞에서 일어나고 있었다. 헤이스타트업협동조합의 사회 경험이 적은 20대 청년들을 이끌어 이런 큰 행사를 준비해내게 하는 그 리더십은 어디에서 나오는 걸까.

"열아홉 살 때, 10년간 5대륙을 다니며 살자고 결심했어요."

그녀는 남들 다 가는 대학을 선택하지 않았다. 왜 사는지 삶의 의미를 찾다가 인류의 1만 년 역사를 생각했다. 자신이 100년을 산다고 가정할 때 살면서 경험할 수 있는 것이 매우 제한적이라는 사실을 깨달았다. 그중에서도 '20대의 10년이라는 제한된 시간 동안 무엇을 할 수 있을까' 생각하다가, 오륜기를 보며 5개 대륙에서 2년씩 살아보자고 결심했다. 첫 나라는 일본이었다. 돈을 싸 들고 시작한 여행이 아니었기에 현지에서 일을 하면서 살았다. 다음은 오세아니아 대륙인 호주, 그리고 필리핀…. 그러던 중 폴란드를 거쳐 우크라이나로 들어가 있다가 삼성전자 우크라이나 연구소에서 일하게 됐다.

이렇게 다양한 나라의 경계인으로 살아간 경험은 그녀의 시야를 넓혔을 뿐 아니라 네트워크도 확대해주었다. 우리나라 기업들이 좋은 제품과 서비스를 많이 가지고 있는데도 글로벌을 모르고 자신들의 강점도 알지 못해 한국 안에 갇혀 있다고 생각하게 됐다. 또 여러 선진국이 경제적 성장 이후에 사회적 자본을 쌓아갔고, 그것이 그 나라의 혁신적인 경제를 일구는 토양이 됐다는 사실도 깨닫게 됐다. 우리나라가 어떤 단계에 있는지, 우리가 미래로 나아가기 위해서는 어떤 변화가 필요한지에 대한 통찰력도 생겼다.

크립톤의 양경준 대표가 이런 그녀를 눈여겨보고 삼고초려 끝에

크립톤은 제주창조경제혁신센터 보육 기업인 항공우주 스타트업 컨텍에 투자한 후 함께 전 세계 항공우주 스타트업의 허브 룩셈부르크에 진출했다. 왼쪽에서 두 번째가 메이글 이사다.

임원으로 영입했다. 크립톤에서 그녀는 국내 스타트업들을 발굴하여 해외에 진출시킨다. 이를 위해 영국, 프랑스, 우크라이나, 인도네시아, 룩셈부르크 등을 오가며 현지 벤처캐피탈, 스타트업들과 파트너십을 구축하고 있다.

자신이 다양한 도시의 현장에서 도움을 받으며 성장한 만큼, 인생길에서 만난 후배들의 성장에도 도움을 아끼지 않는다. 다음은 스타트업 박싱데이에서 메이글과 함께 여행 토크쇼 '평생 여행자로 삶을 살아간다는 것'을 발표한 김이삭의 스토리다.

가난한 세계 여행 중에 우크라이나에 갔다가 800원밖에 없어 900원짜리 케밥을 못 먹던 상황이었다. 우연히 만난 메이글로부터 식사와 숙소를 제공받았다. 왜 이렇게 호의를 베푸냐는 질문에 메이글은 열아홉 살 때 일본에서 아르바이트하며 힘들게 지냈는데, 알고 지내던 한국인 언니가 떠나려고 인사를 온 날 20만 원을 손에 쥐여주었다고 했다. 그 따뜻한 손의 온기를 잊을 수 없었기에, 그것을 나에게 갚는다고 했다. 무언가를 바라고 하는 것이 아니고, 그 은혜는 다른 사람에게 갚으라는 말과 함께. 나는 세계 여행을 무사히 마치고 소소한 옥탑방 게스트하우스 '삭삭하우스'를 만들어 수천 명의 외국인을 맞이했고, 한 끼 정도는 저녁을 대접하고 함께 한국 여행을 하기도 한다.

메이글은 자신을 '연결하고 융합하는 사람'이라고 정의한다. 세계 각국을 다니며 파트너들을 찾아내고 협상을 해내는가 하면, 작은 감자를 연구하고 생산하는 강원도 스타트업 록야에 투자해 동남아에 진출하게 하고, 제주에 위성기지국을 만든 항공우주 스타트업 컨텍 CONTEC에 투자해 룩셈부르크 진출을 성사시키기도 했다. 그녀는 가장 로컬한 것들, 동시에 가장 글로벌한 것들을 찾아내 연결하며, 선배들에게 배운 것을 후배들에게 전한다. 이를 통해 세상이 좀더 긍정적인 방향으로 변해가는 데 보람을 느낀다.

21세기 역량과
교육의 변화

──────────────── 우리나라는 OECD 국가 중 고등학교 졸업자의 대학 진학률이 가장 높다. 1980년 27.2%였던 대학 진학률은 2008년 83.8%로 최고치를 찍었다. 이 수치는 점차 떨어져 2018년 69.7%이지만, 여전히 OECD 국가 평균인 41%보다 월등히 높다(2016년 기준 일본 37%, 독일 28%, 미국 21%). 대학에 가는 목적은 크게 두 가지일 것이다. 일하고 살아가는 데 필요한 지식을 습득하는 것, 그리고 경제 사회 주류 커뮤니티의 일원으로서 네트워크를 형성하는 것. 이처럼 높은 진학률의 원인은 초고속 근대화 시기에 소수의 대학 졸업자가 이 두 가지에서 많은 이점을 누렸기 때문이다.

그러나 평생직장, 평생직업이 사라지고 경계를 넘어서는 지속적인 학습이 필요한 밀레니얼 시대에는 그동안 대학이 제공해온 두 가지 이점이 더는 절대적이지도 영원하지도 않다. 한편으로는 대학 교과과정의 개혁이 일어나고 있고, 또 한편으로는 대학이 아니어도 성장할 수 있는 길들이 열리고 있기 때문이다.

2002년 미국 교육부, AOL 타임워너, 애플컴퓨터, 마이크로소프트, SAP 등이 함께 P21^{The Partnership for 21st Century Learning}을 설립했다. 이 연합체는 밀레니얼 세대에게 필요한 새로운 역량을 정의하고 '지속적인 변화와 중단 없는 학습이 일어나는 세상에서 학생이 성공할 수 있게 하는 학습을 위한 통합된 비전'을 수립했다. 그만큼 교육 분야에서도 변화의 필요성이 커지고 있다.

P21에서 정의한 21세기 학습 프레임워크^{Framework for 21st Century Learning}는 다음과 같이 구성되어 있다.

1. 학습 및 혁신 역량^{learning and innovation skills}

오늘날 나날이 복잡해져 가는 삶과 일의 환경에서는 학습 및 혁신 역량이 필수다. 이 역량은 다음과 같은 능력으로 구성된다.

- 창의 및 혁신 능력^{creativity and innovation}
- 비판적 사고 및 문제해결 능력^{critical thinking and problem solving}
- 소통 및 협업 능력^{communication and collaboration)}

2. 정보, 미디어 및 테크놀로지 역량^{information, media and technology skills}

우리는 테크놀로지와 미디어 기반 환경에 살고 있다. 풍부한 정보 접근성, 테크놀로지 도구의 급속한 변화, 전례 없는 규모로 개인들이 협력할 수 있는 환경이다. 이런 시기에는 일을 하고 삶을 살아가는 데 다음과 같은 역량이 필요하다.

- 정보 문해력information literacy
- 미디어 문해력media literacy
- ICT 문해력information, communications and technology literacy

3. 삶과 경력 능력life and career skills

오늘날의 환경에서는 사고력과 지식 이상의 것이 필요하다. 전 세계적으로 경쟁이 치열한 정보화 시대에 복잡한 삶과 일의 환경을 탐색하기 위해서는 다음과 같은 능력을 개발해야 한다.

- 유연성 및 적응성flexibility and adaptability
- 진취성 및 자기주도성initiative and self-direction
- 사회성 및 다문화성social and cross-cultural skills
- 성과창출 및 책임감productivity and accountability
- 리더십 및 책무성leadership and responsibility

물론 모든 사람이 메이글처럼 대학에 가지 않고 해외 현장으로 바로 가야 이런 역량을 얻을 수 있는 것은 아니다. 메이글 역시 필요하다면 언젠가 대학에 진학할지도 모른다. 삶의 여정은 사람마다 다를 수 있다. 중요한 것은 창의적 경계인으로서 자기주도적으로 삶을 디자인할 수 있느냐 하는 것이다. 그녀는 20대에 스스로 판단해 세계를 자신의 학교로 설정했다. 10년을 목표로 정하고 여러 나라에서 일하면서 배우는 길을 선택했고, 성장했다. 또한 세상과 후배들을 위해 길을 열어주는 데 세상에서 받은 것 이상의 열정과 시간을 쓰고 있다. 세계 곳곳의 현장에 네트워크를 가지고 있고, 국경과 영역의 경계 없이 뛰어다니며 새로운 파트너들을 발굴하고 시너지를 창출한다.

밀레니얼 시대에 학교는 우리에게 무엇일까? 상아탑에서 선생이 학생에게 가르치던 시대는 끝났다. 먼저 실천하고 배우는 선배가 또 다른 실천을 하는 후배들이 성장하도록 길을 열어주는 것, 서로 다른 세계에서 배우고 그 세계들을 연결해서 놀라운 무언가를 만들어내는 것, 그것이 바로 창의적 경계인들의 인생학교다. 대학은 인생학교에서 하나의 선택지일 뿐이다.

상아탑과 연구실을 나와
길 위에 선 연구자들

나는 서울로 출장을 갈 때면 모종린(58) 교수와 종종 식사를 함께한다. '골목길 경제학자'로 불리는 그는 정치경제학자다. 고등학교 때 미국으로 유학을 떠나 코넬과 캘리포니아 공과대학교를 거쳐 스탠퍼드에서 박사 학위를 받았다. 1990년대에 텍사스대학교 오스틴 캠퍼스에서 조교수를 역임한 후 한국으로 돌아와 연세대학교 국제학대학원 교수가 됐다. 나는 국내에서 전산학을 전공하고 IT 기업에서 일하다가 예술경영을 전공한 후 제주에서 지역의 혁신 및 창업 생태계를 조성하는 일을 하고 있으니 서로 배경이 상당히 다르다. 하지만 나는 그와 만날 때마다 시간 가는 줄 모르게 이야기를 이어간다.

주제는 다양하다. 아마존이나 홀푸드 같은 해외 기업에 대한 이야기, 어반플레이urbanplay나 재주상회 같은 로컬 기업에 대한 이야기, 도시재생에 대한 이야기, 지역의 인재 육성과 장인대학에 대한 이야기, 혁신창업과 소상공인 정책에 대한 이야기, IT와 라이프스타일 산업의 차이와 융합에 대한 이야기…. 다양한 주제이지만, 공통되는 커다란 맥락이 있다. 우리나라 지역이 어떻게 하면 저마다의 정체성을 바탕으로 삶의 질을 높이고 경제가 성장하는 크리에이티브 시티가 될 수 있을지에 대한 것이다.

그는 글로벌과 로컬을 아우르는 특별한 지식인이다. 한강의 기적을 일으킨 근대화 시스템을 넘어 밀레니얼의 시대 전환이라는 담론을 여는 선도자다. 《골목길 자본론》, 《라이프스타일 도시》, 《작은 도시 큰 기업》 등을 통해 지방 도시들이 고유의 정체성을 살려 세계 속에서 커나갈 때 우리의 미래가 열린다고 말한다. 오랜 시간 발로 현장을 뛰어왔기에 전국 곳곳에 그를 따르는 사람들이 있다. 그의 페이스북 타임라인은 다양한 도시 현장의 사진과 이야기로 채워진다. 1년 내내 그는 포틀랜드, 미네아폴리스, 스몰란드 등 외국의 골목길을 누비는 한편 제주, 안동, 강릉, 경주, 군산, 부산 등을 다니며 현장의 실천가를 만난다. 동시에 지방 도시가 성장할 수 있는 가능성과 핵심 원리를 제시한다. '골목길 경제학자'라는 별칭을 마음에 들어하는 그는 다양한 현장의 실천가들에게 좋은 질문을 던지고, 정보를 얻고, 더 큰 인사이트를 되돌려준다. 현장의 실천가들을 학생으로 둔 밀레니얼 시대의 '진짜' 교수님이다.

내가 그를 처음 만난 것은 2016년 창조경제혁신센터에서 지역혁신가 사업을 하면서였다. 지역혁신가 사업은 그의 책《라이프스타일 도시》에서 영감을 얻어 전국 17개 센터 공통 사업으로 시작됐다. 그해에 그가 제주창조경제혁신센터를 방문해 처음 만나게 됐다. 나는 우리나라에 이런 지식인이 있다는 것에 감동받았다. 그는 상아탑에 갇혀 있지 않았고, 근대화 세대의 프레임에도 갇혀 있지 않았다. 겸허한 태도로 다양한 연령, 다양한 분야의 사람들에게 배우고 늘 연구하며 아낌없이 지식을 나누는 모습이었다.

나는 여러 프로그램에 그를 모셨고, 현장의 생생한 정보를 전하며 네트워크를 형성하도록 도왔다. 나는 그에게 배운 지식을 현장에 적

2018년 11월 8~10일 전국의 지역혁신가들과 함께 'J-Connect 데이 2018'을 열었다. 모더레이터로 함께한 연세대학교 모종린 교수(정중앙), 런던 시티대학교 김정후 교수(좌), 그리고 필자(우)

용했고, 그는 현장의 살아 있는 정보와 인사이트를 연구에 반영했다.

그는 지역의 정체성을 바탕으로 한 라이프스타일 산업을 일으킬 인재를 양성하려면 장인대학을 꼭 세워야 한다고 말한다. 2019년 10월 모종린 교수와 나는 제주창조경제혁신센터에서 장인대학의 작은 버전인 '로컬 브랜딩 스쿨'을 실험한다. 제주의 장인들을 발굴하여 크리에이터들과 한 달간 프로그램을 함께하는 자리다. 장인이 가진 기술과 크리에이터들이 가진 브랜딩 역량을 결합하여 미래 가치를 만드는 것이 목표다.

밀레니얼을 개척하는 실천가들의 든든한 파트너

─────────────── 훌륭한 연구는 세상에서 일어나는 일들의 의미를 발견하고 더 확장하게 하는 길잡이가 된다. 하지만 근대화 과정에서 우리나라의 연구는 중앙정부 부처와 수도권에 치우쳐 이뤄졌고, 학과와 부처의 칸막이 내에서 진행됐다. 오늘날에는 현장에서 일어나는 일들을 바탕으로 다양한 분야가 함께 연구해야 하는 경우가 많아졌다. 이에 따라 그간의 연구 관행이 한계를 드러내게 됐다. 경계를 넘나드는 창의적 개척자들이 중요한 이유다.

이들은 상아탑을 뛰쳐나와 현장을 누비고, 영역의 칸막이를 넘나들며 지식을 교류하고 창출한다. 최근 이런 밀레니얼 지식인들이 자주 보이는데, 대표적인 예가 앞서 소개한 모종린 교수다. 또 건축도시공간연구소AURI의 윤주선 마을재생센터 센터장은 도시재생 스타트업을 발굴하고 건축과 스타트업의 경계에서 국내외 실천가들이 실천적 지식을 생산하도록 이끌고 있다. 경남대학교 사회학과 양승훈(37) 교수는《중공업 가족의 유토피아》를 발간했다. 거제의 조선소에서 근무했던 경험을 바탕으로 근대화 시대가 저물어가면서 중화학 공업 도시에서 일과 삶이 어떻게 변화하는지 관찰하고 연구한 결과를 담았다.

이렇게 밀레니얼의 연구자들은 창의적 경계인으로서 우리 사회의 문제와 가능성을 종합적으로 진단하고, 현장의 실천가들과 함께 지식을 재창출한다. 시대 전환의 중요한 주체로서 현장과 함께하고 영역을 넘나들며 연결한다. 그 덕에 이들과 파트너가 되는 현장의 실천가는 자연스럽게 공동 연구자 역할을 하게 된다. 실천하는 연구자와 연구하는 실천가들이 만나는 창의적 경계인의 커뮤니티는 이렇게 시대의 전환을 만들어간다.

민간과 공공을 잇는
경계의 사람들

2015년 여름, 강남의 한 펍에서 예전 동료 노희섭을 만났다. 당시 나는 제주창조경제혁신센터 센터장을 맡고 있었고, 그는 KT 자회사 NexR의 빅데이터본부 본부장이었다. 다음커뮤니케이션에서 함께 일했던 2006~2009년에 나는 사용자 경험의 접점에 있는 프론트엔드 개발본부 본부장이었고 그는 백엔드인 검색개발팀 팀장이었다. 서로 얼굴 보고 이야기할 일은 많지 않았지만, 두 부서가 긴밀히 협업해서 서비스를 완성해내던 시절이었다.

그날 저녁 우리는 대동강 페일에일 맥주를 마셨다. 그 얼마 전 나는 그에게 제주의 공무원이 되어보지 않겠느냐고 제안했었다. 제주도 도지사가 내게 민간 출신 최고정보책임자를 개방직 고위 공무원으로 추천해달라고 해서다. 그는 고심 끝에 나의 제안을 사양하기로 하고, 그 뜻을 표하러 나온 자리였다.

사실 그는 이 일을 상당히 해보고 싶어 했다. 인공지능을 전공했고 빅데이터 전문가로 일하면서 우리나라의 데이터 상당 부분이 공공 영역에 있음을 알고 있었기 때문이다. 다음커뮤니케이션 출신이어서 제주도에 친근함과 매력을 느낀 것도 있었다. 그런데 다른 한편으로, 서울시 공무원이던 김경서 정보기획관의 영향이 있었다. 김경서 기획관은 다음커뮤니케이션 출신으로 2001년 분사한 다음소프트의 대표를 역임하고, 2013년 개방직 공무원이 됐다. 그 시기에 노희섭 본부장이 그와 민관 파트너십을 진행했다. 빅데이터를 기반으로 심야버스 대중교통을 개편한 일인데, 시민 7,000여 명이 매일 사용하며 대성공을 거뒀다. 이는 공공데이터의 무궁무진한 활용 가능성을 보여주는 계기가 됐다.

그런데 김경서 기획관은 임기를 마친 후 민간으로 바로 복귀하지 못했다. 공직자윤리법에 따라 4급 이상 공무원은 퇴직 전 5년간 일했던 부서 및 기관 업무와 관련이 있는 곳에 3년간 취업이 제한되기 때문이었다. 취업을 할 경우 공직자윤리위원회의 취업 심사를 받아야 한다. 그래서 김경서 기획관은 공무원 임기를 마친 후 다음소프트로 바로 복귀하지 못하고 유학의 길을 떠난 상태였다. 노희섭 본부장은 그 이야기를 듣고 마음에 갈등이 생긴 것이다.

나는 그에게 이미 우리나라 여러 회사에서 경력을 쌓았으니 새로운 영역을 개척해야 하지 않겠느냐고 설득했다. 다음커뮤니케이션이 제주에 이주하면서 꿈꿨던 것처럼 제주를 글로벌한 섬으로 만들면, 이후에 굳이 민간 기업으로 바로 돌아오지 않아도 많은 길이 열리지 않겠느냐고 말이다. 그는 마음을 돌렸고 우리는 의기투합했다.

그는 2015년 9월 제주도 정보화담당관(4급)으로 임명되었고 2018년 9월 조직이 확장되면서 미래전략국 국장(3급)으로 승진했다. 1975년생으로 제주도 최연소 국장이 된 그는 공무원 사회의 이단아였다. 콧수염을 기르고 후드티 차림에 에어조던을 신고 다니는 그를 보고 공무원들과 도의원들은 문화적 충격을 받았다.

하지만 그는 남들의 시선이 어떻든 개의치 않았고, 엔지니어 마인드로 10년 이상 묵은 문제들을 하나둘씩 해결해나갔다. 개방직 공무원으로서 전문성을 마음껏 발휘해 전산이나 보안 담당에 그쳤던 과를 빅데이터를 기반으로 행정을 펼치고 미래 산업 정책을 설계하는 부처로 진화시켰다. 제주 주요 관광지와 대중교통에 공공 와이파이를 전면적으로 설치하여 도민과 관광객들의 편의를 도모했고, 동시에 빅데이터를 수집하여 관광 정책 등에 사용할 수 있게 했다. 공공과 민간의 데이터를 공개하고 혼합하여 사용 가치를 높이는 공공데이터 포털을 만들었다. 제주도 청소년들의 온라인 도박중독 문제를 해결하기 위해 도박문제관리센터도 유치했다. 2018년부터는 제주도 스타트업 펀드 조성과 블록체인 특구 지정을 비롯하여 에너지 및 화장품 산업 등 미래 산업 전략을 총괄하고 있다.

이런 그의 활약 덕분에 제주도 행정의 정보화 역량은 최하 수준에서 최고 수준으로 단번에 뛰어올랐다. 대통령상과 국무총리상, 과학기술부 장관상 등 각종 상을 휩쓸었다. 제주도는 행정안전부가 243개 지방자치단체를 대상으로 실시한 혁신실적평가에서 2017년, 2018년 연속으로 최우수 지자체로 선정됐다. 변방이었던 제주가 중앙정부와 다른 지방정부에서 벤치마킹하러 오는 곳으로 탈바꿈한 것이다.

인재가 인재를 끌어당긴다. 3년이 지나자 성장 기회를 찾는 제주 공무원들이 그와 함께 일하기를 원하게 됐다. 또한 조직 내에 과장, 팀장급에 개방직을 확대하면서 개방직 직위만 7명을 채용했는데 이는 전국 지방정부에서 유례없는 일이다. 전국의 인재들이 노희섭 국장의 사례를 보고 제주로 몰려들었다. 지방정부 현장에 열쇠가 있다는 것을 알게 된 인재들이 미래전략국에 합류했다. 미래전략과 과장은 ETRI 연구원 출신으로 기술 스타트업을 창업해서 10여 년간 대표를 하다가 합류했다. 2018년 11월 스타트업 생태계를 조성하는 스타트업팀 팀장은 육군사관학교 출신으로 삼성전자, SK이노베이션을 거쳐 스타트업을 창업한 경력을 가지고 있다. 이들이 합류한 이유는

노희섭 국장(좌)과 필자(우)(출처: 제주창조경제혁신센터 〈J-Connect〉)

지방 도시의 미래를 제대로 구현해내는 성취감을 느끼고 싶기 때문이다. 일의 '재미'와 '의미'를 추구하는 것이다.

밀레니얼의 공공성은
앙트러프러너십으로 구현된다

──────────────────── 민간 일을 하다 공무원이 된 사람을 '어공(어쩌다 공무원)'이라 부른다. 그리고 처음부터 공무원으로 시작해 특별한 사유가 없는 한 평생직장이 보장된 공무원은 '늘공(늘 공무원)'이라 부른다. 1970~1980년대에는 국가가 주도하여 개발 사업을 진행했다. 특히 경제기획원과 상공부가 중심이 되어 엘리트 관료들이 경제 전략을 수립하고 강력하게 추진했다. 하지만 밀레니얼 시대에 우리가 직면한 문제는 인구 감소, 지방 소멸, 기존 산업 쇠퇴 등이 서로 얽혀 있어 이전 같은 방식으로는 풀어낼 수 없다. 연결과 융합의 시대에 지방정부의 공무원들이 다양한 부처에서 문제해결 역량을 발휘해야 한다. 하지만 현실을 보면, 공무원들이 변화하는 시대를 학습하거나 실천할 기회를 얻지 못하고 있다.

다행히, 늘공들 안에서도 청년 공무원들을 중심으로 창의적 경계인이 하나둘 생겨나고 있다. 이들은 자기 삶의 가치와 보람을 위해 현장에서 학습하고 새로운 시도를 하고자 한다. 어공들이 민간에서 공공으로 와 기존 시스템과 부딪히면서 어려움을 겪는 것 이상으로, 변화를 원하는 늘공들도 온갖 어려움과 마주한다. 수직적 체계를 가진 조직에서 산업화 시대를 경험한 의사결정자들의 지휘를 받아야 하며, 리스크를 안고 새로운 시도를 하여 성과를 거뒀더라도 기존 시스템에서는 인정받지 못한다. 게다가 민간에서는 각종 민원 등으로 혁신공무원을 괴롭히거나 헐뜯기도 한다. 무엇보다 혁신을 해나가는 과정에서 가장 큰 적이 동료 공무원들일 때 가장 괴롭다. 관행을 떠받들면서 혁신공무원을 견제하고 시기하고 질투하는 이들이 있기 때문이다. 때로는 동료를 밟고 조직의 사다리를 올라가려는 그들과 싸워야 하는 처지에 놓이기도 한다.

이들이 혁신공무원이 되는 과정의 첫 단계는 '자신이 하는 일의 의미를 확인'하는 것이다. 그리고 '그것을 실천할 용기와 역량'이 필요하다. 이를 위해서는 자극과 학습의 장이 필요하고, 작더라도 의미 있는 실천을 하며 혁신 역량을 키워갈 기회가 주어져야 한다. 그리고 실천을 한 후에 공유하고 확산시키고 지지를 받을 수 있는 공감과 지지의 장이 마련되어야 한다.

제주시청에서 제주창조경제혁신센터로 파견 나와 3년째 경영지원팀과 지역혁신팀을 맡고 있는 박은하 팀장은 공무원 혁신가로 성장해나간 대표적인 사례다. 1975년생 93학번으로 대학을 졸업한 직후인 1997년 5월 공무원 임용고시에 합격했으나, IMF 경제위기로 2년간 채용이 연기됐다. 그녀는 대기하는 동안 민간 기업에서 경험을 쌓았고, 제주시 공무원으로 임용된 후에는 다양한 부처 업무를 경험하고 6급 주무관이 되었다. 공무원으로서 일할 때 행정상의 일들에 한계를 느끼기도 했다. 행정 조직의 관행과 시스템 때문이기도 했고, 변화를 주도하기엔 자신의 경험과 역량이 부족하고 네트워크가 제한됐기 때문이기도 했다. 그동안은 새로운 자극을 받고 성장할 기회가 부족했다.

그러다가 2017년에 민관 협력 기관인 제주창조경제혁신센터로 파견됐고, 이곳에서 새로운 경험과 네트워크를 통해 빠르게 성장해 갔다. 파견 2년 차부터 지역혁신팀 팀장을 겸하면서 제주 원도심에서 도시재생과 창업 생태계의 시너지를 내는 사업의 PM을 하게 됐다. 일본에 출장 가서 파트너들을 발굴하고, 우리나라 전역에서 지역혁신가들을 모아 제주 원도심에서 '리노베이션 스쿨 인 제주Renovation School in Jeju'를 운영하기도 했다. 리더십 코칭 프로그램, 퍼실리테이션facilitation(촉진) 과정 등을 통해 협력적으로 문제를 해결하는 역량을 키웠다.

보통은 공무원이 파견을 가면 중요하지 않은 일을 하는 것으로 여긴다. 박 팀장 역시 매년 파견을 연장하며 센터에서 3년을 일하는 사이에 오해도 많이 받았다. 공무원 동료들에게 "노니 좋니?"라는 말도 자주 들었다. 파견 공무원에게는 평가상 불이익이 주어지는 게 관행이기에 미래에 대한 불안감도 있었을 것이다. 하지만 공무원으로서 공공성을 실현하기 위해 창의적으로 일해나가는 보람과 스스로 성장해나가는 기쁨으로 이를 극복해냈다.

그러다 보니 동료와 선후배들도 그녀를 응원하게 됐고, 어느새 남들보다 훌쩍 큰 사람이 되어 있었다. 그녀에겐 이제 전국에, 그리고 해외의 민간과 공공 영역에 다양한 혁신가 친구들이 있다. 이제 무엇이든 변화를 주도할 수 있는 사람이 됐고, 밀레니얼 시대를 열어갈 후배 공무원들에게도 나누어줄 것이 더 많아졌다.

2019년 4월 제주창조경제혁신센터에서는 5~7급 제주 공무원 24명을 대상으로 '공공혁신 아카데미'를 기획해서 운영했다. 순천시에서 순천만공원을 조성한 경험이 있는 최덕림 전 순천시 국장의 경험을 바탕으로 했으며, 박은하 팀장이 기획했다. 청년 공무원들이 개척자 정신을 가지고 공공성을 실현하는 보람을 찾고 나아갈 길을 찾는 시간이었다.

6월에는 행안부 서기관 출신으로 2012년 쿠퍼실리테이션KOO Facilitation을 창업한 구기욱 대표와 함께 공공혁신 변화관리자 양성 과정을 열었다. 이런 프로그램을 통해 변화를 원했던 지역 공무원들이 모여들었고, 후속으로 학습 모임을 조직했다.

이렇게 변화는 사람에서 사람으로 확산된다. 초반엔 느리지만 시간이 지날수록 속도가 더해진다.

민간과 공공의 역할이 예전과 달라지고 있다. 예를 들어 싱가포르

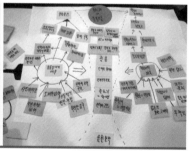

공공혁신 아카데미를 기획하고 참여한 제주 공무원들

에서는 40대 후반이 되면 상당수가 공무원을 졸업하고 민간인이 된다고 한다. 미국은 고위 공무원 대부분을 외부에서 전문가를 초빙해 채용한다. 일본은 인구 감소와 지방 소멸로 공무원 수를 줄이는 지방 도시들이 나오고 있는데, 공무원을 그만둔 이들이 민간에서 성공을 거둔 사례도 있다. 머지않은 미래에 대한민국의 공무원도 '철밥통'이 아니게 될 가능성이 크다. 이제 두 영역은 창의적이고 협력적인 문제해결의 파트너로 진화할 것이다. 이런 일을 해낼 사람들은 민간과 공공 세계의 경계에 선 개척자들이다. 두 세계를 연결해내고, 스스로 성장하고 변화를 만들어내며, 후배들을 이끄는 이들에게 밀레니얼의 공공성이 달려 있다.

'꼰대'의 나락으로
떨어지지 않는 시니어들

최인아(59) 대표는 국내 최대 광고대행사인 제일기획에서 30년을 일하고 부사장까지 역임했다. 퇴사 후 2016년에 선릉역 인근에 '최인아책방'을 열어 3년째 운영하고 있다. 광고라는 업과 책방 주인이라는 업은 얼핏 달라 보이지만, 그녀가 생각하는 업의 소명이라는 측면에서는 같은 것이다. 광고는 생각의 비즈니스이고, 독서는 스스로 생각하는 훈련을 해준다. 그래서 광고인들은 생각의 비즈니스를 끊임없이 연구하고 공부하는 사람들이다. 바로 그 광고인이 만든 사유의 공간이 최인아책방이다.

이 공간은 최인아 대표의 서재를 방문해서 책을 읽는 것처럼 따뜻하고 지적인 분위기를 준다. 이곳을 방문하는 사람들이 '마치 오아시스에 온 것 같다'고 이야기하는데, 그녀는 그런 말을 들을 때 큰 만족감을 얻는다. 책방의 도서들에는 그녀가 지인들에게 부탁해서 받은 추천사가 담겨 있다. 직장인들은 바쁘게 살아가는 인생에서 다양한 문제에 부딪히다 지친 상태로 이곳을 찾는다. 그리고 이곳의 우아하고 지적인 분위기에 재충전을 경험한다.

최인아 대표는 자신이 일해온 업의 본질을 기존과 다른 방식인 책방으로 구현하고 있다. 〈동아일보〉에 객원 논설위원으로 쓴 칼럼에서 그녀의 생각을 읽을 수 있다.

> 한마디로 회사를 위해 일하지 말고 자기 자신을 위해, 내 커리어를 위해 일하고 결과로 회사에 기여하라는 거다. 이쯤에서 조금 위험한 발언을 해야겠다. 혁신은 조직이 하는 게 아니라 개인이 하는 거라는 것을. 스스로 움직이는 자각된 개인들이 뿜어내는 에너지의 결과로 혁신이 일어나는 거라고 나는 생각한다.
>
> 그러므로 지금부터의 조직관리는 개인에게 초점을 맞춰 한 사람 한 사람이 마음껏 일할 수 있게 해야 한다. 개인 역시 월급을 받는 대가로 회사 일을 '해주는' 것이 아니라 나 자신을 위해 '나의 일'을 한다고 생각해야 한다. 우리는 조직원이기 이전에 개인이고 나 자신이므로.
>
> 혹시 많은 기업이 밀레니얼 세대와 일하는 데 어려움을 겪는 것은 그들을 개인으로서가 아니라 조직원으로 대하기 때문은 아닐까. 그

최인아책방. 좌측 사진 우상단에 최인아 대표가 앉아 있다.

러니 설령 회사가 나의 노력을 알아주지 않더라도 크게 스트레스받지 말자. 알아주면 고맙지만 결국 나는 나 자신을 위해 일하고 결과로써 조직에 기여하는 것이니.

- "[동아광장/최인아] 내 커리어를 위해 일하고, 결과로 회사에 기여하라", 〈동아일보〉, 2019.5.18

김상헌(1963년생)은 2007년 LG그룹 법무팀을 나와 네이버에서 대표를 역임한 후 2017년 3월 퇴사했다. 인생에 걸쳐 두 번의 큰 전환을 한 셈이다.

2018년 1월에는 자신이 할 수 있는 최선의 방식으로 밀레니얼 세대와 시너지를 창출하고 있다. 그는 안국동 건물을 매입해 문화공간을 열었다. 1층은 한국을 소개하는 영어 원서가 전시돼 있는 카페이고, 2층과 3층에는 '트레바리'를 입주시켰다. 4층과 5층은 그와 배우자가 함께 쓰는 공용 사무실과 자택으로 꾸몄다. 김상헌 전 대표가 트레바리를 입주시킨 것은 단순히 건물주의 임대 사업이 아니다. 시

트레바리 안국동 지점

니어와 밀레니얼 세대의 창의적 경계인들이 일과 삶에서 각자의 자원을 통해 시너지를 창출하고 있는 것이다.

한국엔젤투자협회 고영하 회장(1952년생)은 시니어들이 엔젤투자로 청년들과 함께할 수 있음을 스스로 실천함으로써 보여주며, 이를 확산시키는 역할을 소명으로 여기고 있다. 2009년 58세로 SK 브로드밴드미디어 회장 임기를 마친 후, 스타트업에 투자하는 엔젤투자자로 살았다. 2008년부터는 스타트업과 투자자들의 네트워킹 행사인 고벤처포럼을 열었다. 그것이 계기가 되어 중소벤처기업부의 TIPS 프로그램을 주관하고 엔젤모펀드 등을 관리하면서 투자 생태계의 대부가 됐다.

그는 대기업을 퇴사한 후 고벤처포럼을 열기 시작한 이유를 "나이가 들어도 젊은이들과 함께하는 삶을 살고 싶었기 때문"이라고 말한다. 지금도 그는 현장에서 청년들과 함께 호흡하며 끊임없이 배우고 성장하고 있다.

　김용섭 날카로운상상력연구소 소장은 밀레니얼 세대가 열광하는 핫플레이스를 만든 이들 중 40대, 50대, 60대들이 있음에 주목했다. '매거진 B'와 독립서점 '스틸북스', 한남동의 핫플레이스 '사운즈한남' 등을 만든 조수용 카카오 대표는 40대 중반이며, 서촌의 핫플레이스인 통의동 '보안여관'의 최성우 대표는 50대 후반이다. 김 소장은 이들이 변화하는 시대에도 성공하는 이유를 다음과 같이 분석한다.

　　변화는 거부한다고 해서 멈춰지는 게 아니다. 변화 자체를 인정하고 존중해야 한다. 자신이 이해하지 못하는 변화는 거부할 게 아니라 인정하는 자세면 충분하다. 변화를 다 따라가라는 게 아니다. 다만 그걸 따라 하는 사람들을 존중하고, 자신과 다르다는 이유로 그들을 공격하지는 말아야 한다. 이런 사람이 진짜 어른일 수 있다. X세대 중에서도 영포티, 베이비붐 세대 중에서도 뉴식스티는 나이가 들었지만 변화를 받아들인 사람들이다. 노인 세대 중에서도 변화를 받아들인 새로운 노인들이 있다. 우리 사회가 점점 더 주목할 사람들이다.
　　- "밀레니얼 세대를 열광시킨 '어른들'", 〈비즈한국〉, 2019.6.10

　우리나라 국민의 평균 수명은 2018년 기준으로 83세다. 1970년에는 61.9세, 1990년에는 71.3세였다. 60세 전후를 은퇴 연령으로 보면, 은퇴 후 오래지 않아 세상을 떠났던 것이다. 하지만 이제는 대부분의 직업에서 정년퇴직이 사실상 의미가 없어졌다. 끊임없이 퇴사하고 다시 일하는 시대다. 60세가 넘은 이후에도 긴 노년을 일하지 않고 지내는 것은 바람직하지 않다. 하나의 직업을 가지고 한 직장만 다닌 사람은 은퇴 후 다른 일을 하며 살아가기가 쉽지 않다. 유연성과 적응력이 부족하기 때문이다.

다른 길은 얼마든지 있다. 자신의 소명과 정체성을 바탕으로 자기 삶을 디자인할 수 있다면 세대를 넘어 소통하면서 인생의 황금기를 지속할 수 있다. 인간의 평균 수명은 갈수록 길어지고 직업의 평균 수명은 짧아지는 밀레니얼 시대에 '평생직장'과 '은퇴'라는 용어는 곧 사라질 것이다. 자신의 소명과 정체성을 다른 일과 삶의 방식으로 이어갈 뿐이다. 이 창의적 경계인들은 자신이 다녔던 직장과 직업의 한계를 넘고 직장 상사로서의 지위도 벗어던졌다. 그리고 영역과 영역, 세대와 세대, 지역과 지역을 연결하고 소통하면서 '자기다운' 삶에서 행복을 찾는다.

나와 나를 둘러싼 것을
함께 변화시키는 경계인

두 세계의 경계에 서면 익숙했던 것도 새롭게 보인다. 보는 방식은 삶의 방식을 닮았다. 새롭게 보이기 시작했다는 것은 새로운 삶의 방식이 시작됐다는 것이다. 경계인은 두 세계에 모두 속하면서, 동시에 어느 곳에도 속하지 않는 사람이다. 경계인은 두 세계를 낯설게 보고 새로움을 발견하며, 두 세계의 사람과 자원을 연결할 기회를 갖는다. 경계에 서면, 자기 삶이 변화할 뿐 아니라 접촉하는 상대의 삶도 변화하게 한다. 변화하는 삶에서 창조가 싹튼다.

나는 여러 측면에서 경계에 서 있다. 물질주의 세대(근대화 세대)와 탈물질주의 세대 사이의 경계인, 기술과 문화예술 사이의 경계인, 서울과 제주 사이의 경계인, 민간과 공공 사이의 경계인이다. 우연한 기회에 이렇게 다양한 영역의 경계에 서게 됐는데 주위를 둘러보니 우리나라의 시대와 세대의 전환, 지역의 변화 과정이 보이기 시작했다.

나의 10대는 유하의 시 〈세운상가 키드의 사랑〉, 영화 〈말죽거리 잔혹사〉를 배경으로 한다. 1938년생이신 아버지는 20대에 전라도에서 무일푼으로 상경해 자수성가를 하셨다. 1970년대에 아버지가 이룬 성공의 상징은 청계천 세운상가 인근의 작은 영업소와 경기도 용인에 있는 공장, 그리고 인생 처음으로 내 집 마련의 꿈을 이룬 강남구 역삼동에 지은 주택이었다. 나는 그 세 거점을 오가며 성장했다. 초등학교 시절에는 학교가 끝나면 세운상가의 아버지 가게에서 머물다가 어른들의 퇴근길에 함께 (유하의 시에 나오는 표현대로) '퀘퀘한 아황산 공기를 마시며' 집으로 돌아오곤 했다. 아버지 가게에서 일하는 사촌 형 덕에 나는 초등학교 저학년 때부터 빵판breadboard(전자제품의 시제품을 만드는 데 사용됨)을 쓰고 납땜질을 배웠다.

부모님은 나의 교육에 열린 태도를 보이셨다. 당시 국내에서는 프로그래머라는 직업이 널리 알려져 있지 않았고 유망한 직업도 아니었다. 초등학교(당시엔 국민학교) 6학년이던 1983년 프로그래머 전문지 〈마이크로소프트웨어〉가 창간되던 해에 나는 애플II 호환 기종을 접하고 프로그래밍을 시작했다. 독학으로 어른들 수준의 프로그래밍 실력을 갖췄고, 중학교에 들어가서는 학교의 성적 처리 프로그램을 개발했다. 선생님들이 학교 수업을 대부분 빼주었기에 중학교 시절을 전산실에서 프로그래머로 살았다. 요즈음 얘기하는 자기주도학습인 셈이다.

하지만 입시교육의 현실은 나를 비껴 가지 않았다. 고등학교 때는 프로그래밍을 그만두고 시험 중심의 공부에 올인했다. 서울대학교 계산통계학과 전산학 전공으로 입학했다. 하지만 입시 준비를 하면서 잘못 습관이 든 공부법에서 벗어나기 위해 대학 시절 내내 몸부림쳐야 했다. 나 스스로 중심이 되어 사고하는 법을 배우고 시험 문제에만 대비하는 암기 중심의 습관을 버려야 했다. 다행히 전공과목을 중학교 시절 독학으로 이미 마스터한 덕에 수업을 들을 필요가 없었다. 나는 수업을 대부분 빼먹고 남은 시간을 다른 활동에 전념하면서 경계인으로서 '삶의 전환'을 시작했다.

연세대학교 사회학과 조한혜정 교수가 만든 '또 하나의 문화'라는 단체가 나에게는 대학과 같은 곳이었다. 1983년에 여성학자, 사회학자, 인류학자들이 중심이 되어 만든 문화운동 단체로 탈권위주의와 다양성의 가치를 추구했다. 이들은 한국 사회의 큰 문제가 다양성을 존중하지 못하는 수직적 권위주의 문화에서 온다고 봤다. 이를 해결하는 담론을 만들고 변화를 실천하는 곳이 '또 하나의 문화'였다. 나는 이곳에서 여러 학교, 다양한 학과의 친구들과 독서토론 모임을 만들었다. 조한혜정 교수가 영문학과와 철학과 선배들을 모임에 붙여주었고, 모임은 연극 창작 소모임으로 발전했다. 나는 대학 시절 내내 이곳에서 매일 책을 읽고 창작을 했다. 실천적 예술교육의 장을 경험한 것이다.

내가 대학 신입생이던 1990년은 전환의 시대였다. 1987년을 기점으로 한 민주화운동이 열매를 맺어가는 한편, 운동권 조직의 권위주의와 경직성의 한계가 드러나기 시작했다. 이런 배경에서 1990년대 초에 우리 세대는 'X세대'라 불렸다. 당시 PC가 대학생들에게 필수품으로 보급되기 시작하면서 IT 벤처 창업 붐이 일었다. 카카오, 다음커뮤니케이션, 네이버를 창업한 김범수, 이재웅, 이해진은 모두 86학번이다. 이들이 대학을 졸업하고 얼마 안 된 1996년에 코스닥이 생겼고, 사회 경험을 쌓은 이들은 창업을 하여 회사를 크게 성장시켰다.

1992년 '서태지와 아이들'의 데뷔는 다양성과 개성을 중시하는 X세대의 화려한 등장을 보여주었다. 이들은 권위주의적인 산업화 세대와 민주화운동 세대를 거침없이 비판하며, 세상의 변화를 만들어가는 것으로 보였다. 하지만 1997년 IMF 경제위기로 경제적 기반이 위축되면서 이들의 행보 역시 중단됐다. 반면, 정치적 민주화라는 성과를 일구어낸 386세대(30대, 80년대 학번, 60년대생)는 거칠 것이 없었다. 경제위기의 여파로 대기업에서 선배들이 구조조정을 당해 생긴 빈자리를 386세대가 채워나갔고, 진보와 보수를 망라하고 정치권에도 신진 세력이 대거 진출했다. 이로써 경제의 산업화에 이어 정치 민주화까지 이루어냈지만, 다양성과 창의성 중심의 사회로 옮겨가는 것은 20년 넘게 보류됐다.

대학을 졸업한 후 나는 IT 벤처에 들어가 개발자로서 커리어를 쌓았다. 하지만 대학 시절에 '또 하나의 문화'에서 얻었던 다양성의 가치, 문화예술 학습 성과가 나에게 잠재되어 하는 일에 영향을 미쳤다. 2006년에 다음커뮤니케이션에 입사해서 개발본부 본부장으로 일하다가, 2012년 경영지원 부서로 옮겨서 회사의 조직문화 및 공간 설계와 운영을 맡고 회사의 혁신을 만드는 CHANGE TF를 운영했다. 이때 대학 시절 연극 창작 소모임에서 쌓은 예술교육의 경험을 되살렸다.

2013년부터 한국예술종합학교 예술경영 전문사(석사 과정) 과정에 입학하여 낮에는 다음커뮤니케이션에서 일하고 저녁에는 공부하며, 공부한 내용을 현실에 응용했다. 지도교수인 전수환 교수 또한 나와 비슷한 경계인이었다. 그는 386세대였지만 자신의 세대와 조금 다르게 살아갔다. 연세대 전산학과를 나와서 다음커뮤니케이션에 다니다 문화기획을 하는 회사를 설립했고, 이후 KAIST에서 실천 공동체Communities of Practice 연구로 박사 학위를 받은 후 한국예술종합학교 예술경영과 교수가 됐다.

2015년 4월 나는 제주창조경제혁신센터의 첫 번째 센터장을 맡았다. 그동안 경계인으로 살아오면서 익힌 모든 것을 여기에서 활용할 수 있었다. 이 일을 하게 되면서 45년을 살아온 서울을 처음으로 떠나 제주로 이주했다. 이전에도 출장으로 자주 다니긴 했지만, 이주한 후 제주는 다르게 다가왔다. 새롭게 다가오는 제주는 나 자신에 대한 새로운 발견이기도 했다. 그동안 살아온 서울에서의 삶, 나 자신, 익숙했던 세계가 낯설어졌다. 그동안 내가 수도권 중심의 좁은 생각에 빠져 있었다는 사실을 깨닫게 됐다.

혁신센터는 민관 협력 비영리재단으로 지역의 혁신 생태계를 만드는 곳이다. 이 일을 하면서 이전에는 전혀 알지 못했던 공공의 역할을 깨닫게 됐고, 우리 사회의 근대사에 존재했던 다양한 변화의 지점을 읽을 수 있게 됐다. 근대화 과정에서 중앙정부가 중심이 되어 톱다운으로 진행한 일들이 지방에 어떤 한계를 만들어왔는지도 알게 됐다. 초고속 압축성장의 근대화 시스템으로부터 새로운 시대로 전환해내기 위해 어떻게 힘을 합칠 것인가가 매우 중요한 문제임을 확신하게 됐다. 현재는 불완전하고 모순이 있더라도, 길게 보면 앞으로 한 단계씩 나아가고 있다는 생각이 들었다.

나는 제주창조경제혁신센터를 처음부터 여타 지역의 혁신센터나 기관들과 상당히 다르게 운영했다. 영국과 미국에서 2000년을 전후해서 시작된 창조산업Creative Industries, 창조도시Creative Cities, 창조경제 Creative Economy를 이미 한국예술종합학교에서 공부해두었기에 정부가 톱다운으로 요구하는 방식에 따르지 않고, 나의 소신대로 밀고 나갔다. 조금 시간이 걸리더라도 본질적인 생태계를 만들고자 노력한 것이다. 처음 1~2년은 변화가 두드러지지 않았다. 새로운 방식에 대해 외부의 우려도 컸고, 관행대로 하지 않는 것에 대한 도전도 많이 받았다. 하지만 다양한 창의적 주체를 연결하여 혁신 생태계를 조성하면, 처음엔 느려 보여도 네트워크 효과로 시간이 지날수록 급속도로 발전한다는 믿음을 가지고 일했다. 2년이 넘고 3년이 되자 생태계에 긍정적 변화가 나타나기 시작했고, 지금은 지역혁신 생태계의 중심에 서게 됐다.

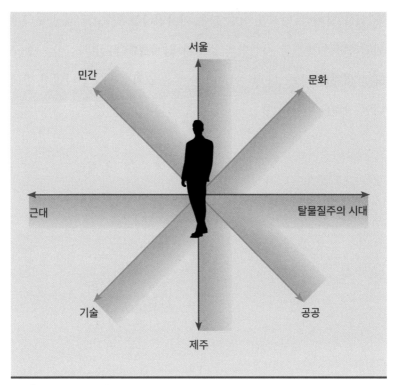

4개 축의 경계에 서 있는 나

이렇게 나는 기술과 예술, 서울과 지방 도시, 공공과 민간, 근대화 세대와 밀레니얼 세대 사이의 다중 경계인으로서 내 삶을 다중적으로 디자인하면서 밀레니얼 시대를 열어가는 사람들의 동료가 됐다. 다양한 영역의 경계인으로서 다중적인 삶을 살아가고 있는 것, 여러 창의적 경계인과 늘 가까이서 함께한 것이 내가 이 책을 쓰게 된 배경이다.

당신은 어떤 경계에 서 있는가? 자신만의 다이어그램을 그려볼 수 있을 것이다. 당신은 어떤 삶을 디자인하고 있는가? 세상과 나를 연결하면서 발견한 자신만의 소명과 정체성을 나침반 삼아 구불구불한 외길을 가는 '나'들. 이들이 수많은 교차로에서 만나면서 밀레니얼 시대를 만들어간다.

2장
재미와 삶의 질 추구

_____ 외적인 권위에 구속되거나 영향을 받지 않고 자신만의 취향과 재미, 심미성과 차별성을 중시하면서 자신과 다른 다양한 사람과 가치를 중심으로 연대하는 사람들이 나타나고 있다. 이들은 개인의 성장을 허용하지 않는 조직과 상사를 거부한다. 비윤리적 기업의 제품을 사지 않고, 사회 부조리를 저지르는 사람들과 시스템을 두려움 없이 비판한다. 오래된 것을 낡은 것이라며 외면하지 않고 가치를 재발견하여 힙한 콘텐츠로 되살린다. 인터넷으로 연결된 콘텐츠 세상에서 재미와 가치가 있는 콘텐츠를 생산하고, SNS와 유튜브를 적극적으로 유통하고 소비하며, 가짜 뉴스나 과장된 마케팅을 판별하고 감시하기도 한다.

이런 새로운 가치관과 삶의 방식을 가진 사람들의 등장은 우리 사회가 경쟁, 성장, 노력, 신분과 같이 '물질적 욕구'를 중시하는 사회로부터 '자기표현 가치'와 '삶의 질'을 중시하는 사회로 전환하고 있음을 보여준다. 물질주의적 사고를 가진 기성세대가 여전히 많기에 아직은 소수이지만, 밀레니얼 개척자들은 시대의 전환을 통해 우리 사회의 주류가 될 것이다.

자신만의 세계를 만들고
표현하는 사람들의 시대

**시대를 앞서간
탈물질주의자, 전유성**

————————————— 우리나라의 근대화 시기를 자신만의 재미와 가치를 추구하고 표현하며 살아온 괴짜가 있다. 2019년에 데뷔 50주년을 맞은 최고령 현역 개그맨 전유성(1949년생)이다. 남들이 뭐라든, 그는 평생 '돈 되는 일'보다 '재미난 일'을 추구하며 살았다. 우리나라에 '개그맨'이라는 용어를 처음 퍼뜨렸고, 식상함을 제일 싫어하며, 영역을 가리지 않고 기발한 아이디어를 내고 실현했다. 지금은 흔해진 심야극장, 심야 볼링장도 그의 아이디어로 시작된

것이다. 조세호, 박휘순, 신봉선, 안상태, 김대범, 황현희, 김민경 등 후배 개그맨을 발굴해서 키워냈을 뿐 아니라 배우 한채영, 가수 이문세와 김현식도 우연히 그가 재능을 발견하고 권유해서 길을 들어섰다. 그는 자신만의 재미를 위해서라면 '남 좋은 일'도 아낌없이 했다. 1990년대 인사동에 있던 전유성의 카페 '학교종이땡땡땡'에는 '공부해서 남 주자'라는 교훈이 적혀 있었다. 1990년대 말에 출간한《하지 말라는 것은 다 재미있다》에는 '이 책에 있는 모든 아이디어는 허락 안 받고 마음대로 그냥 써먹어도 잘 써먹기만 하면 아무 문제가 안 된다'라고 적혀 있다.

고도성장 시기에 탈물질적 가치관으로 살아온 그는 돈 많은 노년을 보내고 있지 않다. 하지만 돈을 모으는 데 일생을 바친 또래 친구들이 은퇴 후 무료한 삶을 사는 것과 달리, 그에겐 일과 사람이 꾸준히 모여든다. 전국을 순회하는 데뷔 50주년 기념 쇼 〈전유성의 쑈쑈쑈-사실은 떨려요〉에서 그가 나오는 시간은 2시간짜리 공연 중 11분 정도밖에 안 된다. 이영자, 이문세, 옹알스, 심형래, 임하룡, 조혜련 등 후배들이 너도나도 참여하겠다고 하기 때문이다.

그는 우리나라가 초고속 압축성장을 하던 시기에 청년기를 보냈다. 국가주의 개발이라는 성장 로켓에 올라타, 열심히 일해서 저축하고 땅이나 아파트에 투자해서 재산을 불리는 것이 미덕으로 여겨지던 때였다. 이런 시기에 그의 삶의 방식은 매우 낯설고 손해 보는 것이었을지도 모른다. 하지만 그가 70세가 된 2019년에는 게임의 법칙이 '물질주의'에서 재미, 심미성, 자기표현 가치의 '탈물질주의'로 바꿔었다.

1980년대 후반, 3저 호황으로 경제가 초고속 성장을 하던 시기에 그는 40세였다. 당시 그는 '위기의 남자'라는 스탠드업 코미디에서 자기 삶의 가치관을 드러낸 적이 있다. 지나가는 등장인물이 "쯧쯧. 자네도 이제 돈 벌어서 노후 대책을 세워야 하지 않나?"라고 하자, 그는 이렇게 답했다. "그래? 자네는 계속 돈을 벌며 노후를 대비하게. 나는 일을 하면서 노년을 맞을 테니. 내 노후 대책은 돈이 아니라 일이야."

전유성은 그 말을 평생 실천하며 살아왔다. 한때는 지방 도시로 이주해 콘텐츠를 기반으로 큰 변화를 만들어내기도 했다. 2007년 전원생활을 하려고 경북 청도군으로 이사했는데, 재능기부 형태로 농촌을 활성화해보자는 생각에 사단법인 '코미디시장'을 만들었다. 2009년에는 복날 희생된 견공들을 위로하기 위해 반려견과 함께하는 〈개나소나 콘서트〉를 주말마다 열었다. 2011년 5월에는 '철가방 극장'을 열었는데, 개관 이후 4,400여 회 공연을 선보였고 20만 명이 극장을 찾았다. 또 전국의 개그맨 지망생을 모집해 실전 연기 수업을 하면서 신인 개그맨들을 배출했다. 2015년에 시작한 '청도 세계코미디아트 페스티벌'은 2017년에 32만 명이 찾아와 관람하는 등 대성황을 이뤘다. 청도군의 잘못된 행정으로 2018년 전북 남원으로 이주했는데, 지금도 그를 찾는 후배들의 발길이 이어지고 있다.

그는 많은 재산을 쌓아두진 않았지만, 나이가 들고 지방에 내려가서도 지속적으로 재미있고 의미 있는 일을 하고 있다. 그가 평생 일

관되게 쌓아온 자신만의 상징과 사회적 자본이 뒷받침해주기 때문이다. 그의 동년배 상당수가 조직을 떠난 후 후배들에게 외면당하며 외롭게 살아갈 때, 그는 후배들에 둘러싸여 존경을 받으며 재미있게 살아가고 있다.

자신만의 상징이라는 자본을 만들어가는 밀레니얼 세대 '이희준'

　　　　　　　　　　　　　　　그렇다면 현재, 밀레니얼 시대에 남들과 다르게 사는 청년들은 어떤 모습일까? '전통시장 도슨트', '참기름 소믈리에'라는 직업을 만들어낸 더로컬프로젝트 이희준(31) 대표의 일과 삶을 살펴보자. 그가 10대에 들어선 1997년 IMF 경제위기가 발발했고, 20대에는 2008년 서브프라임 모기지로 전 세계 경제위기가 닥쳤다. 이를 극복하면서 국가 전체로 보면 물질적으로 잘 살게 됐지만, 평생직장은 무너졌고 빈부 격차는 심화됐으며 고용 없는 성장이 이어졌다.

　　이희준 대표는 학창 시절 수학을 좋아해서 회계학을 전공했다. 대학생이던 2013년에 전통시장 활성화를 목표로 하는 소셜 벤처 (주) 아이디액션의 공동 창업자이자 기획자로 참여했다. 그 회사에서 전통시장에서 조달한 정량의 식재료와 셰프의 레시피를 집으로 배송하는 밀키트meal kit 서비스인 쿡킷COOKIT을 기획했다. 서비스를 이용하는 사용자들이 대형 마트보다 더 좋은 품질의 상품이 전통시장에 있다는 걸 알게 돼 찾아가기를 바라며 만든 서비스였다. 사용자들은 서비스에 만족했고 매출도 괜찮았지만, 원래 목적한 대로 사용자들이 전통시장을 찾아가지는 않았다. 그는 서비스를 접고 그 일을 정리했다. 그러면서도 '사람들이 왜 전통시장에 가지 않을까'라는 질문을 내려놓지 않았고, 전통시장 활성화 문제를 계속 풀고자 했다.

그는 쿠킷 서비스를 기획할 때 전국에 있는 1,372개 전통시장 중에서 서울에 있는 330여 개의 전통시장을 전부 찾아다녔다. 시장에서 수십 년간 일해온 상인들과 이야기를 나누고 콘텐츠를 발굴하면서 심장이 두근거리는 것을 느꼈다. 2016년 정책 브리핑 기사에서 그는 이렇게 말했다.

> "하루 8시간 이상 시장에 머물며 수십 년 시장에서 생계를 꾸려온 배테랑 상인과 대화를 나누고, 상인들만 찾아가는 숨겨놓은 맛집에서 밥을 먹고, 지금은 백발의 노인이 됐지만 네다섯 살 때부터 시장을 이용한 지역 토박이를 만나기 위해 수소문하는 과정을 거친다. 재밌는 건 이렇게 하루를 보낸다고 해서 기록을 바로 시작하는 게 아니라는 점이다. 최소 열 차례 이상 같은 시장을 찾은 후에야 펜을 들기 시작한다."
>
> - "전통시장에 미친 남자!", 대한민국 정책 브리핑, 2016.4.7

이런 과정을 통해 그는 전국 도시들의 시장 이야기를 담은《시장이 두근두근》이라는 책을 출간했다. 또한 국내외 시장들을 다니며 상인들을 만나 시장의 역사, 철학 있는 상인 이야기, 특화된 상품 콘텐츠를 발굴하고 설명하는 '전통시장 도슨트'라는 직업을 만들었다. KBS 제1라디오 〈라디오 전국일주〉라는 프로그램에서 매주 한 군데의 전통시장을 소개하는 일을 맡았고, 그 외 여러 곳에서도 전통시장을 소개하는 강의와 안내를 요청받았다.

여기서 그치지 않았다. 전통시장 1,011곳을 열 번 이상씩 방문한 결과 방앗간이 커뮤니티 공간으로 가장 적합하다는 결론을 내렸다. 방앗간이 시장의 중심 역할을 할 확률이 65%, 시장이 사라질 때 방앗간이 마지막까지 살아남을 확률이 75%라는 사실을 발견한 것이다. 이후 서울 구로시장에서 방앗간을 창업하면서 '참기름 소믈리에'라는 직업을 만들고, 도시 콘텐츠 스타트업 '어반플레이'와 협업했다. 2018년 4월에는 연남동 조용한 골목의 구옥을 리모델링하여 '연남방앗간'이라는 식문화 기반 커뮤니티 공간을 만드는 데 힘을 보탰다. 전국에서 발굴한 참기름 장인들과 협업해 제작비를 대고 참기름을 짜 이곳에서 전시, 판매하고 있다. 콘텐츠의 힘 덕분에 오픈한 지 몇 개월 만에 큰 성공을 거뒀다. 연남방앗간을 찾는 방문객은 한 달 평균 1만 3,000명, 하루 평균 500명에 달한다.

이희준 디렉터는 '리노베이션 스쿨 인 제주 2019'에도 유닛마스터로 참여했다. 제주 원도심 용담동의 서문공설시장에 주민들과 창업가들이 연결되어 과거의 자원을 재생하고 미래 가치를 만들어내고자 하는 행사다. 사전 프로그램에서 그가 주민들에게 강의하는 모습을 보고 나는 그만의 차별화된 강점을 확인할 수 있었다. 그가 제주

더로컬프로젝트 이희준 대표

를 비롯한 전국 시장과 상인들의 스토리를 이야기하자, 강의를 듣던 고령의 주민들이 주술에 걸린 듯 마음을 열고 자신들의 오랜 기억을 열띠게 말하기 시작했다. 그는 주민들 이야기 하나하나에 공감하고 반응하면서 자긍심을 심어주고 미래 가치와 연결하여 비전을 심어 주었다. 그가 쌓아온 7년여의 시간, 거리상으로 수백만 킬로미터에 달하는 현장 방문과 소통하고자 하는 열성이 만들어낸 힘이다. 이런 시간과 사회적 자본이 켜켜이 쌓여 그는 나이가 들면 들수록 더 성 공적인 삶, 만족스러운 삶을 살아가리라는 확신이 들었다.

세상에 필요한 자신만의 가치를 만들어가느냐 아니냐가 지속 가 능성을 좌우한다. 그는 자신이 중요하게 생각하는 의미와 재미를 좇 아 전통시장의 사람들을 만나 대화하면서 콘텐츠를 발굴하고 새로 운 가치를 만들어냈다. 이를 위해서라면 자신이 가진 자원을 아낌없 이 투자했다. 우리나라 전통시장에 대한 자료가 담긴 수천만 원짜리 고서 《조선의 시장》을 일본 헌책방에서 발굴하여 번역하고 있기도 하다. 아직 30대 초반이지만 나이를 먹을수록 그의 삶은 가치를 더해 갈 것이다. 자신만의 가치와 재미를 추구하여 새로운 직업을 만들어내고, 나아가 사회에 긍정적인 변화를 끼칠 것이다.

시대가 바뀌고 있다. 밀레니얼의 개척자들은 '자기표현'의 가치를 추구하면서 성장한다. 최초이자 최고령 개그맨, 재미를 추구하고 아이디어를 아낌없이 공유하며 사람들을 도운 전유성. 전통시장 도슨트이자 참기름 소믈리에이면서 다음에는 또 어떤 일을 하게 될지 알 수 없는, 그러나 자기만의 길을 만들어가는 이희준. 두 사람은 살아온 시대도 다르고 영역도 다르다. 하지만 다른 사람들과 경쟁하지 않고 자신만의 차별화된 가치를 만들어냈고, 그것을 적극적으로 표현하고 소통하며 성장하는 길을 택했다는 점에서 공통점이 있다. 밀레니얼의 대한민국은 이렇게 자신만의 가치를 개척하는 괴짜들이 행복하게 살아가는 세상이 될 것이다.

과거의 콘텐츠를 발굴해
힙한 미래 가치로 되살린다

밀레니얼의 개척자는 역사와 문화가 쌓인 과거의 것을 낡고 쇠퇴했다고 느끼지 않는다. 그들에게 그것은 차별화된 자기표현을 위한 풍부한 자원이다. 그래서 과거의 자원을 적극적으로 발굴해, 융합하고 재창조하여 세상에 내놓는다.

지코(1992년생)는 요즘 핫한 아이돌 뮤지션이다. 나만의 차별화된 음악을 만들기 위해 그가 즐겨 하는 방법은 디지털 디깅digital digging, 즉 디지털 채굴이다. 음악 스트리밍 사이트에서 인터넷 서핑을 하듯이 예전 음악을 찾다가 1970~1980년대의 명곡을 발견하고 전율 속에 음악적 영감을 떠올린다. 과거의 음악을 진부하다고 생각하지 않고 보석 같은 자원으로 생각한다. 디깅을 통해 시대를 읽으면서 그 시대를 풍미한 아티스트들을 존경하고, 그것을 자기 세대의 힙한 음악과 메시지로 재탄생시킨다. 이렇게 지코는 '나만의 개성'을 만들어내고 최고 뮤지션의 자리를 이어간다.

지코를 보면 다른 세대의 누구보다 건강하고, 속박받지 않으며, 편견 없이 즐거운 가치를 만들어내는 것 같다. 유희열(1971년생)이 진행하는 KBS 2TV 〈대화의 희열〉을 다들 알 것이다. 2018년 9월 22일에 방송된 그 프로그램을 보면서 이 책을 통해 밀레니얼 세대와 대화를 나누고자 하는 내 모습이 떠올랐다. 21년의 나이 차가 나는 두 뮤지션이 대화하는 모습이 매우 인상적이어서다. 밀레니얼 세대가 과거로부터 많은 자원을 발굴하여 자신만의 것으로 만들고, 미래를 열어가는 데 이 책이 촉매제가 될 수 있겠다는 기대감이 생겼다.

지코가 요즘 많이 듣는 음악은 이은하의 '아직도 그대는 내 사랑'(1973년 발표)이라고 한다. 그는 "이 음악을 가지고 샘플링을 하면 너무 멋있는 음악이 나올 것 같다. 편곡이 너무 멋있다. 후반부에 패드코러스가 쌓이는데 너무 트렌디하고 힙스럽다"라고 말한다. 그가 이렇게 옛날 음악에 푹 빠진 이유를 들어보자.

"원래는 새로운 흐름을 놓치지 않으려고 혈안이 됐던 적이 있었다. 저에게 발전을 가져다주지만 자신의 한계에 국한되는 습관이 되기도 했다. 그래서 뒤돌아서 반대로 가면 어떨까 생각했다. 앞으로 가면 계속 기다려야 하지 않나. 제가 태어나기 전에 나왔던 음악, 무의

식적으로 접했던 음악들을 찾아 듣기 시작했다. 이미 존재했는데 신
세계였다."

- 〈대화의 희열〉, KBS 2TV, 2018.9.22

기성세대는 아날로그의 유년기를 보냈지만, 디지털 시대의 일원
이 되면서 아날로그를 내던졌다. 2000년대에 들어서자 사람들은 본
격적으로 디지털 세상이 되리라고 예상했다. 실제로 2000년대 초반,
많은 LP판을 보유한 레코드점과 펍들이 시대의 변화를 이기지 못하
고 문을 닫았다.

하지만 좀더 시간이 지나고 새로운 세대가 등장하자 다른 양상이
나타났다. 현재 밀레니얼 세대는 뜻밖에도 LP판의 경험에 심취해 있
다. 그들에게 디지털 음악의 경험은 너무 흔해 식상해졌다. 걸으면서
일하면서 이어폰을 끼고 듣는 방식과 다른, 표지조차도 전시 작품이
되는 LP판을 직접 골라 정성 들여 턴테이블에 올려놓는다. 손의 떨
리는 감촉을 느끼며 바늘을 분당 $33\frac{1}{3}$ 회전하는 판에 올리고 그 앞에
앉아서 음악에만 온전히 집중한다. 그 플로flow, 즉 신성한 몰입을 가
장 힙한 경험이라 느낀다.

재생의 힘은 세대와 세대를 연결하고
함께 즐기게 한다

─────────────────────── 과거의 것을 재생해서 새로운 것

으로 표현하는 힘은 세대와 세대를 연결하여 미래를 만들어낸다. 이는 역설적으로 디지털 시대가 본격화됐기 때문이기도 하다. 아날로그 시대에는 공중파와 신문 등 소수의 매스미디어가 정보를 한 방향으로 내보냈고, 정보의 생산자와 유통자가 제한되어 있기에 하나의 권력이 됐다. 지금은 과거의 정보를 매우 낮은 비용으로 쉽게 채굴할 수 있다. 누구나 새로움을 발견하여 정보를 생산할 수 있고, SNS나 유튜브 등을 통해 확산시킬 수 있다. 강력한 IT의 힘 덕이다. 디지털 시대로 가면서 사라지리라고 예측했던 가치가, 디지털 시대가 고도화될수록 힙하게 부활하여 더 풍성한 자원과 가치가 된 것이다.

LP 같은 사물이 기억을 재생하며 소통과 창조의 매개물로 작동할 수 있듯이, 역사와 문화를 담은 채 쇠퇴해가는 모든 것이 미래를 만들어가는 데 잠재적인 자원이 된다. 예를 들어 골목길, 지방 도시 등이 그렇다. 이것을 채굴하여 되살릴 수 있는 사람은 시대와 시대를 연결하고, 지역과 지역을 연결하는 밀레니얼 세대 개척자들이다. 나만의 정체성을 찾고 나만이 만들어낼 수 있는 '멋짐'을 추구하는 저마다의 행동이 모인다면, 물질주의 사회를 근본적으로 변화시킬 수 있을 것이다.

일상의 행복을 위해
골목길에 커뮤니티 장소를 만든다

1980년대의 일상을 그린 드라마 〈응답하라 1988〉은 서울 도봉구 쌍문동의 봉황당 골목에 사는 다섯 가족의 이야기다. 주인공은 1971년생 성덕순이며 동네 오빠, 언니들이 80년대 학번 대학생들이다. 동네 사람들이 골목에서 서로 교류하며 사는 모습은 이때만 해도 흔히 볼 수 있었다. 하지만 드라마 후반부에 성인이 된 그들은 모두 고층 아파트에서 산다. 그들이 자라난 골목길은 기억 속에만 존재할 뿐이다.

한강의 기적을 이룬 세대 중 대다수는 지방에서 태어나 청년기에 수도권으로 이동했으며, 서울에서는 강남을 지향하며 살아왔다. 그리고 점차 강남 아파트를 소유한다는 것이 성공한 삶의 징표로 자리 잡았다. 끝없이 치솟는 강남의 아파트 가격을 잡기 위해 서울 안에, 서울 인근에 아파트가 끊임없이 지어지고 있다. 강남이 복제되고 서울이 무한 팽창하고 있다. 지방 도시들도 강남을 닮고 싶어 도시를 성형한다. 개성 있는 골목길과 커뮤니티를 지우고 경쟁적으로 더 높은 아파트를 짓는 게 유행이 됐다.

그 과정에서 골목길에 있던 가게, 서점, 세탁소, 철물점, 전파사 등 생활근린시설들이 사라지고 대형 마트로 몰렸다. 사람들은 걸어 다니기보다는 차를 이용해 대형 시설을 이용하는 라이프스타일에 길들었다. 삶은 편리해졌지만, 잃은 것도 많다. 생활근린시설들은 단순히 물건만 파는 곳이 아니었기 때문이다. 사람들이 대화를 나누며 교류하고 공동체의 집단 기억이 쌓이는 곳, 서로의 모습이 보이고 이어지는 커뮤니티와 콘텐츠의 보물창고였다.

그런데 밀레니얼 세대는 기성세대와 반대로 향한다. 이들은 사라져가던 골목길을 되살리고, 마을만의 개성을 가진 커뮤니티 장소를 새로운 방식으로 만들어가고 있다.

빌드:
도시와 문화를 만들다

빌드^{BUILD}는 'small businesses build strong community(작은 기업들이 모여 강한 커뮤니티를 만든다)'라는 미션을 통해 지역을 변화시키는 지역재생 스타트업이다. 빌드의 우영승(27) 대표는 대학생 연합 사회적 기업 동아리 'SEN'의 대표이던 시절 우연한 기회에 알게 된 시흥시 주무관의 권유로 청년 정책 관련 자문위원을 맡게 됐다. 시흥에 대해 분석을 하다가 이곳의 잠재력에 매료된 그는 요리, 디자인, 부동산 등 다양한 배경을 가진 청년 6명과 함께 월곶에서 빌드를 창업했다. 임효묵(35) 이사는 지리학과 부동산학을 전공하고 부동산신탁회사에서 4년 반을 근무했다. 그런데 행복한 삶을 만들어가는 것과는 동떨어진 업무에 회의가 느껴졌다. 자기 삶을 변화시킬 수 있는 일을 찾던 중에 페이스북 친구 우영승 대표를 만나 빌드에 합류했다.

시흥시 월곶 신도시는 수도권과 가까운 곳에 관광지를 개발할 목적으로 조성됐다. 그러나 쌓여가는 퇴적물 때문에 월곶포구가 기능을 상실하게 됐고, IMF 경제위기 등으로 놀이공원 부지가 방치되는 등 도시의 정체성을 잃어갔다. 이곳에도 여느 도시들처럼 획일적인 아파트 단지가 조성됐다. 아름다운 바다 풍경이 있었지만 포구 기능 상실과 관광지 개발 실패로 활기를 잃으면서 상가가 빠져나가 공실 건물들이 많아졌다. 육아 가구가 약 48%에 달하는 곳이지만, 소득 수준이 높지 않은 편이었기에 엄마들이 자신을 위한 시간과 공간을 가질 수 없었고 자존감도 많이 떨어져 있는 상태였다.

빌드는 1호점 '바오스앤밥스'라는 레스토랑을 열고, '나를 위한 작은 사치'를 슬로건으로 내걸었다. 그리고 엄마들의 브런치 모임을 여는 것부터 시작했다. 엄마들의 유대관계를 만들어간 이후, '한 아이의 엄마이기 이전에, 한 사람으로서의 삶을 살아가기 위한 대화' 시

빌드 멤버들(출처: 빌드)

간을 운영하는 등 개인과 지역에 필요한 것을 주제로 이야기를 나누는 분위기로 만들어갔다. 1호점의 성공에 이어서 꽃집, 서점 등의 기능을 하는 2호점과 아이 주도의 실내놀이터인 3호점을 운영하고 있다. 지역 농산물을 유통하는 새로운 사업도 시작했다. 월곳 인근 농가에서 수확한 농산물을 차량으로 30분 이내의 지역민에게 배송하는 유통 플랫폼을 시범 오픈한 것이다. 최근에는 주민들이 자금을 모아 건물의 주인이 되는 시민 자산화를 추진하고 있으며, 4호점 월곳 식탁(로컬푸드 마켓 겸 공유주방)의 오픈을 준비 중이다.

론드리프로젝트: '세탁'이라는 일상의 시간을
사람들과 만나는 즐거운 시간으로 제안한다

"건축과 출신은 설계 사무소를 나와야만 건축을 하는 거라는 인식. 그게 아니면 건축을 포기하는 걸로 생각하는 모습들을 보면서 고민이 많았어요. (…) 유명 설계사무소에서 인턴으로 일해봤는데 하나의 부품처럼 여겨지는 느낌을 받았어요. 제가 배운 건축과는 너무 달라서 허무함까지 느껴졌어요. 이걸 통해서 내가 할 수 있는 게 있을까?"

- 〈건축 도시 스타트업〉, 건축도시공간연구소

한국예술종합학교 미술원 건축과를 졸업한 후 서울 용산 해방촌에 '론드리프로젝트'를 창업한 이현덕(34) 대표의 이야기다. 그는 건축을 좋아해서 전공했지만, 현실은 달랐다. 직장에서 부품이 되어간다는 걸 느끼면서 자신과 맞지 않는다는 생각이 들었다. 건축사무소에 다니는 걸 포기하고 진로를 모색하던 중에, 해방촌 공유주택에 사

해방촌 골목길에 있는 론드리프로젝트
(출처: 론드리프로젝트)

는 친구가 냄새나는 이불 때문에 고민하는 것을 목격하게 됐다. 해방촌은 외국인이 많이 사는데 오래된 주택이 많아서 세탁기가 빌트인되지 않은 경우가 많았고, 생활근린시설이 부족했다.

그는 해방촌에 기존의 코인세탁소를 카페와 결합한 '론드리프로젝트'를 열었다. 이곳은 동네 사람들의 삶의 질을 높여주었을 뿐 아니라 서로를 연결하는 커뮤니티 장소가 됐다. 동네에 거주하는 내국인, 외국인들이 세련되게 꾸며진 이곳에 빨래를 들고 와 코인을 넣고 세탁을 시작한 뒤 카페에서 산뜻한 재즈 선율에 잠긴다. 이곳을 자주 찾는 주민들끼리는 자연스럽게 대화를 나누는 장소가 됐다.

빨래는 생활하는 데 주기적으로 해야 하는 꼭 필요한 일인데, 그 시간을 새롭게 활용할 수 있는 라이프스타일을 제안한 것이다. 동네 사람들은 자신들이 사는 곳에 이런 장소가 있다는 데 자부심을 느끼고 있다. 서로 만날 일이 많지 않았던 이들이 안면이 쌓이면서 재미난 연결도 일어나고 있다. 뮤지션과 디자이너가 이곳에서 알게 되어 앨범 재킷을 만들거나 뮤직비디오를 찍어주기도 하고, 영화계 사람들이 책을 읽거나 시나리오를 쓰고 있다가 관계가 형성되기도 한다. 이렇게 론드리프로젝트는 골목길의 일상을 바꾸어가고 있다.

무등산브루어리: 동네에서 생산하고 동네에서 소비하는 도심 제조업의 생태계를 꿈꾼다

──────────────────── 광주에서 태어나고 자란 토박이

인 '컬처네트워크' 윤현석(38) 대표는 광주를 누구보다 사랑하는 청년이다. 그는 '지역의 문제를 문화적으로 해결하고 싶다'는 생각으로 자신의 길을 걸어왔다. 2013년 창업하여 지역 문화창작자들을 위한 온라인 크라우드 펀딩 플랫폼 '마이밈mymeme'을 만들었다. 2015년에는 강연, 소모임, 체험 클래스를 여는 '라이프매뉴얼lifemanual'이라는 지식공유 플랫폼 사업도 진행했다. 아쉽게도 이 사업들은 지속되지 못했지만, 이를 통해 다양한 경험과 네트워크가 쌓였다.

2015년에는 광주창조경제혁신센터, 현대카드 등과 함께 진행한 '1913 송정역 시장' 프로젝트를 총괄하면서 지역재생을 경험했다. 송정역 시장 프로젝트는 전국의 시장 활성화 중 가장 돋보이는 성공 사례 중 하나다. 하지만 그는 여기서 만족하지 않았다. 자신이 직접 만든 사업이 아니어서 지속할 수 없었기 때문이다.

그는 오랜 동네들이 외부의 상품을 가져다가 파는 '소비 마을'로 바뀌는 것이 안타까웠다. 소비 마을은 외부 유통업자들이 핵심 주체가 되기 때문에 마을의 생태계가 파괴된다. 그는 지역 안에서 생산이 이루어져야만 산업이 되고, 생태계의 순환이 이루어진다고 생각했다. 단순한 소비가 아닌 생산에 중점을 두어, 소상공인들과 업체들이 경쟁하기보다는 서로 협력하고 지역 주민과도 만나는 접점이 있기를 바랐다. 과거의 마을에서는 시장이 이런 생산 · 유통 · 소비의 기능을 했고, 지역민과 외부인들이 함께 어우러지는 커뮤니티 역할도 했다. 그러나 도시가 변화하면서 점차 이런 기능을 잃어갔다.

그는 광주의 원도심인 동명동에 'Drink Local(지역을 마신다)'이라

수제 맥주 전문점 애프터웍스와 양조장 무등산브루어리(출처: 컬쳐네트워크)

는 슬로건을 내걸고 광주 우리 밀을 사용한 양조장 '무등산브루어리'
와 수제 맥주 전문점 '애프터웍스'를 만들었다. 광주는 전국 우리 밀
생산량의 70% 이상을 차지하는 지역이지만, 이를 활용한 잘 알려진
브랜드가 없었다. 그래서 그는 광주 우리 밀을 사용한 수제 맥주 양
조장을 만들고, 광주다운 맥주를 만들기 위해 양조장의 이름을 '무등
산'으로 지었다. 그리고 무등산국립공원을 상징하는 수달을 마스코
트로 삼았다. 애프터웍스와 무등산브루어리는 1963년에 지어진 주
택을 개조해 뉴트로 스타일로 직접 꾸몄다.

　그는 동네 안에 작은 제조 업체 여럿이 모여 커뮤니티로 확장되길
꿈꾸고 있다. 맥주 안주로 어울리는 소시지 가공 공장, 맥주 원료인
홉으로 비누나 반려견의 간식을 만드는 공장 등 '생산'을 중심으로
'도심 제조업'의 생태계를 만들어가고자 한다.

로컬 크리에이터의 커뮤니티 비즈니스에
골목길의 미래가 있다

_____ 우리나라의 자영업자 수는 2018
년 8월 기준 686만 명으로 취업자 대비 자영업자 비율이 25.5%에 달
한다. 미국 6.3%, 독일 10.2%, 일본 10.4%, 프랑스 11.6%, 영국 15.4%
와 비교할 때 상당히 높은 수치다. 자영업자 중 가장 많은 비중을 차
지하는 분야는 도소매, 음식업, 숙박업이다. 이렇게 많은 자영업자가
있음에도 골목길 상권의 경쟁력이 높은 곳은 많지 않다.

과거 방식의 자영업이 저물어가는 반면, 새로운 형태의 자영업들
은 성장해가고 있다. 사람들의 라이프스타일이 변화하고 있기 때문
이다. 초단기 압축성장 시대에는 직장인들의 잦은 야근과 회식문화
등으로 불야성을 이루는 음식점, 술집 등이 발달했다. 하지만 워라밸
work and life balance(일과 삶의 균형)을 중심으로 하는 문화와 주 52시간
근무제 등으로 이런 회식문화는 점차 사라지고 있다. 대신 사람들이
삶의 질과 커뮤니티를 중시하게 되면서 동네 골목길에서 새로운 라
이프스타일을 제안하는 가게들의 중요성이 커지고 있다.

베이커리, 독립서점, 수제 맥줏집과 커뮤니티 카페, 커뮤니티 호텔
등이 마을을 풍요롭게 한다. 과거에 있던 것들이 구식이 되고 대형
마트, 백화점, 온라인 쇼핑 등에 밀려나 쇠퇴해가다가 새로운 세대에
맞는 콘텐츠와 커뮤니티 장소로 재생되고 있다. 이런 장소들을 만들
어가는 사람들이 자기표현 가치를 높게 생각하는 로컬 크리에이터
들이다.

하고 싶은 일 해서
행복하냐 묻는다면?

로컬숍 연구 잡지 〈브로드컬리〉 발행인 조퇴계는 포항공대에서 산업경영공학을 전공하고, 베인앤컴퍼니, 미래에셋금융그룹 등에서 국내외 기업분석 업무를 배우다 2014년 5월 퇴사했다. 카페나 서점과 같은 '가게'들을 좋아해서 그와 관련된 일을 한다면 후회가 없을 것 같았기 때문이다. 그는 자신에게 꾸준히 묻는다. '하고 싶은 일 해서 행복한가? 내게 중요한 행복의 요소는 무엇인가? 행복하다, 아니다 구분 지어 말할 만한 기준을 스스로 가지고 있는가?'

2016년 2월 하고 싶은 일로 돈도 벌어보자는 패기로 가게에 관한 잡지를 창간한 후, 2019년 5월까지 총 5권을 발간했다. 《서울의 3년

이하 빵집들: 왜 굳이 로컬 베이커리인가?》,《서울의 3년 이하 서점들: 책 팔아서 먹고살 수 있냐고 묻는다면?》,《서울의 3년 이하 서점들: 솔직히 책이 정말 팔릴 거라 생각했나?》,《제주의 3년 이하 이주민의 가게들: 원했던 삶의 방식을 일궜는가?》,《서울의 3년 이하 퇴사자의 가게들: 하고 싶은 일 해서 행복하냐 묻는다면?》 등이다.

이 책들에는 로컬숍 창업자들을 만나서 인터뷰한 내용이 담겨 있다. 퇴사 후 가게를 창업한 사람들 중 '3년 이내'인 사람들을 고집한 이유는, 자신의 선택과 시도에 대해 힘겨운 과정을 겪고 있으리라고 봤기 때문이다. 그 과정을 감당해나가면서 자신과 다른 사람들의 삶의 아름다움을 들여다볼 수 있는 시기라고 생각한 것이다.

〈브로드컬리〉 역시 퇴사 후 창업하여 3년의 과정을 겪으면서 자신의 선택을 감당하고 돌아보는 시기였다. 그래서 가게의 인터뷰 대상자들에게 던진 질문들은 그가 자신에게 던진 질문이기도 했다. 퇴사전에 이들은 기업에 속해 있으면서 워라밸의 삶을 꿈꾸었다. 회사에 다닐 때는 야근이나 주말 근무를 하지 않고 제때 퇴근하는 것이 목표였다. 일상의 행복을 저당 잡힌 채, 번 돈을 1년에 한두 번 해외여행을 가서 여유롭게 썼다. 하지만 조직을 위해서 일할 뿐 자신은 행복하지 않다는 생각이 들었기에 퇴사를 하고 가게를 창업한 것이다. 돈은 적게 벌고 불안하더라도 행복해지고 싶어서 말이다.

일과 삶에 대한 태도가
차이를 만든다

──────────── 로컬숍 연구 잡지 〈브로드컬리〉는 인터뷰 대상자들이 '어떤 일을 하는지'보다 '어떤 태도로 자기 일을 대하고 어떤 마음으로 살아가는지'를 중점적으로 파고든다. 그들은 자신을 표현하고 행복과 보람을 찾기 위해서 회사를 그만두고 창업했다. 가게를 창업한 이후에는 회사에 다닐 때보다 근무 시간은 더 길어진 반면 벌이는 적어져 불안정해졌다. 해외여행은커녕 친구를 만나서 술 마시는 시간을 내는 것조차 어려워졌다. 하지만 그들에겐 공통점이 있다. 그럼에도 회사 다닐 때보다 행복하다는 것이다. 회사 다닐 때는 '어떻게 살 것인가'라는 고민을 하며 보냈다면, 이제는 '지금 하고 있는 일을 더 잘하고 싶다'는 생각에 집중하게 됐다고 말한다.

이들이 일반 소상공인 자영업자들과 다른 점이 있다면 '돈'이라는 물질을 추구해서 창업한 것이 아니라, '자기표현의 행복'을 위해서 창업했다는 점이다. 물론 이들도 돈을 잘 벌기를 원한다. 다만, 자신의 행복을 지속 가능하게 하기 위해서 돈을 번다. 단순히 업종으로만 분류해서는 이런 차이가 보이지 않는다. 그러나 그들이 만든 레스토랑, 서점, 빵집, 카페에 가서 보면 자신만의 가치를 담아 독립 브랜드를 만들고 콘텐츠를 담아 전달한다는 걸 알 수 있다. 그런 면에서 이들은 자신의 가치와 지역의 정체성을 담아 창의적인 서비스와 제품을 만들어내는 '로컬 크리에이터'라고 볼 수 있다.

이들이 만든 로컬숍은 임대료가 비교적 싼 골목길에 있는 작은 가게들이다. 동네 사람들은 자신의 동네에 이런 가게가 생겨서 너무 좋다는 반응을 보이며 행복해한다. 가게가 동네 사람들의 라이프스타일 전진 기지, 좋은 기억을 공유하는 장소인 것이다. 창업자가 추구하는 자기표현 가치와 삶의 질이라는 목표가 이처럼 동네 사람들에게까지 전해지고 공유된다.

하지만 이들 로컬 크리에이터의 행복은 경제적으로 '불안정'하다. 들쑥날쑥한 수입과 많은 위기 속에서 이들은 자기 삶을 헤쳐나가야 한다. 〈브로드컬리〉 역시 그런 과정을 겪었다.

2016년 창간호를 만들고 1,000만 원 매출을 내는 데 11개월이 걸렸다. 그런데 3년을 꾸준히 하자 마침내 긍정적인 변화가 나타나기 시작했다. 2019년에 '평균 나이 36세, 회사 재직 기간 7년, 퇴사 후 약 3년 경과, 오픈 2년 내외'의 가게 7곳을 인터뷰하여 출간한《서울의 3년 이하 퇴사자의 가게들: 하고 싶은 일 해서 행복하냐 묻는다면?》은 크라우드 펀딩 사이트 텀블벅tumblbug에서 410명에게 1,242만 원을 사전 구매로 펀딩했다. 또한 출판을 완료해 1쇄 2,000부 배본을 시작한 지 하루 만에 증쇄를 찍었다. 앞서 4권의 책을 출간할 때까지만 해도 상상하지 못했던 판매 속도다. 따로 마케팅을 하지 않았는데도 최대 규모 온라인 서점에서 'HOT 주요신간'으로 소개되고, 또한 한 번에 300부 주문을 받게 되는 기적이 일어났다.

이제 〈브로드컬리〉 조퇴계 편집장의 행복은 '불안한 행복'에서 '안정적인 행복'으로 바뀔 수 있지 않을까. 자신을 표현하고 행복한 삶을 놓치지 않기 위해 과감한 도전에 나선 밀레니얼 개척자들이 하

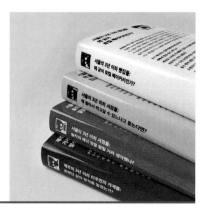

로컬숍 연구 잡지 〈브로드컬리〉 시리즈(출처: 〈브로드컬리〉)

나둘씩 안정적인 행복의 영역을 만들어간다면 우리 삶의 질은 더 좋아질 것이다.

로컬 콘텐츠 기업이 써가는
밀레니얼의 성공 방정식

"어, 여기 원래 금고 있던 곳 아니었나?"

마을 소년이 뛰어 들어와 신기한 듯 말했다. 1층과 2층을 이곳저곳 기웃거리더니 매니저와 잠시 대화를 나누고는 "안녕히 계세요!"라고 경쾌하게 말하며 뛰어나갔다. 이 아이는 분명 이곳에 다시 올 것이다. 그리고 마을의 과거, 현재, 미래를 이으며 자라날 것이다. 잠시 후 얼굴이 검게 그을린 부부가 아기를 안고 들어와 도란도란 이야기를 나누며 둘러본다.

나는 테이블에 자리 잡고 앉아서 차를 마시며 이 글을 쓰고 있다. 마을의 오랜 기억을 매력적으로 재생해낸 공간에 제주를 담은 매거

농협은행의 메타포를 활용한 사계생활

진, 차, 잼, 그림 등이 어우러져 있다. 이곳은 마을에서 태어나 자란 사람들과 이주민, 여행객들이 자연스럽게 만나는 장소 '사계생활'이다.

서귀포 사계리는 산방산과 단산, 바다로 둘러싸인 한적하고 아름다운 마을이다. 마을 소유 건물에 오랜 기간 들어와 있던 농협은행이 지점을 폐쇄하면서 이곳은 빈 건물이 됐다. 제주의 콘텐츠를 발굴하며 5년 동안 라이프스타일 매거진 〈iiin〉을 만들어온 재주상회는 서울 연희동에 거점을 둔 도시 문화 콘텐츠 기업 어반플레이와 합작법인으로 로컬리지를 설립하고 이곳에 '사계생활'을 오픈했다. 1층은 카페이자 편집숍으로, 2층은 재주상회의 사무실과 코워킹 스페이스로 활용한다. 이곳에는 은행의 금고도 그대로 있고, 지점장실이나 대기표 등 과거의 메타포들도 그대로 살아 있다.

'살아보는 여행'에서
로컬 콘텐츠 스타트업으로

———————————————— 콘텐츠그룹 재주상회의 공동 창업자 4인은 각각 제주가 좋아서 이주한 부부들이다. 재주상회 대표 고선영은 서울에서 오랫동안 매거진 에디터와 여행작가로 일했다. 직업 덕분에 전 세계 100여 도시를 가봤지만 그중 제주가 가장 마음에 들었다고 한다. 사진작가였던 김형호와 결혼해 2011년에 제주로 내려왔다. 두 사람은 제주로 오기 직전 국내 소도시에 관한 책《소도시 여행의 로망》을 펴냈다. 안동, 영월, 제주, 통영, 전주, 목포, 홍성, 담양, 진주 등 26개 소도시를 여행하며 쓴 글이다. 작가로서 장소에 구애받지 않고 살아갈 수 있었기 때문에 제주 이주를 결정할 수 있었다. 이후 제주에서 몇 권의 책을 더 썼다. 한편 하민주, 이재하 부부는 서울에서 회사원으로 일하다가 2009년 제주로 내려와 게스트하우스와 카페를 운영했다.

책을 쓰거나 카페를 운영했기에 각자 생계에는 문제가 없었지만, 2014년 서로의 장기를 살려 제주에 관한 매거진을 내보자고 뜻을 모았다. 제주에서 몇 년을 살아보니 제주의 사계절을 느끼고 지역 구석구석을 더 잘 알게 됐는데, 여행 오는 사람들이 여행지만 둘러보고 제주를 다 알았다고 생각하는 것이 안타까웠기 때문이다.

2014년 4월 '살아보는 여행'을 콘셉트로 〈iiin〉 창간호를 펴냈다. 'iiin'은 'I'm in Island'의 약자로 '지금 섬에 살고 있는 사람들'을 뜻한다. '인'은 제주 사람들이 많이 쓰는 말이기도 하다. '거기 인?'이라

고선영 대표와 〈iiin〉

는 말은 '거기 있어?'라는 뜻이다. 즉 '진짜 제주의 이야기가 여기 있다'는 뜻이다. 창간호 1만 부가 모두 팔리면서 꾸준히 매거진을 내게 됐다.

재주상회는 서귀포 사계리가 좋아서 이곳에 자리 잡았는데, 2018년 사무실을 이전하려고 알아보다가 우연히 마을 소유의 구 농협은행 건물 임대공고를 봤다. 재주상회가 제주의 콘텐츠를 진정성 있게 발굴해 매거진을 만들어온 것을 알게 된 마을 사람들은 이들을 마음에 들어 했고, 좋은 조건으로 장기 임대 계약을 해주었다. 마을 사람들은 자신들의 40여 년 추억이 담긴 농협은행의 흔적을 모두 없애지 않기를 바랐다.

2018년 11월 10일에 사계생활 오픈식이 열렸다. '오늘은 금고문

구 농협은행이 있던 건물을 사용한 사계생활 오픈식, 2018.11.10

열리는 날'이라는 현수막이 붙어 있는 공간으로 들어서자 마을 사람들과 이주민, 여행객들이 어우러진 축제가 한창이었다. 제주상회 고선영 대표와 어반플레이 홍주석 대표는 사계리 마을 사람들에게는 단순한 은행을 넘어 커뮤니티의 장소이기도 했던 구 농협은행 건물을 '마을 여행자를 위한 콘텐츠 저장소'라는 콘셉트로 바꾸었다. 그리고 이 공간을 마을의 컨시어지 역할을 하는 카페로 만들었다. 이들의 집단 창의력이 되살린 이 공간은 또 다른 창의적 연결을 만들어 낼 것이다.

사계생활은 마을 사람들의 추억이 담긴 장소이며 제주의 미래를 열어낼 콘텐츠가 가득한 곳이다. 또한 마을 사람들과 외부인들이 누구나 접속하고 마주칠 수 있는 장소이기도 하다. 마을의 어르신들은 자신의 기억을 존중받으면서 새로운 변화를 수용하게 되고, 마을의 청년들은 마을에 대한 자긍심을 가지면서 새로운 미래를 창의적으로 만들어낼 자극을 얻게 되는 곳이다. 두 콘텐츠 기업이 만든 장소를 통해 사계리는 마을의 정체성을 잃지 않고 미래 가치를 만들어갈 든든한 커뮤니티의 장소를 가지게 됐다.

재주상회와 어반플레이가 써가는
밀레니얼의 새로운 성공 방정식

───────────────────── 재주상회와 어반플레이가 2013년 창업했을 때만 해도 로컬 콘텐츠 기업이 되겠다는 이들의 시도를 무모하다고 보는 사람이 많았다. 그러나 2018년 현재 이들은 각각 10억 원 이상의 매출을 올리는 기업으로 성장했다. 사업 영역과 규모도 본격적으로 확대되고 있다. 2019년 재주상회가 크립톤에서 3억 원, 제주창조경제혁신센터에서 5,000만 원을 유치했고 어반플레이가 4개 벤처캐피털로부터 26억 원의 투자를 유치하는 등 투자자들의 발길도 이어지고 있다.

이들이 예상을 깨고 성장을 지속하는 데에는 시대의 전환기라는 배경이 있다. 로컬 콘텐츠 기업으로서 이들은 새로운 시대의 성공 방정식이 어떻게 달라지는지를 보여준다. 기존의 문법을 깨트리고 새로운 방식을 만들어냄으로써 가치를 창출하고 경제에 활기를 불어넣는다. 밀레니얼 시대에 탈물질주의 경제를 만들어가는 새로운 성공 방정식을 살펴보자.

고선영 대표(좌에서 세 번째)와 홍주석 대표(좌에서 네 번째)(출처: 재주상회)

1. 콘텐츠의 발굴, 편집, 유통에서 시작했다. 이런 차별화된 콘텐츠를 오랜 기간 축적해서 정체성을 구축했다.

- 재주상회는 제주를 기반으로 하는 콘텐츠 큐레이션 기업으로 시작했다. 고선영 대표는 여행 기자 출신으로 전 세계와 국내 도시들을 다니며 글을 쓰다가 제주에 정착했다. 제주에 살면서 발견한 콘텐츠를 발굴해 '살아보는 여행'이라는 콘셉트로 〈iiin〉을 발행하고 다양한 장르에서 제주를 이야기하는 청년 작가들의 에이 전시로 사업을 시작했다.

- 어반플레이는 로컬 콘텐츠 미디어 기반의 동네 매니지먼트 회사로 출발했다. 홍주석 대표는 건축학과와 문화과학기술대학원을 다닌 후 콘텐츠 중심의 접근을 선택했다. 대전 성심당의 스토리

를 아카이브 · 전시하고, 제주 송당리의 콘텐츠를 발굴하여 이벤트를 여는 등 다양한 지역의 콘텐츠를 발굴하고 전시하는 비즈니스부터 시작했다.

2. 축적된 콘텐츠를 바탕으로 산업의 경계를 넘는 창의적인 융합을 통해 사업을 확장했다.

- 콘텐츠 중심으로 5년 가까이 자신만의 강점을 꾸준히 축적한 이들은 2018년 들어 본격적으로 기존 오프라인 업종인 상품, 유통, 공간 비즈니스를 융합해 창의적 모델을 만들어냈다.

- 재주상회는 제주에서 지속적으로 발굴한 콘텐츠를 바탕으로 제주의 원물을 사용한 잼, 꿀, 청, 간장, 동백기름 등을 상품으로 개발하고 로컬 기반 크리에이터들과 협업한 디자인 굿즈를 제작한다. 더 나아가 직접 편집숍을 운영하며 유통하는 등 사업을 확장하고 있다. 이니스프리 제주하우스에서는 재주상회가 제주의 콘텐츠와 원물을 담은 상상의 요리를 기획하고 셰프들이 구현한 음식을 판매하고 있다.

- 일반적인 매거진이 광고 지면을 통한 수익을 중시하는 반면, ⟨iiin⟩은 광고를 싣지 않는 것을 원칙으로 했다. 콘텐츠의 질에 집중하고 그에 맞는 유료 독자 확보에 집중했다. 그 결과 매거진은 유료 구매자만으로도 운영할 수 있을 만큼 안정적인 수익이 나게 됐다. 또한 콘텐츠를 축적해가면서 다양한 오프라인이 융합된 추가 사업의 기회를 포착했다.

- 어반플레이는 연남동의 오래된 건물들을 리모델링하여 '연남장', '연남방앗간'을 오픈했다. 연남방앗간은 전국의 참기름들을 발굴해 전시, 판매하는 공간이자 구옥의 분위기를 즐길 수 있는 카페로 명소가 됐다. 연남장은 크리에이터들을 위한 복합 라운지로 재생됐다. 지하는 전시장, 1층은 카페이자 포럼 장소, 2층은 코워킹 스페이스, 3층은 크리에이터들을 위한 숙소로 활용된다.

- 어반플레이가 운영하는 연남방앗간은 참기름 소믈리에 이희준 디렉터가 전국의 방앗간을 답사하고 지역의 참기름 장인들을 만나서 큐레이션한 참기름들을 전시하고 판매한다. 참기름 유통의 매출은 크지 않더라도 이런 콘텐츠를 좋아하는 밀레니얼 세대가 연남방앗간 카페를 찾으면서 매출이 많이 나오게 됐다. 또한 연남장은 어반플레이만의 콘텐츠로 카페, 코워킹 스페이스, 숙박, 대관 등 다양한 수익원을 창출했다.

재주상회가 지역 생산자와 협업한 제품(좌), 어반플레이 연남장에서 열리는 포럼(우)

3. 라이프스타일의 변화를 읽고 리드한다.

- 이들은 콘텐츠를 생산하고 유통하고 소비하는 전 과정에서 사람들의 라이프스타일에 접점을 만들어낸다. 오래된 역사와 문화에서 콘텐츠를 발굴하고 재생하여, 밀레니얼 시대 소비자들이 원하는 것으로 재창조하여 전달한다. 생산, 유통, 소비의 과정이 구분되지 않고 전체가 연결성을 가진다.

- 재주상회의 직원들은 제주에 살고 있기에 밀착해서 기획할 수 있다. 외부 작가도 제주에 살고 있는 사람들을 적극적으로 활용했다. 예를 들면, 2015년 여름호에서 제주의 별에 관해 글을 쓴 사람은 우도에 사는 목수 아저씨였다. 목공을 하면서 동시에 별 사진을 찍는 분이었다.

- 어반플레이는 연남동을 거점으로 하고 있지만 대전, 제주, 강원 등 다양한 지역의 콘텐츠를 발굴한다. 대전시의 빵집 성심당 창업주와 1년 가까이 이야기를 나누면서 콘텐츠를 쌓은 후 아날로그 감성에 디지털 기술을 입혀 성심당의 60년 역사를 전시했다.

- 재주상회는 매거진의 판매 경로로 제주의 멋진 카페들을 활용했다. 제주의 라이프스타일을 담은 다양한 카페가 독립서점처럼 지역 출판의 마케팅, 유통 경로가 된 것이다. 2018년 5월에 실시한 〈iiin〉의 구독자층에 대한 설문 결과 〈iiin〉 구매층은 2030 밀레니얼 세대가 74%였다. 지역 분포는 제주가 36.2%, 서울이 28.2%였다. 제주의 카페 및 게스트하우스에서 〈iiin〉을 처음 알게 된 사람들이 30%였고, 구입 방법도 독립서점 및 카페가 46.3%에 달했다.

4. 자신만의 강점을 만들고 다양한 파트너십을 맺어 시너지를 창출한다.

- 승자독식의 경쟁을 통해 물질적 성장을 추구했던 기성세대와 달리 이들은 여러 영역에서 다양한 능력과 관점을 가진 사람들이 연결되고 힘을 합쳐야 멋진 일을 해낼 수 있다는 사실을 알고 있다.

- 어반플레이는 2015년 11월 제주창조경제혁신센터의 체류 지원 프로그램 '제주다움'을 통해 제주에 한 달간 내려와서 제주의 사업자들을 만났다. 그때 만난 인연으로 재주상회와 함께 이듬해 봄에 서울 연남동에서 제주의 콘텐츠를 바탕으로 전시회를 열었다. 이들은 연남동과 제주도 간 콘텐츠 교류의 매개자 역할을 했고, 2018년 11월 합작법인 로컬리지를 만들어 서귀포 사계리에 사계생활을 함께 오픈했다.

- 재주상회는 2017년 올리브영과 파트너십으로 탑동 올리브영 내에 'iiin+store 탑동'을 만들고 전시 및 로컬 클래스를 운영하고 있다. 중문에서는 2018년 믿거나말거나박물관과 파트너십을 맺

iiin+store 중문(좌), iiin+store 탑동 클래스(우)

고 로컬편집숍 'iiin+store 중문'을 오픈했다.

• 2017년 어반플레이는 옛날 유리공장을 리모델링한 연남장을 만
드는 데 공간 디자인 스타트업 로컬스티치와 협업했다. 1층에는
윤세영 식당을 시작으로 덕화명란, 일도씨 등의 로컬 F&B 브랜
드들의 팝업 레스토랑을 꾸준히 열고 있다.

물질주의 산업이 대를 이으면서
탈물질주의 산업으로 변화한다

단기간에 산업화를 이룬 우리나라에는 자수성가한 사업가들이 많다. 그런 개척자들이 우리나라를 발전시켰다. 그러나 밀레니얼 시대로 전환되는 시기에 사업이 단절되는 경우가 많다. 1세대가 은퇴하고, 2세대와 3세대로 넘어가면서 사업이 아닌 자산만 이전되는 예가 흔하다. 성공한 기업가의 다음 세대가 부동산만 소유한다면 미래가 있을 수 없다. 자녀 세대가 부모의 유산을 바탕으로 가업을 탈물질사회에 맞는 새로운 비즈니스로 진화시키거나 기업 생태계의 일원으로서 중요한 역할을 해낼 때, 우리의 미래는 희망적일 것이다.

쇠락한 조선소의 역사를 살려 콘텐츠와 커뮤니티 장소를 만든 칠성조선소의 3대 경영자

──────────────── 속초의 칠성조선소는 3대째 가업을 잇고 있다. 칠성조선소의 창립자인 1대 최칠봉은 함경남도 원산에서 조선소에 다니다가 전쟁이 나자 피난을 왔다. 속초는 원산이나 흥남 등 함경도 출신 피난민들의 정착지였다. 실향민들이 한 발짝이라도 고향에 가까운 곳에 정착하고자 했기 때문이다. 그는 청초호에 고향의 이름을 따 원산조선소를 만들었고, 이후 칠성조선소로 이름을 바꿨다. 1960년대에 청초호에는 10여 개의 조선소가 있어서 사람들이 조선소 마을이라고 부를 정도로 흥했다. 1990년대까지 어업과 함께 조선업도 호황이었다.

2대 최승호는 서울에서 대학을 졸업하고 자동차회사에 다녔다. 아버지가 돌아가신 후 힘겹게 조선소를 이끌고 있는 어머니를 돕기 위해 속초로 돌아와 1986년 칠성조선소를 맡았다. 그러나 양식업 확산, 어업 규제 강화, 대형 어선의 득세로 속초의 수산업이 침체됐고 조선업도 함께 쇠퇴해갔다. 나아가 목선이 섬유강화플라스틱^{FRP} 선박으로 대체되면서 배를 건조하는 일도 없어져, 수리조선소로 명맥을 이어갔다. 최승호는 조선업의 쇠락을 경험했기에 아들에게 칠성조선소를 물려줄 생각이 없었다.

아들 최윤성은 서울로 가 홍익대학교 조소과(00학번)에서 미술을 전공했고, 배 만들기에는 애초에 관심이 없었다. 그러나 20대 후반 우연한 기회에 배를 주제로 한 미술 작품을 만들다가 어린 시절 조

최윤성, 백은정 부부

선소에서 자란 자기 삶을 되돌아보게 됐다. 이를 계기로 미국의 랜딩 스쿨에 입학하여 배 만들기를 배웠다. 미국에서 대학 시절 같은 과였던 백은정을 다시 만나 레저용 목선을 만드는 기술과 요트 디자인, 복합소재를 다루는 전문 교육을 받았다. 그들은 결혼한 후 2013년 칠성조선소가 있는 속초로 돌아왔다.

둘은 '와이크래프트보츠'라는 레저선박 브랜드를 만들고 아버지의 조선소 한쪽에서 레저용 카누와 카약을 만들기 시작했다. 2년여의 개발 끝에 'Larus 16'이라는 이름의 카약과 'Grebe 16'이라는 이름의 카누를 제작했다. 좋은 평가가 이어졌지만, 수요가 많지 않아 배를 판매하기는 쉽지 않아서 기업을 운영하기에는 한계가 있었다.

부부는 와이크래프트보츠의 선박 제작, 판매의 꿈을 버리지 않으면서도 다양한 변화를 시도했다. 우선 칠성조선소는 2017년 8월 선박 수리를 중단했다. 대신 조선소의 역사가 담긴 문화 공간으로 변화를 시도했다. 2018년 2월 최윤성이 어린 시절 살던 낡은 집을 개조하여 칠성조선소 살롱이라는 카페를 열었다. 이 카페는 인스타그램에서 입소문을 타고 핫플레이스가 됐다. 속초는 밀레니얼 세대의 서핑 문화를 타고 오래된 낡은 장소에 힙한 문화가 입혀졌다. 칠성조선소 살롱은 젊은 여행자들이 속초를 찾을 때 항상 들르는 곳이 됐고, 크리에이터들의 놀이터로 변모했다. 칠성조선소 뮤지엄을 열고 뮤직 페스티벌을 개최하는 등 복합 문화공간으로 발전해가고 있다.

할아버지가 창립한 칠성조선소의 선박 제조 사업은 수산업과 조선업 환경의 변화로 대를 잇기 어려워졌지만, 3대인 최윤성 부부는

칠성조선소와 그곳에서 열린 록 페스티벌(사진: 칠성조선소)

칠성조선소의 역사와 문화를 재생하여 선대의 유산을 이어가고 있다. 더 나아가 속초의 미래를 만들어가는 창의적 인재들의 허브 역할을 해나가고 있다. 물질주의 시대에 선박을 만들던 칠성조선소는 탈물질주의 시대에 문화적 장소로 되살아났다. 이 성공을 바탕으로 언젠가는 최윤성 부부가 하고자 했던 레저선박 제작 사업의 꿈도 이루어낼 수 있지 않을까.

밀레니얼 시대에는 콘텐츠를 다루는 능력이
가업을 잇는 경영자의 핵심 역량이다

──────────────────────── 가난했던 시대에 창업한 제조 기반의 기업들이 경제 선진국 시대에도 살아남으려면 어떻게 변화해야 할까? 제조업 쇠퇴에 따른 폐업의 위기를 극복하고 성공한 기업들에는 한 가지 공통점이 있다. 후대 경영자들이 선대부터 쌓아온 콘텐츠를 핵심 자산으로 활용하고, 크리에이티브 커뮤니티의 거점이 되는 것을 중요시했다는 점이다.

대전의 성심당은 1956년 대전역 앞 작은 빵집으로 출발했다. 고향이 함경도 함주군이었던 창업주 임길순은 흥남철수 때 피난을 와서 경상남도 거제와 진해까지 갔다. 1956년이 되자, 생계를 위해 가족을 데리고 서울로 가는 열차에 올랐다. 그런데 열차가 고장 나서 뜻하지 않게 대전에 내리게 됐다. 살길이 막막해 찾은 성당에서 신부님이 선뜻 밀가루 2포대를 내주었다. 이를 먹지 않고 대전역 앞에 천막을 치고 찐빵 장사를 시작했다. 이것이 성심당의 창업 스토리다.

성심당은 초대 창업주 때부터 '당일 생산한 빵은 당일 소진한다'라는 원칙으로 남은 빵을 전쟁 고아나 노숙인들에게 나누어주었다. 이는 착한 기업이라는 지역민들의 인정뿐 아니라, '절대 오래된 빵은 팔지 않는다'라는 신뢰가 쌓이는 계기가 됐다. 그런데 1990년대 말에 프랜차이즈 빵집들이 유행하면서 위기를 겪었고, 2005년에는 화재가 발생해서 1~3층이 전소되어 폐업 위기에 몰렸다. 하지만 2세 경영인 임영진, 김미진 부부의 노력과 회사에 대한 애정이 컸던 직원들의 자발적인 헌신으로 성심당은 재기에 성공했다. 그동안 쌓아온 신뢰 자산이 힘이 된 것이다.

2014년에는 프란치스코 교황이 방한하여 KTX를 타고 이동하다가 이곳에서 빵으로 아침 식사를 했다. 그리고 창립 60주년을 축하하며 이웃돕기의 공로로 교황 친필 사인이 적힌 '성 대 그레고리오 교황 기사 훈장'을 수여하기도 했다. 성심당은 대전 원도심의 쇠퇴를 방어하는 대표적인 앵커스토어로 400여 명을 고용하고 있다.

성심당의 스토리는 《우리가 사랑한 빵집 성심당》으로 출간되기도 했다. 성심당은 빵집 이상이다. 2019년 서울국제도서전에서 가장 인기 있는 부스는 출판사가 아닌 성심당이었다. 성심당 부스에서는 평상시 대전에서만 살 수 있는 튀김 소보루를 팔았는데 긴 줄이 늘어섰다. 당연히 성심당에 관한 책도 많이 팔렸다.

서울에서 가장 대표적인 빵집 중 하나로 태극당이 꼽힌다. 태극당은 1946년에 문을 열었는데 3대 경영인 신경철 전무이사는 어렸을 적부터 힙합과 패션에 관심이 많았고 공부에는 그다지 관심이 없었다. 20대 후반이던 2012년에 태극당의 카운터를 보기 시작했는데 매출이 '0원'인 날도 있었다. 태극당은 과거의 영광을 뒤로하고 사라질 위기에 처해 있었다. 그런 터에 2013년 아버지와 할아버지가 한 달 사이에 연달아 별세하면서, 그가 갑작스럽게 가게 운영을 맡게 됐다.

가게 문을 닫지 않으려면 어떻게 해야 할지 삼 남매가 머리를 맞대고 고민했다. 태극당의 대부분 고객이 60세 이상으로 고령화됐다는 점이 한계였다. 과거의 전통을 살릴 부분은 살리면서 새로운 변화를 만들어갔다. 보통 프랜차이즈 제과점들과 달리 태극당은 할아버지 때와 마찬가지로 40년 이상 일한 제빵사들이 빵을 만든다. 사람들이 태극당을 찾아오는 이유는 70년이 넘은 오래된 빵집에서 추억을 맛보기 위함이라 판단했기 때문이다. 커피 맛은 젊은 층이 원하는 최상의 수준으로 높였다. 이를 위해 직접 바리스타 교육을 받았다. 리브랜딩을 하면서 가장 태극당스러운 것을 강조하기 위해, 1970년대부터 태극당 포장지들에 선보였던 다양한 무궁화 패턴들을 연구하여 정립했다. 또 1950년대 한글 간판에서 착안해 한글 폰트 '태극당 1946체'도 만들었다.

동시에 다양한 브랜드와 협업하면서 젊은 고객에게 다가갔다. 20대 남성이 좋아하는 스트리트 패션 브랜드 브라운 브레스Brown Breath와 협업해 패션 제품을 공동 제작했다. 이탈리아 신발 브랜드 슈페르

리브랜딩된 태극당 로고(좌), 한글 폰트 태극당1946체(우)

가와도 협업했다. 젊은 층에게 레트로로 뜨는 공간인 을지로의 독립 서점에도 입점하는 등 다양한 협업을 진행하고 있다.

칠성조선소, 성심당, 태극당의 사례에서 발견되는 공통점이 있다. 나라가 가난하고 모두가 배고팠던 시절에 선대가 창업했던 사업이 산업이 고도화되고 라이프스타일이 변화하면서 폐업의 위기를 겪었지만, 회생해서 다시 성장하고 있다는 것이다. 2~3세 경영인이 기업에 축적된 차별화된 콘텐츠를 다양한 세대가 공유하게 하고, 크리에이티브 커뮤니티를 중심으로 창의적 파트너십을 진행해 탈물질주의 시대의 방식으로 경영해서 호응을 얻었기 때문이다. 무엇을 추억하고, 무엇을 살리고, 어떻게 변화시켜서 새로운 시대에 다가갈 것인가. 그것이 밀레니얼의 개척자로서 후대 경영자들이 고민해야 할 지점이다.

공무원이 되면 꼭 재미를
포기해야 하는 걸까?

충주시청의 페이스북 페이지는 지방 도시 공공 페이지임에도 3만명 이상이 구독하고 있다. 이 페이지는 B급 마케팅으로 유명세를 타고 있다. 2018년 충주시 소태면 밤 축제나 고구마 축제를 홍보한 댓글 달기 이벤트에는 1만 개 이상의 댓글이 달리며 전국적인 홍보 효과를 누렸다. 실제 축제 참가자도 크게 늘어나서 2018년에는 고구마 축제 일정이 원래 계획된 하루에서 이틀로 늘어나기도 했다.

재미있는 홍보 콘텐츠는 SNS를 통해 빠르게 공유, 확산된다. "어느 관공서 페이스북을 가도 이렇게 재밌는 곳은 없다", "충주시는 이 페이스북 페이지 운영자가 충주시를 얼마나 먹여 살리는지 기적을

충주시 페이스북 페이지의 포스터들(출처: 충주시 페이스북)

보게 될 것이다" 같은 반응이 주를 이룬다.

이런 B급 포스터를 처음 만든 사람은 충주시청 조남식(32) 주무관이다. 공무원 5년 차(당시 8급 공무원)이던 2016년 7월 홍보 담당자가 되면서 어떻게 하면 잘할까 고민하다가 'B급 감성'을 콘셉트로 잡았다. 그는 광고나 홍보를 배운 적이 전혀 없다. 하지만 사람들이 공공기관 SNS를 잘 안 보니 일단 눈에 띄어야겠다는 생각에 낯익으면서 재미를 찾을 수 있는 패러디를 활용하기로 했다.

딱딱한 공직사회에서 어떻게 이런 시도가 가능했을까. 혁신은 작은 자기주도성에서부터 시작된다. 그는 게시물을 올리기 전에 상사에게 보여주지 않고 일단 올렸고, 이후 사용자 반응을 보고 좋다 싶을 때 보고했다고 한다. 물론 그도 처음에는 업무를 장난처럼 생각한다는 반응이 나오지 않을까 걱정돼 겁이 났다고 한다. 하지만 사용자 반응이 좋으니 과장과 팀장이 자신을 믿어주고 재량권을 주었다. 그결과 생각보다 더 좋은 결과가 빨리 나오게 됐다. 이런 결실 덕분에그는 지역 경제에 기여한 성과로 행정안전부 장관상도 받고, 지자체와 부처에 강의도 다니면서 전국 공직사회의 롤모델이 됐다.

2018년 7월 조남식 주무관은 순환근무제도에 따라 다른 부서로이동했지만, 충주시 SNS의 'B급 감성'은 중단되지 않고 계속 발전하고 있다. 2대 담당자인 김선태(32) 주무관은 조남식의 고등학교 동창으로, SNS 포스터에 이어 유튜브 채널까지 만들어 운영하면서 한 단계 더 업그레이드했다.

재미를 포기하지 않아야
공공성이 구현되는 시대

──────────────────────────── 공공이 이렇게 재미있어도 되는걸까. 대통령이 청와대 전 직원에게 선물하면서 2019년 최고의 베스트셀러가 된 《90년생이 온다》에서는 90년생의 특징을 '간단하거나',

'재미있거나', '정직하거나'로 정의했다. 저자는 청년 세대가 공무원을 선호하는 것은 안정적인 직장이기 때문만은 아니며 채용 비리가 없는 '정직한' 시스템이기 때문이라고 진단한다.

이 대목에서 나는 한 가지 질문이 떠올랐다. 이들이 공무원을 선택한다는 것은 '정직'이라는 가치를 위해 '재미'를 포기한다는 것일까? 하지만 어렵게 공무원이 됐을 텐데도 퇴사율이 증가한 것을 보면 이들이 재미의 가치를 완전히 포기하지는 못하는 것 같다. 실제 서울시 공무원의 3년 이내 퇴직자는 2013~2017년 4년간 4배 증가했다. 엄청난 경쟁률을 뚫고 들어간 공직을 그만두는 사람이 늘어난다는 것은, 조직에 남아 힘들어하는 사람들은 더 많다는 뜻이다.

재미는 자기 일과 삶에 스스로 의미를 부여하고 자신을 표현할 수 있는 가치와 연결되어 있다. 공공의 일을 하면 재미를 꼭 포기해야 하는 걸까? 순환보직을 맡았다고 해서 자기표현의 가치를 찾을 순 없는 걸까? 물론 공공에서 이를 추구하려면 새로운 도전과 실험에 따르는 위험을 감수해야만 한다. 재미는 자기표현의 가치, 심미성, 삶의 질과 연결된다. 공무원들이 자기표현 가치를 포기하지 않고 새로운 공공성을 만들어갈 때 더 나은 세상이 만들어질 것이다.

취향을 통해
가치를 나누는 삶의 방식

카카오에서 사업 개발, 제휴, 마케팅을 담당하던 김성용(37)은 입사 3년 차가 된 2017년 우연한 기회에 사이드 프로젝트를 시작하게 됐다. 그는 대학 시절 1년 넘게 25개국을 여행하며《어학연수 때려치우고 세계를 품다》라는 책을 낸 경험이 있다. 자기표현의 욕구가 컸던 그는 회사에서의 일과 생활만으로는 아쉬움이 있었다. 그는 서울 연희동 셰어하우스에서 지인과 둘이 살고 있었는데 우연한 기회에 프로젝트를 시작했다. 이때가 계기가 되어 그는 나의 집이 아닌 '남의 집'을 열어보기로 마음먹었다.

"거실에는 제가 모르는 형의 친구들이 북적였고, 저는 자연스럽게 거실에 앉아 모르는 사람들과 대화를 나눴죠. 그러다 문득 이 거실을 놀이터처럼 만들어볼까 생각했어요. 거실에는 책이 1,000권 정도 있어서 '남의 집 도서관'을 주제로 사람들을 모집했어요. 회사에 다니며 주말마다 사이드 프로젝트로 진행했는데, 손님 중 한 분이 자신의 집을 다른 사람들과 음악 감상실로 공유하고 싶다면서 제안해 왔어요."

- 제주창조경제혁신센터, ⟨J-Connect⟩, 2019년 여름호

초반에는 지인을 대상으로 남의 집 열기를 시작했다. 어떤 취향을 가진 개인이 같은 관심사를 가진 사람들과 자신의 집에서 소소하고 개인적인 것들을 나누는 시간을 마련했다. 여행지에서 모은 자석과 그에 얽힌 이야기를 나누는 '남의 집 마그넷', 아침 시간을 즐기는 이들이 서로의 아침을 공유하는 '남의 집 아침', 다양한 동화책을 소장한 집주인이 어른을 위한 동화책을 소개해주는 '남의 집 동화책방', 고수를 좋아하는 이들이 모여 고수 요리를 맛보는 '남의 집 고수' 등 다양한 주제의 모임이 생겨났다. 그렇게 2년간 90여 명의 집주인이 100여 차례 남의 집 모임을 열었고 600여 명의 손님이 다녀갔다.

'남의 집 문지기'로서 김성용은 호스트와 손님 사이의 관계가 너무 멀지도 가깝지도 않은 사이를 유지하도록 신경 썼다. 호스트를 선정한 후, 그곳을 방문하길 원하는 손님들의 신청을 받아 호스트가 선택하게 했다. 손님에게는 방문에 대한 비용을 받았고 호스트와 운영

자가 나누어 가졌다. 호스트와 손님 모두 만족도가 매우 컸다. 그는 사이드 프로젝트를 본업으로 창업하기로 마음먹고 2018년 말 카카오를 퇴사했다.

2019년 1월 말 나는 제주창조경제혁신센터에서 김성용 대표를 만났다. 그는 제주에서 자신의 집 거실과 마당을 열어줄 호스트와 이곳을 방문할 여행객들을 모집해보려 하고 있었다. 그와 대화하면서 나는 그의 사업이 밀레니얼의 라이프스타일을 개척하고 있다는 생각이 들었다. '집'과 '커뮤니티'의 의미는 세대가 바뀌면서 변화하고 있다. 과거에 집은 혈연, 가족, 친족 공동체의 공간이었다. 하지만 시대가 바뀌면서 핵가족화되고, 세대 간 가치관의 차이가 커지고 취향이 다양화되면서 오히려 집은 개인이 고립되는 공간이 됐다. 개인은 각자 자기표현 가치를 키워가고 그것을 자신의 집 안 환경에 만들어놓지만, 전통적인 가족은 그 가치에 공감하거나 함께 누리지 못하는 경우가 대부분이다. 친한 친구들도 삶의 공간이 이동하는 일이 잦아 집으로 초대하기 쉽지 않다. 그러면서 점점 개인의 공간은 누구와도 나눌 수 없는 고립된 장소가 되어갔다. 그렇다고 해서 전혀 모르는 사람을 내 집에 초대하는 것은 위험천만한 일이고 매우 불편한 일이 아닐 수 없다.

'남의집프로젝트'가 해주는 일은 집이라는 공간에 자기만의 가치와 취향을 표현한 사람들이 '좋은' 사람들과 정해진 시간 동안 커뮤니티를 이루고 함께 나눌 수 있도록 규칙과 서비스를 제공하는 것이다. 나의 삶을 표현하고, 그 삶에 호기심이 있는 사람들을 찾아내 선

위 남의집프로젝트의 다양한 모임. 고수의 향을 좋아하는 사람들의 식도락 모임 '남의 집 고수' **아래** 마그넷 수집의 가치와 추억을 공유하는 모임 '남의 집 마그넷'(출처: 남의집프로젝트)

택하고, 그들과 적절한 거리를 유지하면서 내 공간에서 서로의 경험을 공유하는 것. 그것이 참여자 모두의 삶을 충만하게 하고 자신의 세계를 계속 살아가게 하는 힘이 된다. 같은 취향과 관심을 가진 사람들과 몇 시간이라도 함께한 공간은 혼자 남게 되어도 이전과는 다른 좋은 추억이 남는 장소로 바뀐다. 나만의 정체성으로 살아가는 곳이 커뮤니티 안으로 들어가게 되는 것이다.

나는 제주에서 김성용 대표를 소셜 벤처 액셀러레이터 'MYSC'
의 김정태 대표와 연결해주었다. 함께 점심을 먹었는데 몇 달 뒤 좋
은 소식이 들려왔다. 2019년 8월 6일 남의집프로젝트가 MYSC와 카
카오벤처스로부터 3억 원의 투자를 유치했다고 한다. 다양한 취향을
가진 사람들이 거실을 공유하는 새로운 라이프스타일 서비스가 성
장 가능성을 인정받은 것이다.

밀레니얼 개척자들이 자신의 커뮤니티 세계를
만들어가는 방법

_____ 산업화 세대와 민주화 세대는 혈
연, 지연, 학연을 중심으로 하는 네트워크를 중요하게 생각했다. 그
들이 만든 네트워크는 연공서열 중심의 조직 위계 속에서 충성하고
견디면 위로 올라갈 수 있는 수직적 네트워크였다. 또한 서로가 조직
의 사다리를 올라갈 수 있도록 품앗이를 하는 네트워크였다.

하지만 밀레니얼 세대는 전혀 다른 네트워크를 만들어간다. 이들
은 각자 다양한 방식으로 자기만의 재미와 삶의 질을 추구하며, 자신
과 결이 맞는 다양한 사람과 커뮤니티를 이루고자 한다. 남의집프로
젝트는 자기 일상과 취향이 집적된 자신의 집이라는 장소를 결이 맞
는 사람들과 공유하는 서비스다. 이런 경험을 통해 자신의 세계를 더
풍요롭고 행복한 곳으로 만든다.

이렇게 밀레니얼 세대가 만드는 새로운 네트워크는 다양한 개인

이 지역, 연령, 세대를 넘어 어우러질 수 있는 기존에 없던 유형의 커뮤니티를 만들어간다. 앞서 살펴본 하이브아레나는 코리빙을 통해서 운영자가 추구하는 가치와 라이프스타일을 전 세계의 다양한 창의적 인재들과 공유하며, 서울에서 한 달 이상 제2의 가족이 되어 지낸다. 또 빌드는 지방 도시의 아파트에 사는 젊은 엄마들이 지역 공동체의 일원으로서 가치 있는 삶을 살아갈 수 있도록 돕는다. 론드리프로젝트는 세탁이라는 일상 속에서 동네 사람들에게 새롭게 연결되고 커뮤니티가 형성되는 행복감을 제공한다. 사계생활은 지역민과 여행객들이 과거와 미래의 가치를 공유할 수 있게 하여 마을의 가치가 더욱 커지게 한다. 칠성조선소는 대를 이어 만들어온 공간을 다양한 세대가 함께 즐길 수 있는 장소로 변화시켰다. 자기표현과 커뮤니티를 통해 행복한 삶, 가치 있는 세상을 만들어가는 밀레니얼 개척자들의 다양한 실천 방법이다.

3장
작고 빠른 시도 & 성장

_____ 압축성장의 시기에 우리나라는 정부가 전략 산업을 선정하고 대규모 산업단지를 조성한 후 자금을 집중적으로 투입해 키워주는 방식으로 산업화를 추진했다. 하지만 현재는 선택과 집중, 효율성을 통해 만들었던 산업화 사회가 한계에 도달했다. 더는 정부 주도로 톱다운의 변화를 만들 수 없다. 그 열쇠는 밀레니얼 개척자들이 쥐고 있다. 이들은 작고 빠르게 실험하고 그 결과를 확산시킴으로써 경제, 사회 등 모든 영역에서 근본적인 변화와 혁신을 만들어내고 있다.

'린 스타트업lean startup'은 작고 빠르게 실험하고 리뷰를 통해 개선하면서 혁신적인 서비스나 제품을 만드는 방법이다. 이 방법으로 초기에는 인력, 자본, 매출 등이 미미한 규모이던 스타트업이 갈수록 가파르게 성장하게 된다. 물론 모든 시도가 성공하는 것은 아니다. 하지만 작고 의미 있는 실험은 실패하더라도 얻는 것이 크다. 시행착오의 과정에서 경험적 지식과 네트워크가 형성되기 때문이다. 그러면 이어지는 시도에서 성공할 가능성이 점점 커진다.

린 스타트업의 방법을 사업에만 적용할 수 있는 것은 아니다. 조직과 사회의 혁신에도 적용할 수 있다. 작지만 의미 있는 혁신 시도가 쌓여가면서 혁신 자본, 지적 자본, 사회적 자본이 갖춰져 변화가 확산된다. 이렇게 작은 시도를 통해 변화를 만들어나갈 수 있다.

불확실성의 세상에서 작고 빠르게 도전하여
성장하는 스타트업

인터넷 기업들의 역사로 본
스타트업의 세상

1993년 프랑스 파리에서 한국의 고등학교 동창 둘이 우연히 만났다. 한 사람은 인지과학 박사 과정을 밟고 있었고, 또 한 사람은 사진작가가 되어 있었다. 두 사람은 파리에서 유행하던 통신 단말기 서비스를 보고 인터넷이 세상에 혁명을 가져오리라는 것을 직감했다. 정보화 시대가 펼쳐질 미래에 대한 상상에 가슴이 뛰어, 학업과 일을 내던지고 짐을 싸서 한국행 비행기에 올랐다. 그 두 사람이 바로 다음커뮤니케이션을 공동으로 창업한 이재웅, 박건희다.

그때만 해도 아직 PC통신 시절이었다. 인터넷에는 볼 만한 콘텐츠가 많지 않았고 사용자 수도 매우 적었다. PC통신 동호회와 콘텐츠에 빠진 사용자들은 인터넷의 필요성을 크게 느끼지 못했다. 하지만 두 창업자는 국경과 영역을 넘는 콘텐츠를 누구나 자유롭게 생성하고 하이퍼링크로 연결돼 서핑할 수 있는 인터넷에서 혁신의 가능성을 봤다.

이재웅, 박건희가 1995년 2월 다음커뮤니케이션을 창업하고 처음 만든 사이트는 버추얼 갤러리Virtual Gallery였다. 박건희의 사진 작품을 인터넷에 전시해서 볼 수 있게 한 것이었다. 지금으로선 전혀 대단한 일이 아니지만 당시만 해도 전례 없는 놀라운 경험이었다. 현재 시점에서 돌아보면 인터넷이 지배하는 세상이 된 것은 필연으로 보인다. 하지만 그때만 해도 과연 인터넷이 일반인에게 보편화될지, 돈을 벌면서 자생할 수 있는 사업이 인터넷에서 가능할지 누구도 확신하지 못했다.

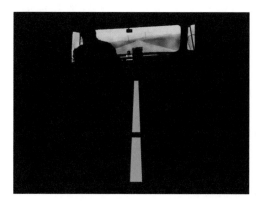

1995년의 다음커뮤니케이션 홈페이지(사진: 박건희, 출처: 인터넷아카이브)

다음커뮤니케이션은 1997년 5월 우리나라 최초로 무료 인터넷 메일 서비스 '한메일넷(현재 다음메일)' 서비스를 오픈했다. 미국에서 핫메일(hotmail.com)이 1996년 7월에 출시됐으니 시간 차이가 별로 없었던 셈이다. 메일 서비스는 수익성이 떨어졌다. 배너 광고를 달았지만 그걸로 운영비를 충당하기에는 턱없이 부족했다. 게다가 사용자가 늘 때마다 서비스 운영에 필요한 서버 비용과 인터넷망 사용료는 계속 올라갔다. 적자가 계속 불어났다.

1997년 12월 IMF 경제위기까지 오자 경영 사정은 더 악화됐다. 부채가 많아서 더는 끌어다 쓸 돈이 없어 1999년 초에는 직원의 월급도 주지 못할 정도였다. 그때 전 직원이 워크숍을 가서 미래에 대해 심각한 회의를 했다. 적자만 쌓이는 한메일넷 서비스를 계속해야 할지에 대한 토론이 진행됐다. '30만 명의 회원(당시로써는 엄청난 숫자였다)을 어떻게 모았는데 포기하나. 원하는 직원들은 몇 개월 치 월급을 회사 주식으로 받자'라는 것으로 결론이 났다.

다행히 1999년 6월 독일계 온오프미디어 베텔스만 그룹으로부터 500만 달러(약 60억 원)를 투자받았다. 이어 1999년 11월 11일에는 다음커뮤니케이션이 코스닥에 상장되어 많은 자금이 들어왔다. 어려운 시기에 월급 대신 주식을 받았던 직원들도 부자가 됐고, 회사는 당시 포털 1등이었던 야후코리아를 물리치고 최고의 인터넷 기업으로 올라섰다.

네이버는 삼성에서 사내벤처로 시작됐다. 사내벤처는 기존 조직에서 해내지 못하는 혁신적인 서비스를 만드는 곳이다. 소규모의 독립된 조직을 만들어 자율적으로 실행하게 하고, 성공적일 경우 직원들이 지분을 갖는 별도의 회사로 분사시키기도 한다. 이해진은 1997년 1월 삼성SDS에서 '웹글라이더팀'을 결성하고 1998년 1월 네이버 서비스를 시작했다. 1999년 6월 삼성SDS에서 분사해서 검색 서비스 중심의 스타트업 네이버컴을 설립했다.

2000년 초 높은 주가로 가장 많은 자본을 보유한 벤처기업은 인터넷 전화 기술로 세계적으로 주목받은 새롬기술이었다. 새롬기술은 다음커뮤니케이션, 네이버를 합병해서 글로벌 인터넷 그룹을 만들고자 했다. 고등학교 선후배 사이였던 세 회사의 대표가 뜻을 모았지만, 예상외의 이슈로 합병이 불발됐다. 다음커뮤니케이션의 최대주주였던 베텔스만이 합병에 반대한 것이다. 대신 새롬기술은 네이버에 250억 원을 투자했다.

네이버는 이 자금으로 한게임과 합병해서 NHN이 됐다. NHN은 한게임으로 돈을 벌면서 당시 돈을 벌지 못하던 검색 서비스에 계속 투자했다. 얼마 후 네이버 지식IN 서비스가 인기를 끌면서 검색 서비스가 포털의 주요 서비스가 됐다. 때마침 구글, 야후가 개척한 검색 광고 비즈니스를 도입하여 많은 돈을 벌기 시작했다. 사업의 선순환이 이뤄지면서 다음의 메일, 카페 서비스 등을 따라잡고 2005년경에는 명실상부한 포털 1위로 올라섰다.

1998년 한게임을 창업한 김범수는 네이버와 합병 후 NHN 공동 대표를 하다가 2007년 회사를 떠났다. 스마트폰 시대가 도래하자 다시 스타트업을 창업했다. 후배와 공동 창업한 아이위랩에서 2010년에 카카오톡 서비스를 내놓았다. 거의 같은 시기에 다음커뮤니케이션도 모바일 메신저 서비스 마이피플을 출시했다. 하지만 다음의 기존 서비스들과 아이디 및 서비스를 연동한 마이피플은 성장세가 느렸던 반면, 전화번호만으로 쉽게 가입할 수 있었던 작고 빠른 서비스인 카카오톡이 승자가 됐다. 아이위랩은 카카오로 사명을 바꾸었고, 카카오톡은 소셜 게임으로 수익 모델을 만들어 모바일 시대를 제패하는 기업이 됐다.

2014년 4월 카카오와 다음커뮤니케이션은 전격적으로 합병을 발표했다. 카카오가 직원 수나 매출 면에서 다음커뮤니케이션보다 현저히 적었지만 시장에서는 모바일 시대에 카카오의 성장성이 더 크다고 평가했다. 존속 법인은 다음커뮤니케이션이었지만 사실상 카카오 중심의 합병이 되면서 이재웅은 주요 주주에서 물러나고 김범수 의장 중심의 회사로 변모했다.

변화하는 세상의 흐름을 읽고
작고 빠르게 시작해서 커나간다

——————————————— 앞선 사례에서 볼 수 있듯이, 우리나라에서 스타트업(과거에는 주로 벤처기업이라고 했으나 최근에는 스타트업이라는 용어를 더 많이 쓴다)이 처음 등장한 시기는 1990년대다.

전자통신 인프라의 발달로 IT 기업들이 창의적인 서비스를 마음껏 만들어 서비스할 수 있는 여건이 마련됐고, 1996년에는 코스닥이 생기면서 기업을 공개해 많은 자금을 확보할 길이 열렸기 때문이다.

다음커뮤니케이션, 네이버, 카카오의 사례를 통해 볼 수 있듯이 이들은 아이디어와 기술은 있었으나 처음에는 적은 인력과 자본으로 시작했다. 세상에 없던 혁신적 서비스나 제품은 일단 시장의 반응을 얻으면 크게 성공할 수 있지만 성공 여부를 확신할 순 없다. 따라서 초기 몇 년 동안은 큰 수익을 내지 못하고 어렵게 혁신적인 서비스를 만들어가야 한다. 그 과정에서 필요한 자금을 확보하기 위해 투자 유치, 합병 등에 힘을 기울여야 한다.

스타트업은 기존의 대기업이 해내지 못하는 방식으로 혁신한다. 대기업은 큰 조직으로서의 장점이 있다. 하지만 스타트업처럼 작고 빠르게 혁신적인 시도를 해내는 데에는 익숙하지 못하다. 그러므로 대기업은 사내벤처와 같은 작은 조직을 만들어서 최대한의 자율성을 주어 혁신적인 시도를 하게 해야 한다. 사실 우리나라 대기업이 사내벤처를 하는 경우는 매우 드물었다. 1990년대 말 네이버는 매우 예외적인 경우였고 최근 들어서야 삼성을 비롯하여 LG, 카카오, 네이버 등이 사내벤처 프로그램을 적극적으로 도입하고 있다.

대기업이 외부의 스타트업을 인수·합병하여 성장동력을 만들기도 한다. 구글은 유튜브, 페이스북은 인스타그램을 인수해서 지속적으로 혁신하고 성장해나갔다. 우리나라에서는 대기업의 스타트업 인수·합병도 많지 않았다. 대부분 직접 만들거나 하청을 주는 방식을 선호했다. 하지만 카카오, 네이버와 같은 IT 기업들은 적극적인 인수 · 합병을 통해 성장 전략을 펴고 있고, 이제는 삼성과 LG 등 대기업도 변화하고 있다. 효율성 중심의 경제에서는 과거의 방법이 통했지만 끊임없이 혁신해야 하는 시대에는 변화가 필요하기 때문이다. 이처럼 스타트업의 세계는 끊임없이 변화하는 세상에서 점점 더 보편적인 기업 생태계의 일원이 되어가고 있다.

작은 실천들이 세상을
크게 변화시키는 방법

세상을 크게 변화시킨 혁신의 상당수는 작지만 새로운 시도로부터 시작됐다. 혁신은 산술급수적 변화가 아니라 기하급수적 변화로 이뤄진다. 기하급수적 변화는 처음 얼마간은 거의 그대로인 듯 보이다가 수년, 때로는 수십 년이 지난 뒤에 갑자기 도약하게 된다. 작은 실천들이 어떻게 세상을 바꿔놓는 걸까? 앙트러프러너십entrepreneurship과 린 스타트업에 비결이 있다.

이 책에서 말하는 밀레니얼 개척자들, 창의적 경계인들은 앙트러프러너들이다. 앙트러프러너십은 우리나라에서는 보통 '기업가정신'으로 번역되는데, 이는 일본식 번역어를 거쳐 전해진 오역이다. 앙트러프러너십은 '착수하다undertake'와 '시작하다commence'를 뜻하는 프랑스어 '앙트러프랑entreprendre'에서 유래했다. '개인과 조직이 현재 보유한 자원의 한계를 넘어 기회를 추구하는 행위'를 뜻한다. 기업 활동에만 국한되지 않으며, 정신만이 아닌 실천적 활동을 뜻한다. 린 스타트업은 '세상의 문제를 발견하고 가설을 수립하여, 작고 빠르게 실험하고 리뷰하며 제품이나 해결 방안을 만든 후, 규모를 키우는 방법'이다. 실패를 두려워하지 않고 오히려 배움과 개선의 계기로 삼는다.

린 스타트업의 핵심은 문제 정의, 창의적 해결책, 실험과 리뷰를 통한 지속 개선, 그리고 배움이다. 이 책에서 소개하는 밀레니얼 개

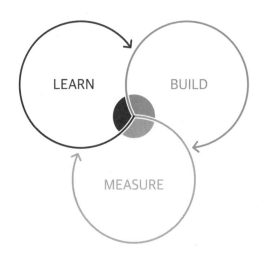

린 스타트업 방법론

척자들의 많은 시도도 이런 방법을 따르고 있다. 이들의 실험은 끊임 없이 변화한다. 내가 이 책을 쓰고 있는 동안에도 변화하고 있고, 당신이 이 책을 읽고 있을 때는 이미 실패하고 종료되거나 다른 것으로 바뀌었을 수도 있다.

적은 자원으로 새로움에 도전하는 개척자의 하루하루는 매일매일 한계의 벽을 마주하고 뚫고 나가야 하는 치열한 현장의 시간이다. 외롭고 힘든 일이지만, 이 책에서 소개한 사례 중 일부는 분명 몇 년 뒤 수십 배 성장해서 세상을 크게 변화시키고 있을 것이다. 설령 사업이나 프로젝트가 실패했다고 하더라도, 그들 중 상당수는 실패에서 교훈을 얻어 또 다른 더 나은 일들을 시도하고 있을 것이다. 100% 안전한 성공이 목적이었다면 애초에 개척자의 길로 들어서지 않았을 사람들이다.

사회혁신도 스타트업과 비슷한 원리로 작동한다. 스타트업은 작게 시작해서 스케일업scale-up을 반복하며 경제적 자본을 키워간다. 사회혁신은 작지만 의미 있는 실천들과 경험적 지식이 확산되며 사회적 자본이 커지는 현상으로 볼 수 있다. 사회혁신은 커뮤니티를 이루어 서로의 경험과 정보를 교류하는 연결성, 네트워크가 핵심이다. 이런 혁신의 주체이자 매개자, 확산자를 조직경영 이론에서는 '변화관리자'라고 부른다. 이들은 근대화 과정에서 경제적 압축성장에만 집중하느라 부실해진 우리나라의 사회적 자본을 넓혀간다. 또 개인으로서나 기업으로서나 늘 자신의 한계, 기존 영역의 한계를 창조적으로 파괴하여 자신과 사회의 가치를 실현하고자 한다. 그래서 이들은 앙트러프러너다.

밀레니얼 시대에는 앙트러프러너들에게 필요한 도구들이 많아진다. 스타트업 인큐베이팅은 예비 창업자나 창업자에게 일정 기간(보통 6~8개월) 업무 공간과 시설을 제공해 보육하는 방법이다. 스타트업 액셀러레이션은 스타트업에 직접 투자하거나 멘토링과 네트워크를 제공해 실질적으로 성장시킨다. 코워킹 스페이스는 예비 창업자나 창업자들이 카페 같은 공간에서 자유롭게 일하고 정보를 교환하면서 시너지를 창출할 수 있도록 돕는 곳이다. 또한 SNS, 유튜브 등의 발달은 정보의 유통과 홍보 등에서 뛰어난 플랫폼 환경을 제공한다. 앙트러프러너들은 이런 도구들을 자유롭게 활용하여 자신의 아이디어를 시장에서 빠르게 실험하고, 투자 유치를 통해 자금을 확보해 성장해나간다.

스타트업을 키우는
다양한 투자 생태계

스타트업에는 성장 단계마다 적절한 자금이 필요하다. 특히 아이디 어를 중심으로 '창조적 파괴'의 혁신을 시도하는 스타트업에는 담보 없이 대출하거나 투자하는 등의 모험자본이 필요하다. 회수에 대해 불확실성이 있지만 성공할 경우 큰 수익을 얻을 것을 기대하는 성 격의 자본이다. 스타트업 10개 기업에 투자해서 1~2개 기업이라도 10배 이상 성장하면 8~9개가 실패해도 수익을 거두게 된다. 100배 이상 성장하면 어마어마한 수익을 거둔다. 이렇게 거둔 수익은 다시 스타트업에 투자돼 혁신적 시도를 할 수 있는 생태계가 된다.

엔젤투자자는 스타트업과 창업자의 가능성을 제일 먼저 발견하고 초기에 투자하는 주체다. 엔젤투자자의 세 가지 유형이 3F, 즉 가족 family, 친구friend, 바보fool라는 말이 있다. 그만큼 초기에는 불확실성이 크므로 창업자의 역량과 가능성을 믿고 투자해야 한다는 얘기다. 엔젤투자자는 보통 1,000만~5,000만 원 수준의 비교적 적은 액수를 투자한다. 기업이 성공하면 큰 수익이 되지만 잃어도 괜찮을 수준으로 투자하는 것이다. 이들은 단순히 자금만 투자하지 않는다. 스타트업의 성공을 자기 일처럼 여기고, 자신의 경험과 네트워크를 동원해 지원한다. 투자한 스타트업이 성장하면, 이들은 금전적 가치 상승 외에도 보람이라는 큰 보상을 얻는다.

액셀러레이터는 스타트업에 투자하고 성장을 돕는 기관이다. 엔젤투자자보다는 규모가 큰, 평균 수억 원 수준의 투자를 한다. 자기자본으로 투자하기도 하고 조합을 결성해서 여러 사람이나 기관이 함께 투자하기도 하는데, 단순히 투자만 하지 않고 다양한 영역에서 보유하고 있는 전문가를 활용해 기업의 성장을 돕는다. 액셀러레이터에는 민간 기업과 공공기관이 있다. 창조경제혁신센터는 다양한 지역에서 공공 액셀러레이터 역할을 하고 있다.

벤처캐피털Venture Capital, VC은 펀드를 조성해 수억에서 수백억에 이르는 투자를 한다. 기관투자자나 개인투자자들로부터 자금을 모아 투자하며, 정부 부처들에서 출자하고 한국벤처투자가 운영하는 모태펀드를 활용하기도 한다. 액셀러레이터와의 차이는 상대적으로 자금 규모가 큰 대신 기업을 키우는 역할보다는 재무적 투자에 집중한다는 점이다.

우리나라에 엔젤투자자, 벤처캐피털, 액셀러레이터가 등장한 것은 2000년 전후다. 1996년 코스닥이 설립돼 스타트업이 상장을 통해 자금을 조달할 수 있는 길이 열렸다. 1997년 IMF 경제위기 이후 전 세계적으로 인터넷 기업들이 성장했는데, 그 시기 우리나라 벤처 정책이 맞물려 투자 생태계가 활성화됐다. 이때 다음커뮤니케이션, 네이버, 셀트리온 등 여러 기업이 크게 성장할 수 있었다. 초단기 압축 성장 시대에 성장한 대기업 재벌들과 달리, 성공한 1세대 벤처 사업가들은 스스로 엔젤투자자가 되고 액셀러레이터가 돼 후배 스타트업을 발굴하고 투자함으로써 스타트업 생태계를 키워내고 있다.

지방 도시의 스타트업 생태계가
성장하고 있다

그동안 지역은 스타트업 투자에서 불모지였다. 1세대 벤처 사업가들은 서울에서 성공했고 주로 서울에서 후배 기업들을 키워왔다. 하지만 최근 몇 년 사이에 지역의 스타트업 생태계에서도 다양한 변화가 나타나고 있다. 그동안 지역에서는 성장 잠재력이 있는 기업이라 하더라도 투자자를 만나기 어렵고, 투자자를 만나더라도 투자 유치를 위해 설명하는 IR^{Investor Relations}(기업설명활동) 방법도 모르는 경우가 많았다. 한편, 투자자들은 주로 서울에 몰려 있기 때문에 지방에 대한 정보와 네트워크가 부족해서 유망한 지방 기업을 발굴하는 데 어려움을 겪었다.

하지만 최근에는 창조경제혁신센터와 같은 지역의 공공 액셀러레이터가 스타트업을 발굴해 IR을 할 수 있는 수준으로 사업 역량을 키우고 있다. 지역에 민간 액셀러레이터들이 자리 잡고, 지방정부 주도로 지역의 전략펀드도 만들어지면서 지방 도시들의 스타트업 생태계가 조성되고 있다.

제주창조경제혁신센터는 기관으로서 엔젤투자자 역할을 한다. 전국 19개 창조경제혁신센터 중 최초로 지방비 출연금으로 시드머니 seed money 투자를 시작했다. 기관이 정부에서 받은 보조금이나 출연금으로 기업에 지원금을 주는 경우는 많지만, 직접 투자하는 경우는 흔치 않다. 기업 지원금은 예산 활용에 제약이 많고 증빙 보고 절차가 복잡해서 자금을 받은 스타트업이 사업의 본질에 집중하기 어렵다는 불만이 많았다. 기관 입장에서도 지원금은 주면 없어지는 돈이다. 하지만 같은 돈으로 투자를 하면 스타트업 입장에서도 좋고, 기관도 기업이 성장하면 회수해서 다른 기업에 재투자할 수 있으므로 유리하다.

센터는 2018년에 첫 시드머니 투자 사업을 시작해 4개 기업에 3,000만 원씩 총 1억 2,000만 원을 투자했다. 이들이 이후 6개월 동안 총 6억 2,000만 원의 후속 투자를 유치했으니 엔젤투자로서의 기대 효과를 거둔 셈이다. 장기간 비어 있는 돌담집을 리모델링하여 숙박 경험을 제공하는 '다자요', 과일나무 셰어 플랫폼 '당신의과수원', 밀레니얼 세대 도시 여행자를 위한 커뮤니티 호스텔 '베드라디오', 위성 데이터 수신 서비스를 제공하는 '컨텍'이 투자 대상 기업이었다. 이들은 모두 제주의 가치를 키우는 스타트업들이다. 수도권 투자자들이 초기에는 관심을 가지지 않을 만한 기업들도 있었지만, 투자심사 단계에서 법무실사, 재무실사를 컨설팅 수준으로 했다. 실제 투자를 한 후 투자자들이 이들 기업에 더 관심을 가지게 됐고, 후속 투자가 진행된 것이다. 2019년 상반기에는 제주상회 등 7개 기업에 총 3억 1,000만 원을 투자하는 등 시드머니 투자 사업을 지속하고 있다.

그동안 지역에는 액셀러레이터, 벤처캐피털이 거의 없었다. 그래서 제주창조경제혁신센터는 수도권에 있는 민간 액셀러레이터들이 제주에 정착할 수 있도록 유도하는 투자 생태계 조성자 역할도 하고 있다. 크립톤은 특별한 액셀러레이터로, 전국 다양한 지역에서 스타트업을 발굴하여 성장시킨 독보적인 포트폴리오를 가지고 있다. 코스닥 상장을 앞둔 지역 스타트업에 관심이 많은데, 전북 남원의 사회적 기업 제너럴바이오를 액셀러레이션해서 3년 만에 연매출 30억에서 연매출 800억으로 성장시키기도 했다. 크립톤은 제주창조경제혁신센터와 업무 협약을 맺고 제주 전용 펀드 20억 원을 조성했다. 그리고 센터 보육 기업인 캐치잇플레이에 5억 원, 제주상회에 3억 원, 컨텍에 4억 원을 투자했다.

이처럼 최근 몇 년 사이에 지역의 투자 생태계는 점점 더 활성화되고 있다. 대전의 블루포인트파트너스, 대구의 인라이트벤처스는 지역에서 자생적으로 생겨난 벤처캐피털이다. 선보엔젤파트너스와 같이 경남의 중공업 도시에서 중소기업 2세 경영자들이 액셀러레이터로 변신한 사례도 있다. 충북창조경제혁신센터는 TIPS^{Tech Incubator}

Program for Startup(민간투자 주도형 기술 창업 지원) 주관사로서 펀드를 조성하여 바이오 기업들에 집중적으로 투자하고 있고, 강원창조경제 혁신센터는 네이버 기부금을 통해 투자를 시작했다. 인천창조경제혁신센터도 50억 원의 엔젤모펀드를 조성해서 기술 창업에 투자하고 있으며, 울산창조경제혁신센터는 개방형 혁신을 하고자 하는 대기업과 스타트업을 연결하여 투자를 활성화하고 있다.

지방정부들도 지역 스타트업을 위한 전략펀드를 조성하고 있다. 제주도는 2018년에 과기부 모태펀드를 활용해 융합펀드 150억 원을 조성했고, 2019년에는 한국모태펀드 지방기업계정을 활용해 160억 원의 펀드를 조성했다. 이런 다양한 노력을 통해 지역은 스타트업이 창업하고 성장하기 좋은 환경으로 조금씩 변화해가고 있다.

가치 중심으로 팬과 자금을 모으는
크라우드 펀딩

신용협동조합은 근대화 과정에서 지역 발전을 위한 금융기관으로 설립됐다. 지역 주민들이 신협에 저축한 자금은 지역 기업과 개인을 위한 대출금으로 활용되어 지역 발전을 위한 선순환의 윤활유 역할을 해냈다. 지역민들은 신협에 저축하여 높은 이율로 목돈을 키울 수 있어 일석이조였다.

　하지만 신협이 밀레니얼 시대에도 지역의 가치를 키우는 금융으로서의 역할을 다하고 있을까? 여기에 아쉬운 점이 있다. 주로 부동산 담보를 통한 대출로 운영하는 방식이기에 스타트업에는 그다지 유용하지 않다. 스타트업은 혁신적인 아이디어는 있지만 부동산 같은 담보물을 가지고 있진 않기 때문이다. 또한 신협에 저축한 사람들은 자신의 자금이 어디에 쓰이는지 알 수 없어 가치 중심의 투자를 하고자 하는 욕구를 충족하기 어렵다.

밀레니얼에 새롭게 등장한 크라우드 펀딩은 자금이 없는 사람들이 프로젝트를 인터넷에 공개하고 목표 금액과 모금 기간을 정하여 익명의 다수에게 투자받는 방식이다. 크라우드 펀딩은 최근 들어 지역의 가치를 살리는 투자 본연의 역할을 톡톡히 해내고 있다.

서울 성북구 돈암동에 있는 고려대학교 앞에는 2000년 설립되어 학생들에게 추억의 장소로 여겨지는 영철버거가 있다. 2004년에는 월 매출 6,000만 원 순수익 3,500만 원을 달성할 정도로 꾸준한 인기를 보였는데 프랜차이즈를 시도했다가 실패해서 폐업의 위기에 놓였다. 그런데 2015년 고대생들과 주민들이 한 달여 동안 크라우드 펀딩을 하여 목표액 2,000만 원을 훨씬 넘어서는 7,093만 원을 달성하여 회생하게 됐다. 참여자는 총 2,879명이었다. 영철버거가 흑자일 때 매년 2,000만 원씩 장학금을 내놓았던 것에 대한 보답이자, 고대 재학생과 졸업생들이 자신들의 추억과 일상의 가치에 투자한 것이다.

제주의 스타트업들도 크라우드 펀딩을 적극적으로 활용하고 있다. 제주의 가치를 살리는 일에 공감하는 다양한 사람들이 도 내외에서 펀딩에 참여하고 있다. 제주 돌담집 리모델링을 하는 다자요는 와디즈wadiz에서 2018년부터 2019년 4월까지 리워드형 1,482만 원(44명), 투자형 3억 1,954만 2,643원(199명), 채권형 2억 1,580만 원(128명)의 펀딩을 달성했다. 그리고 반려동물과 함께 숙박하는 숙소를 위

와디즈에서 크라우드 펀딩에 성공한 다자요(좌), 레미투미(우)

한 리워드형 3,437만 6,000원(74명)을 추가로 달성했다. 반려동물을 위한 업사이클링 쿠션을 판매하는 레미투미는 1,395만 1,500원(208명), 과일나무 셰어 플랫폼 당신의과수원은 1,618만 원(203명), 서귀포의 야생돌고래 탐사 체험 여행을 제공하는 디스커버제주는 1,731만 4,800원(182명), 제주의 최상급 제철 감귤을 유통하는 아일랜드박스는 5,208만 4,000원(1,014명)을 모금했다.

　세계 최초의 크라우드 펀딩은 2005년 영국의 조파닷컴이었다. 2008년 1월 미국에 인디고고가 개설되면서 '크라우드 펀딩'이라는 용어가 일반화됐고, 2009년에 대표적인 크라우드 펀딩 사이트인 킥스타터가 오픈했다. 크라우드 펀딩의 종류로는 기부형, 후원형, 대출형, 증권형이 있다. 기부는 리워드 없이 자금을 증여하는 것이고, 후원형은 프로젝트에 자금을 제공하되 리워드로 제품이나 서비스를 제공받는 것이다. 대출형은 자금을 빌려주고 이율을 얹어 돌려받는 것이고, 증권형은 지분을 취득하는 것이다. 대출이나 증권형에 리워드가 포함되는 경우도 많다. 크라우드 펀딩은 단순히 자금 모집의 수단이 아니다. 가치에 공감하는 사람들을 모으는 플랫폼으로서도 의미가 크다. 우리나라에서는 임팩트 투자를 하는 소액 투자자들에게도 환영받는 플랫폼으로 와디즈, 텀블벅, 비플러스BPlus, 오마이컴퍼니OHMYCOMPANY, 더 브릿지THE BRIDGE 등 다양한 크라우드 펀딩 서비스가 활발하게 운영되고 있다.

비영리 스타트업이 만들어갈
가치 중심 사회

세계적인 경영학자 피터 드러커는 경력의 전반기에는 영리기업들에 관한 이론을 정립하고 컨설팅을 했다. 그리고 인생 후반기에는 비영리기관에 집중했다. 그는 1990년에 펴낸《비영리단체의 경영》에서 비영리기관도 기업처럼 전략적 경영과 혁신을 통해 사회 발전에 기여해야 한다고 주장했다. 드러커는 이 책에서 비영리기관의 산출물을 '행동이 변화된 사람'으로 정의하며, 비영리기관의 존재 이유가 사회와 구성원의 삶을 좋은 방향으로 변화시키는 것이라고 설파했다.

미국은 20세기에 경제적으로 크게 성장했지만 1960~1970년대에 들어서서 영리기업들이 해결하지 못하는 여러 사회 문제가 부각됐다. 이와 함께 정부가 해결할 수 없는 영역을 민간 또는 중간의 영역에서 풀고자 하는 움직임이 커졌다. 그 결과 비영리 부문이 크게 성장하게 됐는데, 비영리기관들은 경영 역량이 부족해 역할을 제대로 하지 못하는 경우가 많았다. 이런 환경을 접하면서 드러커는 비영리기관의 경영에 관심을 갖게 됐다.

드러커는 비영리조직은 영리조직보다 조직의 사명mission을 중심으로 다양한 이해관계자를 더 충실히 설득하며 성과를 창출해내야 한다고 말한다. 최근에는 영리기업에도 사회적 책임이 더 요구되고 있지만, 아무래도 영리기업의 성과에서는 기업의 매출과 수익이 가장 중요한 요소일 수밖에 없다. 이해관계자들이 주주들이며 그들이 투자한 자금에 대한 책임이 영리기업을 경영하는 데 가장 중요하기 때문이다. 하지만 비영리기관은 다르다. 각각 고유의 사회적 미션을 수행하기 위해 설립되고, 미션에 공감하는 다양한 전문가가 이해관계자로 참여함으로써 운영된다. 이사회 등에서 이해가 상충하는 관점이 있을 수 있는데, 이들에게 정확한 정보를 제공하여 공동의 이해에 도달하게 하는 것이 매우 중요하다.

우리나라는 이제 물질주의 사회를 넘어 가치 중심의 탈물질주의 사회로 넘어가는 단계다. 비영리기관의 경영 방식을 정립한 것도 미국보다 50년 이상 늦었다고 볼 수 있다. 우리나라의 비영리기관 숫자는 지금도 적지 않지만, 대부분 대기업에 종속되어 있거나 정부 부처에 종속된 기관이다. 그렇다 보니 기관이 고유의 미션을 중심으로 다양한 이해관계자와 소통하며 일을 해나가는 경우는 많지 않다. 대기업 산하의 기관은 대기업의 경영자를, 정부 산하의 기관은 정부의 이해관계를 최우선으로 고려하기에 사업의 지속성이 떨어지는 경우가 많다.

미국에서는 비영리기관이 다양한 재원을 가지고 있다. 정부 외에도 다양한 민간 주체가 기부금을 낸다. 우리나라에서는 기부금이 종교단체 쪽으로 지나치게 쏠리고 있으며, 다양한 미션을 수행하는 비영리기관에 대한 기부는 아직 활성화되지 않았다. 대기업은 직접 산하 재단을 만들거나, 정부와의 관계 때문에 관련 단체에 강제로 기부를 해온 경우가 많다. 2016년 국정농단 사건에 연루된 '미르재단'과 같이 정치 권력과 대기업 회장 일가의 이해관계에 따라 정권과 대기업의 교환물로서 기부금이 활용되는 폐해도 있었다. 이는 우리나라에서 기업이 사회에 기여하기 위한 자발적인 기부 활동이 활성화되지 못한 원인 중 하나다.

우리나라가 가치 중심의 탈물질주의 시대로 가고 있기 때문에 앞으로는 사회 가치를 실현하기 위한 혁신적인 비영리기관의 역할이 점점 더 중요해질 것이다. 최근에는 새로운 시도를 하는 비영리기관들이 나타나고 있는데, 이를 비영리 스타트업Non-profit startups이라 부르기도 한다. 비영리 스타트업은 다양한 영역에서 사회를 더 낫게 변화시키기 위해 노력한다. 여기에 공감하는 사람들이 다양한 방법으로 이들과 함께하면서 변화를 만들어가게 될 것이다.

지역의 가치를 키우는
스타트업들이 성장하는 길

2019년 5월 11일 제주창조경제혁신센터 J-Space에서는 입주 기업들의 졸업 데모데이가 열렸다. 그동안 총 49개 기업이 졸업했는데, 그 기업들은 데모데이에 누적 570억 원의 투자를 유치했다. 이번 데모데이는 7기로 입주한 기업들이 6개월 동안 갈고닦은 비즈니스를 투자자들과 선후배 기업들 앞에서 발표하는 자리였다. 7개 기업의 발표와 질의응답을 거쳐 최우수상은 '아이즈랩', 우수상은 '배려'와 '월간'이 차지했다.

아이즈랩의 김민희 대표는 해군사관학교를 나온 후 해군 대위를 지냈다. 의무 복무 기간을 마친 후, 일본에서 귀금속을 공부하고 돌

제주창조경제혁신센터 입주 기업 졸업 데모데이

아와 백화점 MD로 근무하다가 고향인 제주로 내려왔다. 그녀는 회사를 설립하기 전 '아이즈온어스'라는 주얼리 브랜드를 운영하며 메종글래드 제주의 편집숍에 입점했다. 호텔에서 침구를 버리는 장면을 우연히 보게 됐는데, 물어보니 약간의 손상과 오염이 있어도 호텔 특성상 최상의 퀄리티를 유지하기 위해 모두 버린다는 것이었다. 고밀도 천연 면직물인 이 소재를 업사이클링해서 환경을 살리는 동시에 건강하고 편안한 휴식을 돕는 라이프스타일 브랜드를 만들어보자는 생각이 들었다. 그는 'Renewal Moment to Me'라는 의미를 담아 레미투미 브랜드를 론칭했다.

혼자 창업한 그녀는 2018년 11월 센터에 입주한 후 팀을 꾸렸다. 한 명은 목공 공방 운영자였고, 한 명은 유튜브 크리에이터였다. 그런데 막상 제품을 만들어 판매하자니 호텔 침구를 재활용한 제품을 사람들이 찜찜해하지 않을까 하는 걱정이 들었다. 그때 타깃 사용자로 설정한 20~30대 밀레니얼 세대 1인 가구를 분석해보니 대체로 반려동물을 키운다는 사실이 드러났다. 그의 사무실에도 길고양이와 강아지가 우연히 들어와 함께 살고 있었는데, 수거해 온 침구 위에서 편하게 휴식을 취하곤 했다. 이를 보고 첫 실험으로 반려동물을 위한 쿠션을 만들어보기로 했다.

결과는 성공이었다. 와디즈에서 크라우드 펀딩 목표치였던 100만 원을 5분 만에 달성하고, 5일 만에 목표치의 1,000%를 넘었다. 설문을 통해 소비자의 구매 포인트를 확인하니 '반려동물에게 건강한 제품이 될 것 같다', '우리 냥이에게도 사주고 나도 쓰고 싶다'라는 반응이 많았다. 이런 결과에 해외 바이어들이 관심을 보였고, 구매하겠다는 곳도 나타났다.

'배려'의 함대식 대표는 아토피로 고생하는 아내를 위해 제주에서 많이 생산되는 비트를 활용해 고농도 주스를 만들어봤다. 일주일 안에 큰 효과를 본 것을 보고 주변에도 권했다. 이게 사업이 될 수 있을까 싶어서 센터에 입주했다. 그가 만든 제품은 제주대학교 수의학과 교수의 임상시험 결과 고혈압 개선에 큰 효능을 보인다는 점이 입증됐다. 특허를 등록하고 판로도 만들어갔다. 입주 6개월 만에 팀원도 5명으로 늘어났다. 2019년 8월에 제주창조경제혁신센터가 시드머니 5,000만 원을 투자했으며, 국내외에서 투자하겠다는 곳들이 연이어 나타나고 있다.

1990년대 말부터 생겨난 스타트업 생태계는 그동안 수도권 중심으로 발전했다. 그래서 지역의 정체성이나 고유의 자원을 활용한 스타트업은 창업과 성장이 쉽지 않았다. 수도권에서의 창업은 글로벌 트렌드를 따라가는 것이 많다. 그것이 강점이기도 하지만, 한편으로는 다양성이 부족하고 다른 나라와 차별화된 진입 장벽을 만들기 어렵다는 단점이 있다. 지역 고유의 가치를 살린 스타트업들은 일반 스타트업과 차별화된다. 이들은 어려운 환경에서 새로운 시도를 하고 있고 실패 가능성도 높지만, 이들의 노력을 통해 지역도 함께 발전하기에 생태계의 토양이 좋아진다. 따라서 지역 스타트업들이 새로운 시도를 하고 성장하는 데 동반자가 되는 창업보육기관과 투자자들의 존재는 매우 중요하다.

이들은 지역에 있는 많은 문제를 해결하면서 가능성을 키워나간다. 지역 스타트업들은 지역의 미래를 만들어갈 주인공들로, 이제 1세대가 개척자로서 길을 가고 있다. 이들이 성공해서 후배 창업자들을 돕고 투자하며 함께 성장해나갈 때쯤이면 지역의 스타트업 생태계는 크게 도약할 것이다. 앞으로 3년에서 10년 사이에 올 그리 머지않은 미래다.

4장
Go 지방

_____ 초고속 압축성장 시기에는 지방의 청년들이 서울에 가면 성장 기회를 얻을 수 있었다. 수도권에 기업과 대학이 지나치게 쏠려 있는 까닭에 지방의 청년들은 일과 성장의 기회를 찾아 계속해서 서울로 향했다.

그러나 고도성장이 끝나고 서울이 과밀화된 지금, 청년들은 서울이 더는 찬란한 기회를 발견할 수 없는 '헬조선'의 첨병이라고 생각한다. 밀레니얼에 들어서 서울과 지방 간에 기회의 격차는 더 커졌지만, 서울에서는 부동산 가격이 폭등하고 취업이 더 어려워졌다. 원하는 기업에 어렵사리 취업하더라도 이미 자리 잡은 건물주에게 비싼 임대료를 바쳐야 한다. 평생 직장도 아닌 회사에서 자기 삶을 주도적으로 디자인하기는 어렵다. 열심히 살아도 갈수록 자기 자신을 잃어간다는 위기 속에 퇴사 충동을 수시로 느낀다.

그들 중 '자신을 찾고자' 하는 이들이 먼저 지방으로 떠나기 시작했다. 처음엔 서울에서 지친 마음을 달래는 힐링 여행이었다. 그러다 점차 자신을 찾는 동시에 기회를 찾는 'Go 지방'의 흐름으로 이어지고 있다. 오랜 기간 소외되며 경쟁력을 상실해왔던 지방은 이런 개척자들의 노력으로 고유의 정체성과 가능성을 되찾기 시작했다.

'자신을 닮은 도시를 찾아 살아갈 권리'를 되찾고자 먼저 지방 도시에 내려가서 도전하는 밀레니얼 개척자들에게 현실은 녹록지 않다. 지방 도시에 만연한 서울을 따라 하려는 사고방식, 과거 지향적인 관행과도 싸워야 한다. 무엇보다 지역에는 좋은 기업과 일자리가 부족하다.

그러나 밀레니얼 개척자들은 앙트러프러너십을 가지고 자신의 가치와 지역의 가치를 함께 키워낸다. 이들의 수많은 노력이 성공하면 지방 도시는 일하고 살기 좋은 곳으로 바뀔 것이다. 이를 통해 비로소 헬조선은 '한강의 기적'이라는 마법의 저주에서 풀려날 수 있을 것이다.

로컬 크리에이터들은
지역의 '삶의 질'을 높인다

**밀레니얼 시대에
도시는 안녕한가?**

─────────────────────── 서울 안에서는 지역의 변화, 시대의 전환에 대한 지각 능력이 마비된다. 대한민국 전체로 보면 세계에서 유례를 찾아볼 수 없을 만큼 낮은 출산율과 급속한 고령화가 진행되고 있는데도, 서울만은 여전히 수많은 젊은 인파로 넘쳐나기 때문이다. 서울의 거리는 현란하고 주의를 끄는 것들이 끊이지 않기 때문에 거리를 다니기만 해도 뭔가를 바쁘게 해내고 있다는 착각에 빠지게 된다. 지금 이 순간에도 서울은 팽창하고 있다. 주택 부족이라

는 명분으로 서울 도심과 경기도의 위성 도시들에 아파트를 쉼 없이 짓고 있고, 강남 아파트의 가격은 계속 상승한다.

초고속 압축성장 시기에 지방 도시는 젊은 인재들을 서울로 꾸준히 올려보냈다. 지방 도시는 자신의 정체성을 포기한 채 앞서가는 서울의 문물을 들여오고, 신도심을 만들고, 아파트를 건설해 서울을 닮은 도시가 되고자 노력했다. 역설적이지만 그럴수록 더 서울 중심 세상이 됐다. 모든 성장 기회는 서울에 더욱 집중됐고, 지방 도시는 자존감과 주체성을 잃어갔다. 중화학공업 도시로 육성된 몇몇 도시는 산업화 시기에 일자리가 많아서 청년 인구가 몰려들었다. 하지만 이제 밀레니얼 세대에게는 다양성과 재미가 없는, 더는 살거나 일하고 싶지 않은 도시로 전락해가고 있다.

청년들은 자신이 추구하는 일과 삶의 질을 찾고자 계속 서울로 향하고 있지만, 서울에는 이전 시대에 이미 성공한 사람들이 강남을 꼭 짓점으로 하는 자신들을 위한 피라미드를 쌓아놓았다. 밀레니얼 세대가 서울에서 공부하고 취업해서 열심히 돈을 벌어도 이들에게 높은 비용을 지급하며 살아야 한다. 비싼 임대료가 단적인 예다. 기성세대에게 기회와 성장의 땅이었던 서울은 밀레니얼 세대의 희생을 통해 명성과 지위를 유지하고 있다. 이미 자리를 잡은 기득권 세력의 자녀들만이 부모의 지원과 상속에 기대고 있을 뿐이다.

로컬 크리에이터들은 자신의 '삶의 질'을 위해
지역을 변화시킨다

──────────────── 현재 지방 도시에는 없는 것이 많다. 산업의 다양성, 좋은 일자리, 인재, 사회적 자본, 혁신 자본이 부족하다. 하지만 역설적으로 밀레니얼 개척자들에게는 독특한 자원과 가능성이 있는 블루오션의 땅이다. 지방 도시들이 서울을 닮아가려고 하지 않고 자존감을 되찾고 자신의 정체성과 자원을 살려서 미래 가치를 만들어낼 수 있다면 일자리와 인재, 사회적 자본이 선순환의 고리를 그리게 될 것이다.

지역의 정체성이 끊임없이 살아나 미래 가치를 만들기 위해서는 지역의 콘텐츠를 발굴하여 새롭게 창출할 수 있는 다양한 로컬 크리에이터들이 있어야 한다. 그리고 이들이 서로 연결되고 소통하여 관점과 정보를 교류할 수 있는 창의적 커뮤니티가 필요하다. 과거에는 원도심의 여관, 다방들이 사랑방 역할을 했다. 현재는 코워킹, 코리빙, 독립서점, 다양한 커뮤니티 프로그램이 그 역할을 하고 있다. 또한 과거에는 이런 정체성을 콘텐츠로 구현하고 확산시키는 역할을 지역 신문이나 방송이 했다. 그런데 이제는 새로운 형태의 로컬 라이프스타일 매거진, SNS, 유튜브 등 다양한 로컬 크리에이터가 해낸다.

지방 도시는 재생해야 할 가능성의 공간이다. 재생은 기존의 가치를 재발견하고 미래 가치를 만들어가는 것이다. 그 과정을 만드는 도시의 개척자들은 도시의 문제점들을 해결하고, 일하고 살고 관계 맺기 좋은 행복한 도시로 변화시킨다. 지금 지방 도시에 많은 것이 부족함에도 가능성이 큰 이유다. 지방 도시가 저마다의 정체성으로 발전해나간다면, 서울 또한 더욱 발전할 수 있다. 글로벌 네트워크와 지방 도시들을 연결하는 허브로서 무궁무진한 자원을 가지게 된다. 서울이 다음 단계로 도약하려면 기존처럼 전국의 인적·물적 자원을 독점하는 것이 아니라, 혁신적인 국내외 도시들을 연결하고 도시 간의 네트워크를 확대해 사회적 자본을 키워야 한다.

지역으로 이주하거나 리턴하는 로컬 크리에이터들의 공통점은 자기 삶의 방향과 가치를 지키기 위해서 자신이 살고 싶은 도시를 자발적으로 선택했다는 것이다. 이들은 그 도시 안에서 자기 삶의 가치를 살리기 위하여 지역민과 여행자, 이주민 그리고 생산자와 소비자를 연결하는 매개자 역할을 자처한다. 서울로 떠나 성공한 근대화 세대는 자신의 고향이 척박하고 기회가 없다고 얘기한다. 하지만 밀레니얼 시대의 개척자들은 스스로 지방 도시를 선택하고 이주하여 온갖 어려움을 이겨내면서 자신과 지역의 미래를 개척해나간다.

이들이 만들어내는 결과물들은 규모에서는 기존의 소상공인과 크게 차이가 나지 않아 보일 수도 있다. 하지만 분명한 구별점이 있다. 바로 이들의 일, 삶, 지역에 대한 태도다. 단순히 돈을 벌기 위해서만 일하는 것이 아니라, 자신이 원하는 일을 지속적으로 하기 위해 돈을 번다. 돈을 벌기 위해서만 지역을 선택하는 것이 아니라, 자신을 닮은 지역과 함께 행복한 삶을 지속하기 위해 돈을 벌고자 한다. 그래서 이들은 밀레니얼의 지역 개척자가 된다.

이들이 만든 혁신의 문화와 사회적 자본은 일하고 살아가는 환경을 바꿈으로써 지역을 질적으로 변화시킬 것이다. 과거의 자산과 창의적 인재들의 역량이 결합하여 지역은 점점 더 풍요로운 토양이 되어갈 것이다. 이를 자양분으로 지방 도시들은 지적 · 사회적 · 경제적으로 성장해갈 것이다.

로컬 커뮤니티가 만드는
사회적 자본

근대화 시기에 많은 이들이 지방 도시를 떠나 서울로 향했다. 그러자 서울로 가지 않고 지방에 남은 사람들끼리의 공동체는 더욱 단단해졌다. 작은 도시들에서는 친족과 선후배의 관계가 사회 전체에 영향을 미치는 한편, 다양성과 변화에 대한 수용성은 매우 부족하다. 이런 지역사회에 새로운 변화가 일기 시작했다. 몇몇 도시를 시작으로 최근 몇 년 사이에 밀레니얼 세대가 'Go 지방'의 흐름을 타고 지방 도시로 내려오기 시작한 것이다. 이들의 활동이 지방 도시를 어떻게 변화시키는지 살펴보자.

청년들의 자기 찾기와 재미를 추구하는
공장공장: 목포

———————————— 서울에서 제주를 거쳐 목포로 이주한 '공장공장^{空場空場}'은 홍동우(33), 박명호(32) 대표가 함께 창업한 회사다. 그들은 2011년 서울에서 처음 만났다. 홍동우는 스쿠터 셰어링 사업을 시작했는데 초기 고객 중 하나가 박명호였다. 박명호는 대기업 계열사 홍보팀에 다니고 있었고, 나 홀로 여행을 하려고 스쿠터를 빌리러 간 것이다. 박명호는 이듬해 회사를 그만두고 10년 된 중고차를 구해 600권의 헌책을 싣고 1년간 이동식 헌책 노점상을 하면서 전국일주 여행을 다녔다. 2014년, 전국일주를 한 체험으로 전시회를 열었는데 그때 홍동우를 다시 만나게 됐다. 두 사람은 전국일주

제주에서 한량유치원을 운영하던 박명호, 홍동우(출처: 공장공장)

자율 여행 전문 업체인 익스퍼루트를 함께 운영했다. 2017년에는 제주로 내려와 '아무것도 하지 않아도 되는 시간과 공간을 만들자'라는 비전을 세우고, 제주 최초의 게스트하우스를 빌려 '한량유치원'을 운영했다.

49일간 운영한 한량유치원은 성공적이었다. 아프고 지친 청춘들에게 '잠시 쉬면서 널브러져 잘 노는 것도 일이다'라는 메시지를 전하려고 '한량'이라는 이름을 정했다. 첫 번째 프로그램에서 연 700여 명이 함께 놀았고, 두 대표는 각자 500만 원 정도 수익을 가져갔다. 무엇보다 자신감을 얻은 게 가장 큰 수확이었다. 그 경험을 바탕으로 2018년 공장공장을 공동 창업했다.

같은 해 2월 서울에서 한량유치원 동문회를 열었다. 30여 명의 동문 중 강제윤(55) 시인이 있었다. 고향이 보길도인 그는 우리나라 500여 개의 유인도를 모두 방문한다는 목표로 30년 동안 300여 개의 섬을 다니며 유목민처럼 생활하고 있다. 사단법인 섬연구소 소장이고 인문학습원 섬학교의 교장이기도 하다. 강제윤 시인은 목포 원도심의 영화로운 기억을 간직한 채 방치되어 있던 여관 '우진장'을 매입했는데, 한량유치원에서 인연이 된 공장공장에 20년 무상임차를 주었다. 건물주와 창업자 한량들이 모여서 지역민과 청년들을 연결하는 데 뜻을 모은 것이다.

공장공장은 근거지를 서울에서 목포로 이전했다. 2018년에는 청년들이 6주간 목포에 머물면서 휴식을 취하고 인생을 재설계하며 목포를 알아가는 '괜찮아 마을' 프로젝트를 기획해 운영했다. '쉬어도

공장공장이 목포에서 운영한 '괜찮아 마을' 프로젝트(출처: 공장공장)

'괜찮아, 실패해도 괜찮아'라는 슬로건으로 '인생을 다시 설계하고 싶은 다 큰 청년들을 위해 쉬어도 괜찮고, 실패해도 괜찮은 작은 사회를 만들 수 있다면 얼마나 좋을까?'라는 생각에서 시작했다. 서울에서 기성세대가 만들어놓은 세상을 살아가느라 지쳐 있는 청년들에게 지역에서 무엇을 상상해도 되며 지방에서 살아도 된다는 경험을 하게 해주는 것이 목표였다. 2018년 체류한 60명 중 27명은 돌아가지 않고 목포에서 창업하거나 취업해 정착하는 길을 선택했다.

홍동우, 박명호 두 대표는 자신들과 같은 청년 세대의 아픔과 좌절, 그것으로부터의 회복이라는 '돌봄'의 가치에 집중한다. 지역에 머물거나 이주해서 정착하는 것은 청년들이 자기 자신과 공동체를 찾아가기 위한 수단이며 결과다. 본질은 청년 세대가 공동체에서 주체적이고 행복한 삶을 살아가는 것이다.

'이상함'을 수용하는 지역 문화를 만드는
완도살롱: 완도

——————————————— "저에게 '완도살롱'은 '바깥에 있
는 집' 같은 곳이에요."

2018 J-Connect 데이의 후속 프로젝트로 진행된 '혁신가의 여행'
프로그램에 참여한 한 고등학생의 말이다. 완도살롱의 이종인 대표
는 몇 달 뒤 프로그램의 결과를 공유하는 자리에서 다음과 같이 말
했다.

> "완도는 수산업과 양식업이 주업인 작은 어촌이에요. 평균연령도 높
> 고요. 그랬던 이곳에 새롭고 특이한 공간이 생기고, 모임도 여니까
> 갈 곳이 없었던 이방인들은 물론 호기심을 가지고 있던 로컬 분들도
> 함께 드나들기 시작했어요. 특히 '혁신가의 여행' 후에 재밌는 일들
> 이 많이 생겼는데 군청에서 마을을 위한 일들에 자문을 청하거나 부
> 탁하기도 하고, 완도살롱이 자리한 건물 2층에는 사진관이 새롭게
> 들어왔어요. 신기하게도 점점 더 많은, 그리고 다양한 사람들이 모이
> 고 또 연결되고 있어요."

이종인 대표는 서울살이에 환멸을 느끼고, 20대의 10년을 모두 보
낸 서울을 떠나기로 마음먹었다. 행선지는 그보다 먼저 서울을 떠나
완도에 정착한 고향 친구의 거처였다. 그는 우선 친구의 집에서 한
달을 살았는데, 완도에 자신과 같은 20~30대 청년들이 모여 시간을

이종인 대표(좌)와 완도살롱(출처: 완도살롱 인스타그램 @wandosalon)

보낼 곳이 없다는 사실을 깨달았다. 그래서 완전히 이주하여 지역민, 여행자, 이방인, 외국인 가리지 않고 모두 함께 어울려 좋아하는 책과 취향을 공유하는 공간을 직접 만들기로 했다. 이종인 대표는 완도의 한 노포에 터를 잡았다. 오래전에는 완도 유일의 서점이었고, 그가 들어서기 전에는 '국제문구'라는 이름을 가진 곳이었다. 완도살롱의 시작이었다.

현재 완도살롱은 현업 작가이기도 한 이종인 대표가 직접 고른 책을 진열해 판매하는 서점의 기능과 다양한 종류의 술과 칵테일을 판매하는 칵테일바로서의 기능, 그리고 사교 클럽이라는 세 가지 기능을 동시에 하고 있다. 2주에 한 번씩 독서 모임을 열고, 매주 화요일 저녁에는 완도에 있는 외국인과 한국인들이 서로의 언어와 문화를 교류하는 '랭귀지 익스체인지' 모임을 연다. 매주 일요일 밤에는 맥주나 와인을 마시면서 영화를 보는 '선데이 무비 나이트', 매월 마지막 주에는 '완도 원더랜드'라는 이름의 파티를 개최한다. 이렇듯 다양하고 꾸준한 이벤트와 프로그램을 통해 완도를 자신과 다른 사람들이 함께 살고 싶은 곳으로 만들어가고 있다.

완도 지역 언론 또한 완도살롱에 관심이 크다. 한 지역 신문에서는 완도살롱을 다음과 같이 이야기한다.

> 처음에는 완도 지역 사람들에게 굉장히 이질적인 문화로 받아들여졌지만 지금은 '완도살롱'을 사랑하는 많은 팬들이 생기고 작가 초청, 갤러리, 문화 모임, 바자회, 심야 책방 같은 다양한 행사가 열리는 완도 문화의 커뮤니티센터로 기능하고 있다. 로마가 일찍이 유럽 세계의 중심을 이루고 있었던 것 때문에 '모든 길은 로마로 통한다'는 말이 생겨났고, 이것은 로마의 지위를 상징적으로 나타내는 말이기도 했다. 이 말을 '완도살롱' 이종인 대표에게 해주고 싶다. 완도 청년 문화의 중심은 바로 '완도살롱'이고 '완도 청년 문화는 완도살롱으로 통한다'고.
>
> - "모든 길은 로마로, 완도 청년 문화는 완도살롱으로!", 〈완도신문〉, 2019.6.10

로컬 콘텐츠로 청년들의 성장을 지원하는
도시여행자: 대전

──────────────────────── 문화예술 공간이자 라이프스타일 서점인 '도시여행자'는 대전을 기반으로 로컬 콘텐츠를 생산하고, 지역 청년들의 자립과 성장을 위한 비즈니스를 만들고 있다. 도시여행자를 경영하는 김준태(33) 대표와 박은영(33) 아트디렉터는 2010년

'장터유람기: 전국 5도 5일장 미숫가루 나눔 여행'을 개최했다. 이를 시작으로 다양한 문화예술 콘텐츠를 통해 지역과 사람을 연결하는 프로젝트를 10년째 진행하고 있다.

김준태 대표는 대전 한남대학교 출신으로 지역에서 청년이 떠나가지 않고 살아가는 삶에 대해 고민한다. 대전시티즌의 팬으로 전 세계 도시를 여행하면서 대전시티즌 홍보 대사를 자처하기도 했다. 박은영 아트디렉터는 여행 페스티벌 '시티페스타City Festa'의 주제를 통해 시민과 함께 고민할 수 있는 질문(삶은 여행, 아름다운 공존, 로맨틱 대전)을 던지며 대전을 새롭게 바라볼 수 있는 시각을 제공한다. 더불어 지역 문화유산인 옛 충남도청을 시민이 향유하는 공간으로 활용하게 하는 데 힘을 보탰다. 또한 지역 뮤지션과 타지역 뮤지션을 연결하여 대전 뮤지션이 성장하도록 돕고 있다.

도시여행자를 운영하는 김준태, 박은영 부부(출처: 도시 여행자)

도시여행자는 한 평 갤러리, 북큐레이션, 소셜클럽, 작가와의 만남, 심야서점 등의 프로그램으로 지역 콘텐츠를 생산하며 커뮤니티의 거점 역할을 해냈다.

2018년 대전 원도심인 대흥동에서 7년 동안 운영하던 공간을 젠트리피케이션gentrification(개발이 가속화돼 임대료가 오른 결과 원주민이 밀려나는 현상)으로 떠나야 하는 상황이 됐다. 하지만 원도심을 떠나지 않았고, 2019년에 라이프스타일 서점 '다다르다'를 오픈하며 새로운 도약을 준비하고 있다. 도시여행자는 시민 자산화를 통해 커뮤니티 호스텔, 취향 공동체, 새로운 주거 공동체 등의 모델을 만드는 것을 목표로 하고 있다.

지역의 원도심에서 사람·지역·시간을 연결하는
왓집: 제주

왓집Spacewhat?은 제주도 출신 여성인 유달(문주현), 멘도롱(윤선희), 깅(김정희) 등 3명이 '재미있고 즐겁게 하고 싶은 일을 하면서 배부르게 살았으면 좋겠다'라는 생각으로 시작한 '문화 실험 공간'이다.

이들은 처음에는 칠성로에서 제주의 콘텐츠를 활용한 문화 카페로 문을 열었다. 전시와 공연, 네트워크 파티인 '초면파티', 아트마켓 '멩글엉폴장' 등을 기획하고 진행했다. 그리고 Lab.왓Lab.what?이라는 지역 아카이브 그룹을 만들어 제주도 내 마을을 조사하고, 마을마다

왓집의 공동 대표(윤선희, 김정희, 문주현), 왓집이 발간한 책과 지도(우)(출처: 왓집)

공간 책과 지도를 만들어왔다. 또한 아카이브 전시 디자인, 제주책장, 동네 매력찾기 투어 등 사람들과 함께 지역에 대한 정보와 이야기를 모으고 나누는 '아카이브 라이브러리' 프로젝트를 진행 중이다.

자신들이 느끼는 원도심의 매력적인 이야기를 사람들이 함께 느끼기를 바라며 작업하고 있다. '뭐 하는 곳인가' 하고 작업실을 들여다보는 동네 사람들이나 그늘에 앉아 계시는 어르신, 고민이나 세상 돌아가는 이야기를 하러 들른 친구나 아티스트들까지 다양한 사람이 일상에서 소통할 기회를 만들고자 한다.

> "우리는 연결하는 것을 좋아해요. 사람과 사람, 지역과 지역, 그리고 시간과 시간을 연결하는 일. 그 중심에는 아카이빙이 있고요. 원도심에는 다양한 시간이 있어요. 일제 강점기를 만날 수 있고, 1960년대와 2000년대가 혼재하는 풍경도 있죠. 켜켜이 쌓인 시간과 시간이 만나 변화하는 모습을 꾸준히 기록하고, 이를 연결하는 시도 또한

중요한 일이라고 생각해요."

- 〈J-Connect〉와의 인터뷰에서

세 공동 창업자의 꿈은 저마다 다르지만, 셋이 함께하는 왓집의 지향점은 처음 모일 때처럼 '재미있고 즐겁게 하고 싶은 일을 하면서 배부르게 사는 것'이다. 서로의 개인적 활동에 부담되지 않으면서도 자신이 하고 싶은 일을 오래도록 재미있게 하는 것이 그들의 공통된 꿈이다. 이런 활동을 통해 지역의 이야기와 개성이 담긴 새로운 콘텐츠가 만들어지고, 지역의 가치와 매력을 재발견하는 기회가 되기를 바라고 있다.

고향으로 리턴해서 매개자가 된 청년들
더웨이브컴퍼니: 강릉

"지역에서 사업을 시작한다면 그 지역에서만 할 수 있는 걸 하고 싶었어요. 지역 주민에게는 '이런 라이프스타일도 있다' 제안을 하고, 강릉을 찾는 여행객들에게는 강릉의 경험을 파는 비즈니스를 만드는 것이지요. 크리에이터들의 생태계가 없어 이 부분에도 중점을 두고 있습니다. 지금은 웨이브라운지라는 라이프스타일 라운지를 운영하는데, 본격적으로 일하기 좋은 환경, 예를 들면 코워킹 스페이스

같은 공간을 만들어 크리에이터들이 모이고 연결되고 일이 생기는
곳을 만들고 싶습니다."

- "지역혁신가를 만나다 1 - 강릉 더웨이브컴퍼니 김지우 대표", 제주창조경제혁신센터 지역혁신
아카이브, 2018.10

더웨이브컴퍼니The Wave Company 김지우(28) 대표는 강릉에서 태어
나 고등학교까지 다닌 후 울산과학기술원UNIST에서 경영학을 전공했
다. 이후 서울로 가서 음악 관련 사업을 하다가 친구 둘과 함께 강릉
으로 돌아와 더웨이브컴퍼니를 창업했다. 서울에서 출퇴근 시간에
넘쳐나는 인파를 보면서 자신이 강릉을 얼마나 사랑하는지를 알게
됐다고 한다. 함께 창업한 친구들은 강릉이 고향은 아니다. 최지백
CMO는 학교 동기로 사람이 중심이 되는 일을 좋아하기에 뜻을 같
이했고, 이창석 COO는 서울 성수동에서 살았는데 동네와 지역 문
화에 관심이 많아 합류했다.

고향이긴 해도 지역사회 안에서 서로의 이해관계가 깊이 연결되
어 있는 보수적인 강릉의 문화와 부딪히는 경우도 많다. 지역에서는
이 회사에 대해 '생소하다'라는 반응이 대부분이다. 경쟁자가 없어서
좋은 점도 있는데 이것은 단점이 되기도 한다. 그는 자신이 사랑하는
고향 강릉이 크리에이티브한 도시로 발전해갈 수 있도록 생태계를
만드는 사업을 다양하게 펼쳐나가고 있다.

'강원에서 강원답게'를 추구하는 매거진 〈033〉은 강원도 지역번
호에서 착안한 것이다. 033life.com 사이트와 함께 〈033〉 종이 매거

강릉으로 리턴하여 창업한 더웨이브컴퍼니 김지우 대표(좌)와 파도살롱(우)

진을 발행하고 있다. 2019년에 오픈한 파도살롱은 강릉의 코워킹 스페이스다. 디자인, 브랜딩, 축제 등 로컬 콘텐츠 컨설팅과 기획을 하기도 하고, 지자체 및 대학과 협업하여 지역혁신 스타트업들을 액셀러레이션하고 있다. 강원창조경제혁신센터와도 협력 관계로, 센터의 매거진 제작을 맡고 LCA^{Local Creator Acceleration} 프로그램도 운영하고 있다. 더웨이브컴퍼니의 이런 다양한 활동을 통해 강릉 로컬 크리에이터들의 생태계는 한 걸음씩 앞으로 나아가고 있다.

고향의 골목길이 다시 풍요로운 일상으로 채워지기를 꿈꾸는
별의별: 전주

전주가 고향이며 건축을 전공하

고 연극을 하는 등 다양한 경험을 한 고은설 대표는 전주 노송동으로 리턴하여 지역을 재생하는 다양한 프로젝트를 하고 있다. 그는 스무 살에 전주를 떠났다가 서른 살이 넘어 다시 돌아왔다.

"충격이 좀 있었죠. 돌아와서 목격한 것이 가난한 동네와 부자 동네의 격차가 심각하게 커진 모습이었어요. 신시가지와 신도시로의 확장으로 인해 구도심은 공동화되고 불편해지고…. 어떤 동네는 '못사는' 동네로 낙인찍혀서 그곳의 학교로 아이들을 보내는 것조차 꺼리는 모습을 고향에 와서 보게 될 거라고는 보통 상상하지 못하니까요."

- 크라우드 펀딩 인터뷰, 비플러스, 2018.11.23

노송동의 문화촌은 1960~1970년대 부촌으로 잘 지어진 집이 많았던 곳이다. 그러나 거주자들이 초고령화되고 상속받은 자녀들이 다른 곳에 자리 잡으면서 방치된 집들이 많아졌다.

고은설 대표는 건축가로서의 경험을 살려 이런 건물들을 잘 가꾸고 문화기획자로서의 경험을 살려 커뮤니티 프로그램들을 운영했다. 별의별은 노송동에서 공간을 빌려 지역 커뮤니티 공간 '철봉집'을 만들어 운영하고, 지속 가능성을 위해 '시민 자산화'를 추진하고 있다.

지방 도시가 과거로부터 이어온 정체성을 잃지 않고 골목길 전체가 풍요로운 일상을 만들어가는 것이 그의 바람이다.

좌상단 철봉집 '꿈꾸는 아지트', **우상단** 별의별 고은설 대표, **하단** 인봉집(출처: 별의별)

로컬 크리에이터들이 만드는 콘텐츠와 커뮤니티는
지역을 일하고 살기 좋게 만든다

──────────────────── 도시에는 로컬 크리에이터들에게 경쟁력 있는 콘텐츠의 재료가 되는 흥미로운 문화역사 자원이 존재하게 마련이다. 그러나 지방 도시에는 크리에이터와 주민이 함께할 수 있는 사회적 자본이 거의 없다. 크리에이터들은 '결이 맞는 사람들'의 커뮤니티를 추구하는 성향이 있다. 결이 맞는 사람들이 있는 곳으로 이동해 살기도 하지만, 자신이 좋아해서 선택한 지역에 결이 맞는 사람들을 끌어들이는 자석 같은 힘이 있는 사람들이 로컬 크리에이터들이다.

이들은 지역민들의 방식에 답답함도 느끼지만, 한편으로는 서울과 지방 도시의 차이를 점차 이해해가며 지역민과 외부인이 공감하고 감동할 수 있는 콘텐츠를 생산하면서 사회적 자본을 만들어가고 있다. 이들이 만들어내는 지역의 새로운 사회적 자본은 양적으로 아직 크진 않다. 그러나 서울보다 작은 사회인 지역 관점에서 보면 매우 큰 변화다. 네트워크 효과가 작용하여 시간이 지날수록 기하급수적으로 커질 가능성이 크다. 이들의 활약을 통해 그때가 다가올수록 로컬은 더 재미있고 더 살기 좋은 곳, 일하기 좋은 곳이 될 것이다. 그러면 더 많은 인재가 모여들어 성장하는 선순환의 사이클이 완성될 것이다.

로컬만이 가진
정체성, 콘텐츠, 커뮤니티

우리나라가 추격자 전략으로 압축성장을 할 때는 선진국의 것을 저
비용 고효율로 따라잡는 데 집중했다. 하지만 지금은 상황이 달라졌
다. 우리가 새로운 것을 만들더라도 중국이 재빨리 모방해 더 싸게
만들어내고 있다. 다른 나라가 따라 할 수 없는 우리만의 것은 어디
에 있을까? 안동의 하회마을을 중국에 옮겨 놓는다고 해서 중국 것
이 될 수 없듯이, 우리의 로컬 문화역사 자원이 우리만의 차별화된
경쟁력이 될 수 있다. 탈물질주의 사회에서 로컬 스타트업들은 이런
지역의 자원을 효과적으로 활용해 창업하고 사업을 키워간다.

'태어난 곳이 하필 전주, 뜻밖에 한류'의 교집합 속에 탄생한
한복남: 전주

──────────────────── 서울에 대학이 집중된 데다 인구
감소로 지방 대학의 위기가 점점 더 커지는 지금, 지방에서 태어나
고 공부한 밀레니얼 세대에게는 기회가 없을까? 스타트업 '한복남'
의 박세상(34) 대표는 지방 도시의 청년들이 로컬과 글로벌을 동시
에 바라볼 수 있는 경계인의 시선을 갖춘다면 새로운 기회를 창출할
수 있음을 보여준다.

전주 한옥마을이나 서울 광화문, 덕수궁 앞을 보면 외국인들이 한
복을 차려입고 거리를 활보하며 사진을 찍는 모습을 자주 볼 수 있
다. 이들은 한류의 영향으로 한국에 와서 한복을 빌려 입고 거리에서
사진을 찍어 SNS 등에 올린다. 이렇게 한복 콘텐츠의 세계화 비즈니
스를 만든 박세상 대표는 고향 전주에서부터 이 사업을 일구어 서울,
제주 그리고 해외로 사업을 확장해가고 있다.

박세상 대표는 전주에서 태어나 자랐고, 대전의 충남대학교를 나
왔다. 순수하게 지방 도시에서 태어나고 공부한 밀레니얼 세대 창업
자다. 대학 친구들이 스펙을 쌓으려고 노력할 때, 그는 강의실에서
배우는 것에만 안주하지 않고 학교 주변에서 할 수 있는 일을 부지
런히 찾아다녔다. 충남대학교 앞 대학로인 궁동 지역을 좋게 변화시
키고 싶어서, 2011년 사회적 기업 '아이엠 궁'을 설립했다. 대학가 업
소들의 할인쿠폰 발행, 학교와 기숙사 간의 셔틀버스 운행, 테마마을
조성 등 문화행사를 기획하고 운영했다.

뼈 아픈 시행착오도 겪었다. 함께 일하던 직원이 돈을 들고 달아나는 바람에 대전에서의 사업에 실패했다. 고향 전주로 돌아와서 와신상담하다 일본 여행을 갔는데 거기에서 우연히 새로운 사업 아이디어가 떠올랐다. 일본의 젊은 친구들이 전통 복장으로 거리를 자유롭게 돌아다니는 것을 보면서, 전주 한옥마을에서 한복을 입고 거리를 활보하는 사업을 해보면 어떨까 생각한 것이다. 전주는 어떤 도시보다 우리나라의 전통을 제대로 경험할 수 있는 곳이다. 그리고 다양한 전통음식도 맛볼 수 있는 곳이다. 그런데 의식주衣食住의 의衣에 해당하는 전통의상을 입고 다니는 사람은 찾아보기가 힘들다는 것을 문득 깨달았다.

그는 곧바로 대학생들이 한복을 입어보는 한복 데이 행사부터 만들었다. 2012년 처음 한복 데이를 열 때 300명이 참여했는데, 2014년에는 3,000명이 참여하는 행사로 커졌다. 단순한 이벤트에 그치지 않고 한복을 입는 문화를 사업화했다. 한복을 시간 단위 또는 일 단위로 대여하는 사업을 하면서, 거리를 걸어서 특정 장소에 입장하면 할인을 해주는 방법으로 한복 입은 여행객들이 거리를 활보하게 했다. 한복 입은 여행객들이 거리를 다니자 SNS를 통해 입소문이 났고 사업은 빠르게 궤도에 올랐다.

박세상 대표가 365일 한복을 입을 수 있는 장소를 만든 덕에, 2012년 전주 한옥마을에 딱 하나였던 한복 대여점이 2014년에는 100개가 됐다. 이후 2016년에는 한복길이라는 여행코스도 만들었다. 박 대표는 2016년에 서울로 진출하여 북촌에 한복 전시실과 대여실을 열었다. 2018년에는 제주도로 이주하여 제주와 글로벌 사업을 동시에 준비하고 있다.

그는 지방 도시에서 태어나 연결을 통해 스스로 경계인이 됐고, 스타트업으로 변화를 만들어갔다. 박세상 대표가 전주에서 태어나고 자란 동시에 창의적 경계인이 됐기에 가능했던 일이다. 그는 2018년 태국에서 100인의 한복 체험 이벤트를 진행한 뒤 이런 글을 남겼다.

"전주라는 작은 도시에서 시작한 일이, 현재는 세계를 누비며 다양한 나라에서 한국을 경험하게 하는 큰일이 되어오기까지! 엄청난

위 태국에서 한복 이벤트를 하는 박세상 대표(출처: 한복남)
아래 전주 한옥마을에서 한복 체험을 하는 사람들(출처: 한복남)

우연들의 교집합이란 걸 잊지 말자! 태어난 곳이 하필 전주, 뜻밖에 한류."

지역의 스토리 · 재료 · 경관을 활용한 로컬 푸드
섬이다: 제주

_____ 제주도 한림읍에는 천주교회가 운영하는 유기농 목장인 성이시돌목장이 있다. 이 목장은 1954년 스물여섯 살에 제주로 온 아일랜드 출신의 패트릭 제임스 맥그린치P. J. Mcglinchey 신부가 만들었다. 그는 평생에 걸쳐 제주를 혁신한 아일랜드와 제주의 경계인이자 개척자였다. 그는 가난한 제주도민들의 경제적 자립을 위해 한라산 중산간의 드넓은 황무지를 목초지로 개간하여 1961년 11월 성 이시돌의 이름을 따서 중앙실습목장을 건립했다. 이후 배합사료공장을 만들고 호주에서 면양, 종돈, 육우를 들여오고 치즈 가공 공장을 세우고 신협을 조직했다. 1973년에는 명예 제주도민이 되어 '임피제'라는 한국 이름도 받았다.

성이시돌목장은 유럽식 유기농 목장 방식으로 운영되며 제주의 자연과 이국적인 낙농가의 초원 풍경이 결합하여 독특한 문화유산이 됐다. 맥그린치 신부는 60년이 넘는 제주 생활 끝에 2018년 향년 90세로 타계했지만, 성이시돌목장은 여전히 지역민의 경제 활동 장소이면서 여행객에게도 사랑받는 곳이다. 초지뿐 아니라 바그다드에서 오래전 유래한 특이한 건축 양식인 테쉬폰이 남아 있어서 보존 가치가 높다.

한때는 우유가 점차 학교급식에서 빠지는 등 소비 패턴이 변화하면서 목장이 경영난에 처하기도 했다. 더 심해진다면 목장을 지키기가 어려워져 문을 닫게 되고 대규모 관광지로 개발될 위험이 있었다. 성이시돌목장은 경영 컨설팅을 해줄 사람을 찾았는데, 사회적 기업 '섬이다'의 김종현(46) 대표(그의 어린 시절 꿈은 신부님이 되는 것이었고, 대학도 종교학과를 나왔다)에게 연락이 닿게 됐다.

김종현 대표는 사람들의 라이프스타일이 변화하면서 유기농 아이스크림이 서울에서 성공하는 모습에 주목했다. 성이시돌목장의 유기농 우유로 아이스크림을 만들어 판다면 대규모 관광 개발을 방지하고 목장의 지속 가능성을 만들어낼 수 있으리라 생각했다. 그래서 목장에 16평짜리 작은 가게 '우유부단'을 열었다. 우유부단은 작은 매장임에도 2017년 한 해 매출 9억 원을 달성하는 성공을 거두었다. 섬

성이시돌 목장의 우유부단 앞에서 맥그린치 신부와 함께 있는 김종현 대표(출처: 섬이다)

이다는 수익을 목장과 나누고 있다. 성이시돌목장의 초지를 유지하는 것이 무엇보다 중요한 목적이었는데, 이를 이루어낸 것이다. 목장도 유지됐을 뿐 아니라, 여행객들에게는 제주의 자연과 문화를 느낄 수 있는 명소가 됐다.

유한회사 섬이다의 김종현 대표는 제주에서 태어나 고등학교를 졸업한 후 서울에서 대학을 다녔다. 졸업 후 사회에 나와 다음커뮤니케이션에 입사해서 검색비즈니스팀 팀장, 대외협력실 실장을 맡았다. 2004년 다음커뮤니케이션이 지방 이전을 추진할 때 제주도로 이전하자고 제안하고 그 과정을 담당한 주인공이다. 남들처럼 성장 기회를 찾아 제주를 떠난 그였지만, 선배 세대와 명확히 차이 나는 생각이 있었다. 바로 고향 제주가 미래지향적으로 발전할 수 있으며 그것이 제주다움의 가치에서 나오리라고 믿은 것이다.

다음커뮤니케이션의 제주 이전을 성공적으로 완수한 후, 그는 또 다른 IT 기업인 넥슨으로 자리를 옮겨서 모회사 NXC와 자회사 네오플의 제주 이전을 이끌었다. 2011년에는 넥슨의 지역사회 공헌 사업의 하나로 로컬푸드 퓨전 레스토랑을 제안해서 제주시 해안가에 '닐모리동동'이라는 퓨전 레스토랑을 열었다. 지금은 제주에 다양한 레스토랑이 있지만, 제주 라이프스타일 붐이 막 일기 시작하던 당시에는 매우 혁신적인 시도였다. 그 시도가 다른 레스토랑들에도 긍정적인 영향을 미쳤다. 닐모리동동은 제주를 새롭게 표현해보고 싶다는 생각에서 제주의 모티브를 취하지만, 표현은 현대적으로 해내고자 했다. 공간도 제주다운 이미지를 사용하되 모던하고 심플하게 꾸몄으며, 메뉴 역시 제주 흑돼지와 수산물 등 로컬 푸드 원물을 사용하면서 서양식으로 구성했다.

2015년에 닐모리동동의 임대계약이 끝나자, 그는 섬이다를 만들어서 닐모리동동 사업을 인수하고 NXC의 회사생활도 한동안 병행했다. 회사 이름 '섬이다'는 빛날 섬閃, 다를 이異, 많을 다多를 뜻한다. '수많은 빛나는 다름'을 만들고 싶다는 기업의 가치를 뜻한다. 이는 다음커뮤니케이션의 '多音', 즉 '다양한 소리'라는 의미를 연상케 한다. 그는 다음을 떠났지만 자신이 이전을 주도한 다음의 가치를 창업을 통해 이어간 것이다.

그런데 2015년 닐모리동동을 인수하자마자 위기가 왔다. 메르스가 터져서 관광객이 급감해 매출이 뚝 떨어진 것이다. 게다가 성이시돌목장과 함께 진행하기로 했던 프로젝트도 지지부진한 상태였다. 2016년 그는 NXC를 휴직하고 섬이다 경영에 집중했다. 2015년부터 준비했던 우유부단을 2016년 6월에 오픈해 성공을 거두었다. 2017년 그는 NXC를 퇴사하고 본격적인 사회적 기업가의 길로 나섰다.

2019년에는 제주 원도심에 오래전 분식점들이 있던 과거를 재생하여 제주 로컬푸드를 활용한 '관덕정분식'을 열기도 했다. 섬이다는 사회적 기업으로서 사회적 가치가 있는 활동을 비즈니스의 방식으로 풀고, 거기에서 발생한 수익을 다시 지역사회에 환원한다. 그는 닐모리동동과 우유부단을 통해 제주의 자연과 문화가 새로운 미래 가치로 이어지게 했다.

김종현 대표는 섬이다의 운영을 직원들에게 맡기고 2019년 7월

제주 청년 인재를 육성하는 김종현 대표

1일부터 제주의 청년들을 위한 인재 육성 기관인 '더큰내일센터' 센터장을 맡았다. 그는 이전부터 기업 활동 외에도 제주 청년들의 성장을 위한 프로그램에 끊임없이 자원해서 재능기부를 해왔는데, 그 활동이 본업이 된 것이다. 제주 청년들이 밀레니얼 시대에 필요한 문제해결 능력과 협업 능력을 키우고, 자기의 소명을 깨닫고 주도적으로 미래를 개척하도록 돕고 있다. 제주를 사랑하고 키워나가는 그의 노력은 지역의 자연과 문화, 그리고 사람으로 이어지고 있다.

로컬 콘텐츠를 발굴하고 키워내는
창의적 스타트업의 역할

─────────────────── 2018년, 경북 영주의 장인이 만든
호미가 아마존닷컴에서 2,000개가 팔려서 화제가 됐다. 넷플릭스 드
라마 〈킹덤〉의 인기에 힘입어 우리나라의 전통 갓이 핼러윈 복장 등
에 쓰이면서 세계적으로 인기를 끌기도 한다. 이렇듯 지역의 경계를
넘어 전국으로, 세계로 마케팅할 수 있는 시대가 됐다. 그러나 호미
와 갓이 일시적인 인기에 머무르지 않고 지속적으로 발전하고, 중국
의 저가 모방품이 시장을 점유하는 것을 방지하려면 단순한 생산자
에 그치지 않고 지속적으로 창의적 혁신을 해낼 수 있어야 한다. 이
를 위해서는 로컬 크리에이터, 로컬 스타트업의 역할이 중요하다.

이들은 로컬의 문화와 역사 자원을 깊이 이해하고 글로벌 인사이
트를 가진 창의적 경계인들이다. 자신의 지역에 어떤 사회적 자본이
형성되어 있는지를 알고, 다른 지역과 세계 각국의 사람들이 어떤 라
이프스타일을 추구하며 우리나라 지방 도시의 어떤 콘텐츠에 매력
을 느끼는지도 알고 있다. 이들은 국내외 다양한 도시를 끊임없이 오
가며 국가의 경계를 넘어 지방 도시의 콘텐츠를 연결한다. 이를 통해
지역은 정체성을 재발견하고 가능성을 실현해나간다.

연결과 융합을 통해
지역에 돌파구를 만든다

모든 지방 도시는 자신만이 가진 로컬 콘텐츠를 활용해서 기존의 산업을 창의적으로 발전시킬 수 있다. 《라이프스타일 도시》에서 저자 모종린 교수는 '포항에 왜 철강 문화가 없는지', '사케 생산의 오랜 전통과 기반을 가진 군산이 왜 사케를 지역 브랜드로 내세우지 않는지' 질문하며 아쉬워한다.

같은 맥락에서 나는 1970년대에 방위산업과 중화학공업 성장이라는 두 마리 토끼를 잡아낸 제조업 도시 창원에 왜 무기박물관이 없는지 궁금하다. 1970년대 초에는 북한이 무기를 만들 수 있었던 반면, 대한민국은 소총 하나도 만들어내지 못했다. 그러나 이제 창원은

탱크를 만들어내는 도시다. 창원의 산업 역사가 지역을 살릴 수 있는 차별화된 미래의 콘텐츠가 될 수도 있다.

대한민국의 모든 지방 도시는 효율성을 중심으로 하는 생산 도시에서 브랜드와 콘텐츠가 결합된 라이프스타일 도시, 다양한 산업이 융합하는 창조도시로 변화해야 하는 시점에 있다. 지역의 전통 산업들은 근대화, 산업화 과정에서 선택과 집중을 통해 핵심 산업으로 자리 잡은 것이기에 최소 50년 이상의 역사를 가지고 있다. 1970년대부터 본격화된 중화학공업 도시 육성을 통해 창원은 기계, 여수는 석유화학, 포항은 철강이 발달했다. 중화학공업 도시로 선택받지 못한 도시들은 농수축산업 아니면 관광산업 중심으로 발달했다고 볼 수 있다. 이런 선택과 집중은 산업화 시대의 효율성 중심 경제에서는 효과적이었다. 하지만 물자가 풍족해져 국제 무역 경쟁이 갈수록 치열해지고 소비 패턴이 변화하고 있기에 이제 생산 효율성만으로는 경쟁에서 이길 수 없다. 그 때문에 오랜 기간 지역을 살려온 산업들과 함께 지방 도시들이 쇠퇴의 위험에 처하게 된 것이다.

어디서 돌파구를 찾을 수 있을까? 지역 전통 산업이 오랜 기간 발달한 도시는 그 도시만의 브랜드 정체성과 차별화된 콘텐츠를 가지고 있다. 이것을 밀레니얼 시대에 맞게 재해석하고 융합해서 전통 산업을 창의적으로 발전시킬 필요가 있다. 저마다 다른 영역의 경험을 가진 로컬 크리에이터들은 콘텐츠와 스토리의 힘으로 지역별 전통 산업의 경계에서 기존의 틀을 벗어난 혁신을 만들어낸다. 지역의 브랜드와 콘텐츠의 힘으로 전통 산업의 생산, 유통, 소비 과정을 바꾼다.

수산업에서 공연과 다이닝 산업으로 변화를 만들어가는
해녀의부엌: 제주

                            제주 해녀는 《삼국사기》 〈고구려 본기〉 문자왕 13년(503년)에서도 발견될 정도로 오랜 역사를 가지고 있다. 하지만 최근 들어선 해녀 수가 지속적으로 줄어 명맥이 끊길 상황에 처했다. 2018년 말 기준 제주도의 현직 해녀 수는 3,962명이다. 연령별로 보면 30세 1명, 31~39세 17명, 40~49세 45명, 50~59세 359명, 60~69세 1,175명, 70~80세 1,689명, 80세 이상 676명이다. 1970년대에 1만 4,143명에 달했다가 1980년대에 7,804명으로 반토막이 나더니 1990년 6,827명, 2000년 5,789명으로 계속해서 줄었다. 그리고 2015년 4,377명, 2016년 4,005명에서 2017년 3,985명으로 4,000명 선이 무너졌다. 4년간 415명, 매해 평균 약 100명이 줄어든 것이다.

2016년 12월 1일 해녀 문화가 유네스코 인류무형문화유산에 등재됐다. 제주 해녀 문화는 특별한 잠수장비 없이 바닷속에 들어가 해산물을 캐는 '물질' 문화, 해녀들의 안녕을 빌고 공동체 의식을 키우는 '잠수굿', 배 위에서 부르는 노동요 '해녀 노래', 어머니에서 딸로 시어머니에서 며느리로 세대 간 전승되는 '여성의 역할', 제주섬 지역 공동체의 정체성 등이 포함된 개념이다. 유네스코 무형유산위원회는 제주 해녀 문화의 등재를 확정하면서 지역의 독특한 문화적 정체성을 상징한다는 점, 자연친화적으로 지속 가능한 환경을 유지해왔다는 점, 관련 지식과 기술이 공동체를 통해 전승된다는 점 등을 높이

평가했다.

해녀 수는 앞으로도 지속적으로 줄어들 것이다. 전복 양식 등 수산업 기술이 발달하고 경제적으로 여유가 생기면서 위험하고 고된 일을 하지 않으려 하는 청년층의 생각을 되돌릴 수 없기 때문이다. 아직도 해녀의 담당 부처는 제주도 해양수산국이며 수산업 보호 육성 차원에서 접근하고 있다. 그러나 유네스코에 등재되어 세계적으로 인정받은 것은 '해녀 문화'이지 '해녀 수산업'이 아니다.

스타트업이 경계를 넘고 융합을 통해 혁신을 해낸다. 제주 출신으로 한국예술종합학교 연극원을 다닌 김하원(28) 대표는 제주로 리턴하여 '제주달리'를 창업하며 2017년 제주창조경제혁신센터에 입주했다. 2년 동안 제주 해녀의 문화, 수산물, 공연을 결합하기 위한 몇 번의 실험과 사업 수정 끝에 '해녀의부엌'으로 사명을 변경하고 성공적인 사업 모델을 만들어냈다.

해녀의부엌은 공연과 로컬푸드가 접목된 다이닝이다. 김하원 대표의 고향은 제주도 동쪽의 아름다운 해안가인 종달리다. 자연산 수산물 판매가 저조해지면서 그곳의 활선어 위판장이었던 공간이 오랫동안 창고로 방치되어 있었다. 이 공간을 무대이자 식당으로 꾸몄다. 한쪽 벽면에는 해녀들이 부력을 위해 쓰던 테왁이 빼곡히 걸려 있고, 천장에는 설치 작품 같은 초대형 어망으로 감싼 조명이 드리워져 있다.

해녀의부엌 공연과 다이닝은 총 4부로 구성되어 있다. 1부는 해녀

의 삶을 담은 10여 분간의 연극이고(해녀가 돌아가며 주인공이 된다), 2부에서는 연극 속 실제 주인공 해녀가 등장해 해산물을 보여주며 잡는 요령부터 맛있게 먹는 비법을 알려준다. 3부는 본격 다이닝으로 제철 해산물과 제주 음식을 차린다는 원칙에 따라 계절마다 메뉴를 달리한다. 4부는 해녀의 삶을 나누는 문답 시간이다.

"한동안 어업에 종사하시는 부모님을 돕고 있었어요. 그러면서 제주 해녀가 채취한 자연산 해산물이 양식보다 낮은 가격에 거래되는, 정말 말이 안 되는 현실을 보게 됐죠. 수온 이상 등 바다 환경 문제는 물론이고, 해녀 고령화와 인구 감소 등 여러 가지 이유로 자연산 해산물 개체 수는 줄어들고 있잖아요. 그럼에도 이런 날것의 현실은 제대로 알려지지 않고 있어요. 해녀와 로컬 푸드를 접목한 스타트업을 생각해낸 가장 큰 동력은 바로 이 현상이에요."

- 제주창조경제혁신센터, 〈J-Connect〉, 2019년 봄호, p.35

할머니와 고모도 해녀였지만, 서울로 유학을 간 자신이 해녀와 관련된 일을 하게 될지는 정말 몰랐다. 한국예술종합학교 무대에서 동고동락하던 동료들과 함께 제주에 내려와 시나리오를 쓰고 무대를 설계하고 공연용 음악과 조명을 꼼꼼히 채웠으며, 실제 종달리 해녀를 섭외해서 연기를 가르쳐주기도 했다. 이렇게 그녀는 제주로 리턴하여 창의적 경계인으로서 공연과 해녀 문화, 제주 해녀의 장소와 방문자들을 연결하고 있다.

과일나무 연결 플랫폼
당신의과수원: 제주

1960~1970년대 제주의 주요 재배 작물은 감귤이 아닌 고구마와 감자 등 밭작물이 대부분이었다. 화산섬인 제주는 현무암이 풍화해 만들어진 토양이기 때문에 논농사를 지을 수 없었기 때문이다. 제주에 감귤이 보급된 시기는 1960년대부터다. 당시 재일교포들이 감귤 모목을 제주에 기증했고 정부 차

원에서도 감귤 증산 5개년계획을 수립해 지원을 확대했다. 그 결과 1965년 55헥타르에 불과하던 감귤원이 1980년 1만 4,095헥타르에 다다르게 됐다. 감귤나무는 수익성이 좋아서 '대학나무'라는 별칭까지 얻게 됐다. 감귤나무 한두 그루만 있어도 자녀를 대학에 보낼 수 있었기 때문이다. 하지만 1990년대에 이르자 감귤은 공급이 넘쳤고, 남미 · 미국 등과 차례로 FTA 협정이 이뤄져 외국산 과일이 저가에 들어오면서 판매가 위축됐다.

과거보다 수익성이 떨어져서 상당한 보조금이 지속적으로 투입되고 있기는 하지만, 감귤 생산은 현재까지도 제주의 대표 산업이다. 노지 감귤은 제주만의 차별화된 경관을 만들어내 제주의 관광산업에도 크게 기여하고 있다. 생산과 유통 등 전 과정에서 고용이 창출되는 산업이기도 하다.

감귤 산업의 혁신은 어떤 방향으로 이루어져야 할까? 한 가지 방향은 하우스재배를 하는 만감류를 효과적으로 생산하기 위한 '기술' 혁신이다. 여기에는 온도, 습도 등을 최적의 환경으로 맞추는 스마트팜 기술이 필요하다. 또 한 가지 방향은 유통의 혁신이다. 농협에서 수매하여 유통하는 방식에 의존하지 않고, 제주만의 스토리를 입혀서 새로운 방식으로 유통하는 것이다.

'당신의과수원' 오성훈(42) 대표는 10년 넘게 출판 일을 하다가 2017년 가족과 함께 제주로 귀농했다. 처음에는 자신의 농장에서 감귤 농사를 지으면서 틈틈이 원격으로 출판 일을 하며 사는 삶을 꿈꾸었다. 그 꿈이 차츰 변화해서 이제는 스타트업 대표가 됐다. 그 과정에서 도시인과 과수원을 연결하여 즐겁고 의미 있는 농사를 지어보자는 노력이 농촌과 도시의 문제를 해결하고자 하는 큰 비전으로 자라났다. 언론에서도 그의 비전과 사업에 주목하고 있다. 〈한겨레〉 조혜정 기자는 그를 인터뷰하고 다음과 같이 썼다.

여느 농촌과 마찬가지로 제주의 농촌 인구도 나날이 줄고 고령화도 심각하다. 게다가 몇 년 동안 계속된 '제주 열풍'으로 적지 않은 땅이 외지인 소유로 바뀌었다. 농사지을 사람은 줄고 방치된 밭은 늘었다는 얘기다. 귤 농사를 결심한 오 대표는 기존의 농산물 시장이 '판로 개척'과 '배송 편의'에 그친다는 점에 주목했다. 생산자와 농장, 그리고 소비자 사이에 '감성'을 연결해보고 싶었다. 폐허가 되다시피 한 많은 땅을 빌려 과일 농사를 지으면 마을에 활기가 돌고 땅주인은 임대료 수익을 얻을 수 있어 좋아하지 않을까? 그 땅 가운데소비자가 원하는 지역의 과일나무를 공유하거나 반려나무를 만들어찾아올 수 있게 하면, 안전한 먹을거리를 정기적으로 받는 것을 넘어 그 지역이 새로운 연고지가 되지 않을까? 여행도 자주 오고 마을의 다른 것에도 관심을 가지지 않을까?

- "공유와 연결로 일자리·지역혁신 두 토끼 노린다", 〈한겨레〉, 2019.3.14

그가 처음부터 스타트업을 하려고 했던 것은 아니다. 자신의 감귤 농장을 운영하기 위해 새로운 시도를 한 것이 시작이었다. 감귤 농사는 기존의 유통구조로는 수확철이 돼야 돈이 들어온다. 1년 동안 비료, 약재값이 계속 들어가면서 빚을 안게 되는 구조다. 그래서 페이스북을 통해 감귤나무에 이름과 소원을 적게 하여 한 그루씩 분양해봤는데 한 달 만에 110그루가 선분양됐다. 가족 단위의 분양이 많았는데 이들은 가족의 추억이 쌓이는 장소가 제주에 있다는 데 매력을 느낀다는 것을 알게 됐다.

2017년 10월 제주창조경제혁신센터에 입주하면서 '과일나무 멤버십 서비스'와 '과수원 공유' 플랫폼을 제공하는 스타트업으로 변화해갔다. 낮에는 농사를 짓고 저녁에는 비즈니스 모델을 만들어 센터의 멘토링을 받아 투자자 앞에서 발표하면서 모델을 계속해서 다듬어갔다. 2018년에는 과일나무 회원 150명, 직거래 회원 1,500명 모집에 성공했다. 2019년 5월에는 '제주도에 나만의 과수원이 있다면 얼마나 좋을까?'라는 슬로건으로 와디즈에서 크라우드 펀딩을 진행했다. 겨울 수확기에 보내는 감귤 박스 외에 가족의 소원을 담은 과수원 명패, 과수원 체험, 오두막 이용, 회원 초대 행사, 귤꽃 꿀 세트, 수제 풋귤청 세트, 귤 과자 세트를 묶어서 패키지로 판매했는데 203명이 참여했고 1,618만 원이 모였다. 단순히 배송만 하는 것이 아니라 계절별로 스토리를 담아 전달해서 과수원과 연결되고 체험하게 하기에 고객의 만족도도 높다.

사업은 현재도 확장되고 있다. 체험 농장 스테이도 만들고 있는데, 회사 단위로 직원들에게 분양해주는 사례도 생겼다. 자신의 농장뿐 아니라 다른 농장들도 함께할 수 있도록 플랫폼화하고 있다. 2018

당신의과수원 오성훈 대표(위)와 분양한 감귤나무에 붙인 명패(아래)

년에는 제주창조경제혁신센터에서 3,000만 원, 엔젤투자매칭펀드로 6,000만 원의 투자를 받았다.

서울에서 10여 년간 해온 출판 기획자의 일을 던지고 삶의 질을 위해 귀농한 그는 자신만의 경쟁력을 통해 농업과 콘텐츠를 융합하여 혁신을 만들어가고 있다. 이렇게 로컬 크리에이터가 기존에 쌓아 온 경험을 지역과 연결하고 전통 산업과 융합할 때, 지역 문제의 새로운 해결 가능성이 열린다.

영역과 지역의 경계를 넘나들며 6차 산업을 혁신하는
오젬코리아: 제주

──────────────── 오젬코리아 지은성(38) 대표는
제주의 품질 좋은 농축산물을 발굴하여 스토리를 입히고 색다른 마
케팅을 통해 농업을 혁신하고 있다. 그녀는 2017년 6월 제주창조경
제혁신센터의 한 달 체류 프로그램 '제주다움'을 통해 제주와 인연
을 맺었다. 이후 제주벌꿀, 백돼지, 알로에, 카라향 등 농가와 축산가
를 발굴하여 브랜딩하고 마케팅해 높은 매출과 수익을 창출하고 있
다. 제주6차산업지원센터의 전문 코칭위원으로 참여하여 제주 사업
1년 반 만에 제1회 제주6차산업국제박람회 최연소 공동 조직위원장
이 될 정도로 지역 6차 산업의 핵심 인력이 됐다. 이런 성공은 최고
의 원물을 발견하고 다양한 영역의 경계를 넘어 협업함으로써 밀레
니얼 시대에 맞는 '브랜드 커뮤니케이션'을 해낸 결과다.

　지은성은 일찍이 사업을 시작했다. 일본으로 건너가 한국 공산품
을 온라인으로 유통해서 많은 돈을 벌었다. 그러다 어느 날 일본 농
촌을 여행하고 있었는데 우연히 들른 목장에서 기가 막히게 맛있는
우유를 마셨다. 100년 이상 이어온 가업이었지만 판매 부진으로 생
산을 중단할 처지에 놓였다는 이야기를 듣고는 자신이 할 수 있는

일이 있다는 생각이 들었다.

지은성 대표와 공동 창업자 슈 카즈에^{shu kaze}는 당시 프랑스 명품 패션 브랜드인 셀린느의 '셀리 카페^{celi cafe}' 아시아 라이선스를 보유하고 있었다. 진정한 명품은 정성을 다해 길러낸 생산자의 좋은 원물로 고퀄리티의 상품을 만든다. 그들은 누구나 즐길 수 있는 가격의 디저트를 만들기 위해 이 우유를 입점시켰다. '우리는 명품 카페입니다'라는 스토리보다 '어느 농장에서 어떻게 길러진 원물입니다'라는 메시지를 전하면서 누구나 즐길 수 있는 저렴한 가격으로 디저트를 만들었다. 그 목장은 TV에도 소개돼 단숨에 큰 성공을 거두었고, 하겐다즈와도 계약했다. 이것이 계기가 되어 지역의 우수한 농축산물을 발굴해 명품으로 브랜딩하여 판매하는 6차 산업을 본격적으로 시작하게 됐다. 최고의 달걀을 생산하는 양계장을 발굴하고 '보물을 낳는 닭, princess egg'로 브랜딩하자 날개 돋친 듯이 팔렸다.

밀레니얼 세대를 위해 재미를 활용한 마케팅도 활용했다. 일본 아이들에게 일본 전통 발효 음식인 '낫토'를 어떻게 먹일까 고민하다가 〈낫토 사무라이〉라는 만화를 만들어 성과를 냈다. 오우삼의 〈적벽대전〉을 연극으로 만들어서 식품과 접목하기도 했다.

그런 경험을 바탕으로 우리나라의 우수한 농축산물을 발굴하여 유통하려고 2016년에 사업을 진행했지만, 뼈저린 실패를 맛봤다. 판매가 증가하자 농축산가에서 물량을 대기 위해 우유에 물을 타는 등 품질을 떨어뜨리고 속이는 일이 발생한 것이다. 크게 낙심한 지 대표는 한국 사업을 접자고 생각하고 베트남으로 출장을 갔다. 그런데 그 곳 전시회에서 제주창조경제혁신센터의 직원을 우연히 만나게 됐다. 그런 인연으로 참여한 제주 한 달 체류 프로그램 '제주다움'을 통해 제주에 머물렀다. 그 기간에 많은 농가를 만나고 제주6차산업지원센 터도 접하게 되면서 제주 농축산물의 가능성을 발견한 것이다.

지 대표는 우리나라 6차 산업 지원의 문제점을 알게 됐다. 지원 사 업들은 농가가 질 좋은 원물 생산부터 패키징, 브랜딩, 마케팅까지를 모두 담당하게 한다. 그렇게 여러 가지 일을 하다 보니 정작 생산자 들은 생산만이 아니라 어떤 분야에도 집중하지 못하게 되는 고질적 인 문제가 있었다.

지 대표는 그 문제를 해결하는 첫 프로젝트로 제주 곶자왈에서 최 고의 벌꿀을 생산하는 농가를 찾아냈다. 그동안 세계적으로 유명한 꿀들을 많이 먹어봤는데 단연 가장 좋은 맛이었다. 그 농가에 2개월 동안 계속 방문해서 양봉 생산 과정과 마인드를 관찰하고 끊임없이 질문했다. 계속 찾아와서 질문하자 주인은 한동안 귀찮아했지만, 나 중에는 양봉 방충복을 사주었다.

그녀는 생산자의 마음을 알리고 싶었기에 그것을 활용해서 브랜 드 스토리를 만들었다. 또한 벌꿀의 용기를 개선했다. 기존의 용기는 벌꿀이 묻어 굳기 십상이어서 뚜껑을 여닫을 때 힘이 들었다. 10~20 대가 즐기며 먹을 수 있도록 스틱형으로 만들었다. 오젬코리아는 패 키지 디자인을 산업디자이너에게 맡기지 않는다. 획일적인 뻔한 디 자인이 나오기 때문이다. 제주벌꿀은 잡지 〈코스모폴리탄〉 디자이너에게 연락해서 협업했다. '너희 잡지는 세상에서 가장 섹시한 잡지다. 나는 농업을 섹시하게 만들고 싶다'라고 메일을 보내니 디자이너가 '재미있다. 우리가 가장 잘할 수 있는 것을 제안해줬다'라고 응답했다.

이탈리아 두오모 성당 앞에서 시식회도 열었다. 밀라노 에스프레소를 마시고 있는 사람들에게 설탕 대신 이 벌꿀 스틱을 사용해보라고 한 뒤, 사진을 찍고 소감을 받아 공유하는 방식으로 마케팅했다. 소비자 반응은 폭발적이었다. 또한 JYP 소속 아티스트의 '달달한' 연인 콘서트에서도 관객들에게 꿀을 선사하는 마케팅을 함으로써 50대 이상만 꿀을 사 먹는다는 편견을 깼다. 이런 새로운 방식의 브랜드 커뮤니케이션을 통해 제주벌꿀은 매출이 단기간에 4배로 뛰었다. 8개월 만에 모든 꿀을 팔자 농장의 90세 어르신이 지은성 대표를 깍듯이 대접하며 최고의 맛을 내는 데 집중하겠다고 약속했다.

이 밖에도 다양한 사례가 나오고 있다. 오젬코리아는 기존의 상식을 깨는 방법으로 농업을 혁신한다. 제주는 흑돼지가 유명한데, 최고의 맛을 보유한 백돼지 축산가를 발굴하여 여기에 분홍빛 돼지라는 의미에서 'RED LIGHT'라는 브랜드 스토리를 입혀서 판매한다. 최고 품질의 제주 알로에 농장을 발굴하여 입안에서 튀는 느낌을 살린 '알로말랑'으로 브랜딩해 40~50대로 형성되어 있던 알로에 소비자를 10대로 바꾸었다. 이런 제품의 패키지 디자인은 매번 기존의 산업 디자인이 아닌 전혀 다른 영역의 디자이너들을 섭외해서 진행했다. 건축, 아티스트 등 다양한 직업군과의 협업을 통해 새로운 가치를 창

오젬코리아 지은성 대표(좌), 이탈리아 두오모 성당 앞에서 진행한 제주벌꿀 시식회(우)

출해낸 것이다.

　지은성 대표는 어린 시절 독특한 방식의 교육을 받았다. 무언가 해보려고 할 때마다 어머니가 항상 격려하고 지지해주었다고 한다. 10대 시절 여름방학에 무작정 따라간 공항에서 어머니는 딸만 비행기에 태웠다. 낯선 일본 땅에 혼자 도착해서 혼란스러운데 가구공장에서 일까지 해야 했다. 집에 가고 싶다고 일주일을 우니 공장 사장이 한국에 계신 어머니께 전화를 해주었다. 어머니는 이렇게 말했다. "딸, 엄마가 편도 표만 끊었어. 열심히 일해서 돌아오렴."

그래서 울지 않고 그때부터 사회생활을 배웠다. 그 후 사이판의 사탕수수밭과 태국의 고아원을 거쳐 베트남에서 한국어 교사를 하기도 했는데 그것이 어머니의 교육 방식이었다. 그녀는 20대 초반에 비행기 조종사가 되기 위해서 캐나다에서 연수를 받던 중에 가정 사정이 생겨서 한국으로 돌아오게 됐다.

이런 교육 덕분에 글로벌한 사업을 마음껏 펼칠 수 있는 사람이 됐다. 일찍이 여러 사업과 글로벌 경험을 쌓은 그녀는 제주와 서울, 캐나다와 일본을 오가며 로컬과 글로벌을 연결하고, 기존 산업의 영역을 깨뜨리고 융합한다. 이를 통해 밀레니얼 시대 생산·유통·소비의 새로운 연결고리를 만들어내고 있다.

지역의 과거, 현재, 미래를 연결하는
로컬 스테이

30여 년 전에는 지역민들이 자신의 집을 활용하여 손님을 받는 '민박'이 여행객의 주된 숙소였다. 하지만 점차 깔끔하고 세련된 숙박 경험을 선호하게 되면서 지방 도시에 자본 중심의 호텔과 단지가 개발됐고, 지역과의 연결성은 점점 사라져갔다.

이제 그 흐름이 다시 바뀌고 있다. 지방 도시에서의 숙박 경험은 그 지역만이 가진 콘텐츠, 커뮤니티와 연결된다. 숙박 경험에서도 지역민들이 만들고 운영하는 과정에 참여하고 공유 공간을 이용하면서, 여행자와 지역민이 함께 지역의 과거 · 현재 · 미래를 연결해내는 로컬 스테이로 발전해간다.

주민과 함께 만들어가는 도시 민박촌
이바구 캠프: 부산

—————————————— 부산 동구는 거주민 중 65세 이상이 23%가 넘는, 부산에서 가장 고령화된 지역이다. 그중에서도 산복도로는 한국전쟁 당시 피난민들이 부산으로 밀려들어 산에 집을 짓고 살았던 곳이다. 산 중턱까지 작은 집들이 다닥다닥 붙어 있어 주거 환경이 상당히 열악하다. 그곳의 이바구 마을은 피난민들이 공동묘지를 밀어내고 형성한 마을이다. 화장실도 없는 집이 수두룩했던 가난한 마을로, 개발 호재가 있을 때마다 주민 간에는 불신의 골이 심해지곤 했다.

그러나 지금 이곳은 완전히 다른 곳이 됐다. 마을 주민들은 도시 민박촌 '이바구캠프'를 운영하는 마을기업 (주)이바구캠프의 주주이면서 운영자, 사용자이기도 하다. 멀티센터는 주민들의 사랑방 역할을 하는데 마을 주민들이 준비된 재료를 가지고 와 밥을 해 먹기도 한다. 그러면서 자연스럽게 소통하고, 마을의 주요 현안을 논의하고 결정한다. 4개의 건물이 1자로 되어 있고, 멀티센터 위로는 체크인센터가 있다. 숙소에 머무는 외부 고객이 가장 먼저 거쳐 가는 장소다. 체크인센터 위로는 예술공방과 공동주방이 있는데, 마을 주민들이 번갈아 가며 식사 당번을 정해서 투숙객에게 식사를 제공한다. 밥값은 1만 원으로 주민의 수익이 된다. 이바구캠프는 마을 주민 80가구 중 약 40%인 31가구가 출자하여 스스로 소비하고 수익을 가져가는 구조로 운영되고 있다.

이바구캠프는 예비 사회적 기업 '공유를위한창조'가 초기에 기획부터 참여해서 마을 주민들과 함께 만든 것이다. 공유를위한창조 박은진(30) 대표는 2015년부터 4년간 마을기업 (주)이바구캠프의 대표이사도 역임했다. 그는 대학에서 도시계획을 전공했는데, 진로를 고민하다가 아일랜드의 캠프힐이라는 곳에 1년간 가 있게 됐다. 장애인들이 살아가는 커뮤니티인데 자신과 같은 코워커와 함께 라이프셰어를 하는 활동이었다. 많이 힘들기도 했지만, 큰돈을 벌진 못하더라도 공동체에서 뿌듯함을 느끼는 삶의 방식이 있다는 것을 배웠다. 그런 계기로 한국으로 돌아와 공동체와 관련된 일을 하겠다고 생각했고, 공유를 위한 창조에 입사했다. 그렇게 만나게 된 프로젝트가 이바구캠프였다.

처음에는 마을 사람들에게 세상에 존재할 만한 욕을 다 들었다. 그만큼 마을 주민들이 외부인을 불신한 것이다. 하지만 공유를위한창조의 박은진, 박정일, 김현정 세 청년이 이곳에 살면서 한 식구처럼 함께 기획하고 운영하는 모습을 보고 주민들의 마음도 차차 열렸고, 마을의 공동체가 회복되어갔다. 이제는 이곳에서 일하는 청년이 5명이 됐고(2019년 8월 기준), 마을 주민들과 밥과 반찬을 나누며 가족처럼 지낸다.

이바구캠프는 부산항, 영도대교 등이 내려다보이는 뛰어난 조망권으로 인기가 높다. 게스트하우스는 방의 크기에 따라 1박에 2만 5,000원에서 15만 원까지 다양하며 최대 50명까지 수용할 수 있다. 부산 동구 주민에게는 평일에 50%, 주말엔 20%를 할인해주고 있다.

위 이바구캠프 전경(출처: 공유를위한창조)
아래 이바구캠프와 마을 주민들. 아래 가운데가 박은진 대표(출처: 공유를위한창조, 사진: 김재이)

이바구 마을 주민들은 예약만 하면 무료로 사용할 수 있는데, 가장 신나게 이용하는 사람들이 바로 동네 주민들이다. 특히 명절과 연말 연시에는 '오픈하우스'를 진행한다. 대부분의 집이 작고 열악해서 가족들이 오면 재울 공간이 없었는데 이제는 손님이 오면 이바구캠프의 숙소를 사용한다. 이바구캠프 덕분에 손주들을 자주 볼 수 있다고 고마워하며 음식을 가져다주는 마을 할머니도 있다.

박은진은 2019년 3월에 4년간의 (주)이바구캠프 대표이사 임기를 마쳤고 동료 김현정이 차기 대표이사로 선출됐다. 박은진은 경남 거제 등에서 또 다른 공동체 사업을 진행하고 있다.

밀레니얼 여행자들이 원하는 로컬 커뮤니티 경험을 제공하는 베드라디오: 제주

"저희 건물이 굉장히 오래됐어요. 47년 정도 되어서 이건 유산이 아닌 애물단지라고 생각하기도 했어요. 건물주 입장에서 가장 중요한 것은 저 건물을 잘 임대하거나 좋은 가격에 파는 거거든요. 경제적인 목적만 있었으면 가장 적은 수리로 가장 괜찮은 사업자를 찾아서 임대했을 거예요. 하지만 건물에 대한 리모델링이 아니라 동네라든가 지역에 젊은이들이 많아지고 활력이 다시 생기는데 이 건물이 어떤 역할을 할 수 있는지를 말씀하셨고, 창업가들이 모여 함께 고민한다는 것에 마음이 끌렸습니다."

- [리노베이션 스쿨 인 제주] 인터뷰 영상, 제주창조경제혁신센터 유튜브, 2018.7.5~8

인터뷰의 주인공 옥경미 씨는 제주 원도심에 있는 옥림여관의 건물주 2세로, 제주에서 서울로 이주하여 정착했다. 그녀는 서울에서 제주로 이주하여 정착한 로컬 크리에이터 스타트업 베드라디오

제주 원도심 샛물골 여관길의 지역재생(출처: 베드라디오)

───────────────────

bedradio와 계약하고 옥림여관에서 커뮤니티 호스텔 사업을 하기로 했
다. 노후화된 건물에 자신들도 수억 원을 투자하면서 지역의 영광을
되살리고 미래를 열어가는 데 함께하고자 한 것이다.

베드라디오의 공동 창업자 김지윤, 이광석은 각각 다른 경로로 제
주에 이주했다. 서울에서 인터랙티브 미디어 전시 디자인을 하는 회
사 '탱고마이크'의 창업자이자 대표였던 이광석은 미술식당이라는
전시 관람과 소셜 다이닝이 결합된 아트 커뮤니티 프로그램을 운영
했다. 그러다가 제주 여행자들을 대상으로 커뮤니티 프로그램을 운
영해보면 어떨까 생각하게 됐다. 그래서 '세렌디피티 제주'라는 프로
그램을 실험하기 위해 제주창조경제혁신센터의 한 달 체류 프로그
램 제주다움에 참여 신청을 했다. 그는 제주로 이주하여 제주창조경

제혁신센터 코워킹 스페이스인 J-Space로 거의 매일 출근하다시피
하면서 다양한 프로그램에 참여했다. 어느 날 코워킹 스페이스 매니
저 고혜영이 에어비앤비 숙박 사업을 하던 비플 김지윤 대표와 연결
해주었다. 두 사람은 같은 지향점을 가지고 있다는 것을 확인했고 서
로 보완할 수 있는 강점이 있다는 것을 알게 됐다. 그들은 사업을 함
께하기로 의기투합했다.

이후 이들은 제주도 도시재생지원센터의 소개로 제주 원도심의
옥림여관을 알게 됐다. 제주창조경제혁신센터가 주최한 '리노베이션
스쿨 인 제주 2018'에 참여하면서 제주 원도심 산지천의 가능성을
사업 모델로 구상해볼 수 있었다. 이후 베드라디오를 창업하고 제주
창조경제혁신센터의 시드머니 투자 사업을 통해 3,000만 원을 투자
받았으며 펀딩파티, 크라우드 펀딩 등으로 자금을 조달해 사업을 진
행해나가고 있다.

베드라디오는 밀레니얼 여행자들이 원하는 로컬과 커뮤니티 경험
을 제공하는 호스텔이다. 역사와 문화가 있는 제주 원도심에 1, 2호
점을 개설한 후 서귀포 등 그 외 지역으로 확장할 예정이다. 베드라
디오는 단순히 숙박 경험만 제공하지 않는다. 여행자들이 제주의 원
도심 골목골목을 다니며 지역과 접속되도록 유도한다. 2019년 3월
말 제주 원도심 산지천 앞에 1호점을 개설한 후 이곳에서는 매일 투
숙객들의 커뮤니티 모임이 열리고, 주말마다 파티가 열린다. 반쯤 오
픈된 1층 카페는 출판기념회 등 행사장이 되기도 하고 지역민들이
맛있는 커피를 마시기 위해 방문하는 명소가 됐다. 산지천은 제주도

에서 정비한 지 몇 년이 지났지만 과거에 일부 안 좋은 시설들이 있었다는 기억 때문에 도민들이 자주 찾지 않았다. 공공에서 예산을 들여 축제를 열어보기도 하지만 그때만 반짝 사람이 올 뿐이었다. 그런데 이곳이 이제 국내외 여행객들이 드나들고, 지역민들과 연결되고, 스케이트보드도 타며 노는 명소가 됐다.

베드라디오 2호점은 1호점에서 200미터 정도 떨어진 거리에 있는 제주 원도심에 있다. 1971년 설립된 오랜 역사를 가진 옥림여관을 재생하여 여행객과 지역민이 함께하는 커뮤니티 호텔로 탄생시키는 프로젝트다. 서울로 이주해 각자 자리 잡은 옥림여관 창업가의 2세대 삼 남매는 부모로부터 건물을 물려받았으나 47년이나 된 건물이

베드라디오의 스태프들과 여행자들(출처: 베드라디오)

라 노후해서 사용할 수 없는 애물단지로 여기고 있었다. 이런 건물들이 하나둘씩 변화해가면서 국내외 밀레니얼 세대가 모여드는 명소가 되고 있다. 이들이 만들어가는 변화 덕분에 원도심은 활기를 띠고 마을은 더욱 매력적인 장소로 발전해가고 있다.

마을의 정체성을 지닌 오래된 빈집을 재생하는 스타트업
다자요: 제주

─────────────── 빈집을 리모델링하여 제주를 그대로 느낄 수 있는 숙박 경험을 제공하는 스타트업 '다자요'의 남성준 대표는 제주에서 태어나 제주대학교를 졸업했다. 취업의 기회를 찾아 서울로 가서 은행원이 됐다가, 이후 10년 동안 이자카야를 경영했다. 생계에 문제가 없고 여유가 생겼으나 나이 40이 되니 고향이 그리웠다. 2015년 가을 고향으로 내려와 제주창조경제혁신센터의 1기 입주기업이 됐다. '제주의 전통, 시골의 정취를 보여줄 수 있는 사업'을 하자는 생각으로 시작한 사업이었다.

첫 사업 모델이 어려움을 겪고 있을 때, 우연히 기회가 찾아왔다. 후배의 할머니께서 사시던 집을 무상으로 빌려주신다고 하여, 공유 숙박 서비스를 생각하게 됐다. 하지만 자금난에 시달렸기에 리모델링비를 구할 수가 없었다. 제주의 가치를 살리는 빈집 재생에 대해 크라우드 펀딩을 시도했다. 채권형으로 3%의 이자를 제공하는 펀딩 2억 원이 금세 달성됐다. 다자요가 추구하는 소셜 임팩트적 가치에 공감하는 사람들이 생각보다 많았던 것이다. 이후 리워드형을 진행하여 1,500만 원 정도를 모았고, 지분투자형으로 3억 5,000만 원을 모았다. 투자를 유치하면서 팬층이 형성되는 덤까지 얻었다.

남성준 대표가 제주 출신이 아니었다면, 그리고 제주도민들이 친족과 지인을 서로 챙겨주는 문화인 '괸당' 문화가 없었다면 어쩌면 시작부터 가능하지 않았을 사업이다. 첫 번째 사례가 나오니, 빈집을 소유한 지인들이 10년 무상임차를 하겠다고 나서며 줄을 서게 됐다. 나중에는 제주도 외의 지역에서도 빈집을 무상으로 맡기겠다는 연락이 오기 시작했다. 쓸모없게 된 낡은 건물을 10년간 무상임대를 주는 대신 10년 뒤 올라간 가치의 건물로 되돌려 받을 수 있기 때문이다. 물론 10년 뒤에도 다자요와 사업을 함께할 경우에는 임대료를 정상적으로 받을 수 있다.

우리나라에는 현재 빈집이 128만 채에 다다른다. 이런 빈집들은 마을의 경관을 해칠 뿐 아니라 범죄의 온상이 되기도 한다. 재개발을 하면 정비가 되겠지만 무분별한 재개발은 마을의 정체성을 잃게 한다. 인구 감소, 지역 쇠퇴가 가속화될수록 빈집은 점점 더 늘어날 것이다. 다자요의 빈집 재생은 마을의 정체성을 살리면서 마을 주민들도 관광산업의 주체가 되게 해준다. 제주에서만 60여 채, 전북 무주 등에서 10여 채가 순서를 기다리고 있다. 경남과 경기의 몇몇 기초자치단체에선 아예 한 마을 전체의 재생 사업을 위탁하고 싶다는 제안까지 해 왔다.

위 크라우드 펀딩을 통해 재생한 빈집, 도순 돌담집(출처: 다자요)
아래 다자요 남성준 대표

주민과 크리에이터가
함께 상상하고 성장하는 새로운 학교

우리나라 지방 도시의 원도심들은 모두 엇비슷한 상황에 처해 있다. 오랜 기간 자연스럽게 형성된 도심으로 관공서, 병원, 학교, 터미널, 영화관, 시장, 식당, 옷가게 등이 모두 몰려 있어서 '어깨를 부딪치며 다녀야 할 정도로 붐볐던' 영광의 기억을 가지고 있다. 그러나 지금은 건물들이 하나같이 노후화돼 활기를 잃었다. 관공서, 병원, 학교, 터미널과 같은 거점 시설들이 신도심으로 옮겨간 지 오래다. 대부분의 지방 도시가 서울 강남의 개발 방식을 따라 신도심을 개발하고 원도심의 거점 시설들을 옮긴 것이다.

서울의 강남 개발은 1960년대부터 시작됐다. 정부의 노력에도 불구하고 1970년대 중반이 될 때까지 강남은 활성화되지 못했다. 그러다가 고속터미널, 관공서, 병원을 강남으로 옮기고 명문고등학교들을 옮겨서 8학군을 만들고 아파트를 대규모로 건설하면서 크게 성장했다.

그 결과 원도심들은 생명력을 잃고 수십 년에 걸쳐 서서히 쇠퇴했다. 과거의 모습을 그대로 간직한 채 건물은 노후화되고 사람은 고령화된 것이다. 대신 원도심들은 과거의 정체성을 보유하고 있다. 서울의 강북은 문화유산과 현대적 건물들이 어우러진 독특한 도시의 모습을 갖추고 있다. 서구 선진국들이 하나의 도심을 계속 재개발해온 데 비해, 서울의 강북은 쇠퇴해가면서 그대로 있었던 것이다. 그래서 종로구 익선동의 단층짜리 구옥들이 있는 거리는 밀레니얼 세대에게 인기 있는 골목이 됐다. 우리나라 제조업에서 한강의 기적을 이끌었던 세운상가나 을지로 같은 곳은 메이커들의 도심 제조업 장소로 재탄생하고 있다.

지방 도시들도 마찬가지다. 원도심들은 문화와 산업의 역사를 고스란히 간직하고 있다. 이곳이 쇠퇴했다고 해서 신도심과 같은 방식으로 재개발하면 모든 지역이 획일화될 것이다. 역사의 정체성을 지우고 강남을 복제하여 만든 도시들이 된다. 지방 도시의 원도심들은 그 지역의 정체성을 담은 곳이다. 이곳에 혁신적인 아이디어를 가진 로컬 크리에이터들이 들어가 과거의 콘텐츠를 발굴하여 미래의 가치를 만들어내야 한다. 도시재생과 스타트업이 만나야 하는 지점이다.

리노베이션 스쿨 인 제주를 통해
변화를 만들어가는 사람들

─────────────────── 2019년 6월 27일 저녁, 제주시 용담1동 세대공감센터 앞에 청년들이 모였다. 제주를 비롯하여 전국 각지에서 모여들어 창의적인 아이디어로 제주 원도심의 유휴공간을 변화시켜보고자 하는 사람들이다. 탑동 해안가에 있는 오래된 전통 가옥, 무근성 인근의 폐가, 오래전 목욕탕이었으나 식당으로 개조된 후 문을 닫고 5년간 방치된 용담1동의 건물, 그리고 서문시장 지역이 대상이었다. 각각 4개의 유닛으로 팀을 구성하여 건물주와 주민을 만나고 지역의 역사를 학습하고 미래의 비즈니스를 설계했다.

마지막 날인 6월 30일, 며칠 동안 현장을 발로 뛰고 제주Y신협 강의장에서 밤을 새우며 안을 만들어낸 후 지역의 미래 가치를 만들어갈 사업 아이디어를 주민들 앞에서 발표했다. 주민들은 자신들이 가지고 있는 과거의 기억과 스토리를 새로운 가치로 담아낸 아이디어에 감동하며 박수를 보냈다. 이처럼 공유된 비전과 에너지를 통해 지역에 든든한 사회적 자본이 쌓여간다면 지역이 변화해갈 수 있을 것이다.

오래전 목욕탕이었으나 비어 있던 건물은 주민과 여행객들이 함께 사용할 수 있는 족욕탕이자 다도를 즐길 수 있는 커뮤니티 공간 '금화탕'으로 제안됐다. 재개발하기 전 해녀들의 활동무대였던 탑동은 '달인의 앞바다'로 제안됐다. 해녀 상군(최고 권위를 가진 해녀) 출신인 건물주 할망의 의미를 살려 해녀들의 음식을 체험하고 지역 호텔들의 조식을 제공한다. '무근성 스퀘어'도 있다. 어린 시절 할아버지, 할머니와의 추억이 간직된 오랜 집을 상속받았지만 외교관으로 외국에서 수십 년간 살았던 노부부의 폐가가 노인과 아이들이 함께 어우러질 수 있는 공간으로 제안됐다. 그리고 서문시장에 상인들을 위한 커뮤니티 장소와 동선을 개선하고 '서문 브루어리' 사업을 제안한 팀도 있다. 4일간 함께 온 힘을 다해 만든 결과물이 모두를 설레게 했다.

한 사람이 상상하면 공상이지만, 여러 사람이 상상하면 비전이 된다. 공공은 진행하던 사업을 개선할 아이디어를 얻어 스쿨 이후 바로 미팅을 제안했고, 일부는 건물주와 스쿨 참여자가 함께 사업으로 진행하여 지역을 변화시켜나갈 것이다.

리노베이션 스쿨은 2011년 일본 기타큐슈에서 시작됐다. 일본은 우리나라보다 먼저 인구 감소와 지역 쇠퇴를 경험한 나라다. 30여 년 전부터 출산율이 급락하고 고령화가 급격히 진행됐으며, 2004년부터는 인구가 감소하기 시작했다. 지방 도시에 빈집, 빈 건물들이 많

리노베이션 스쿨 인 제주 2019, 건물 답사(좌)와 아이디어 회의(우)

아졌고 세수의 감소로 파산하거나 공무원을 줄이는 지방 도시가 생겼다. 이런 문제를 해결하고자 일본 정부는 도시재생 사업에 많은 지원금을 투여했으나 공공 주도적인 사업 보조금 지원 사업은 대부분 실패했다. 그러던 중 기타큐슈의 공무원이 민간에 의뢰하여 시작한 것이 리노베이션 스쿨이다. 보조금 지원 방식이 아닌 골목의 가치를 키우고 싶어 하는 선한 건물주와 역량 있는 창업가를 연결하는 방식이다. 이 방식이 지역의 변화를 선도했고, 이후 일본 내 40여 개 도시로 확대돼 지역에 긍정적 변화를 가져오는 엔진으로 작동하고 있다.

리노베이션 스쿨 인 제주는 제주창조경제혁신센터가 (주)한국리노베링, 제주도 도시재생지원센터와 함께 기획한 프로그램이다. 정부가 2017년부터 '도시재생 뉴딜' 정책을 수립하고 수조 원을 도시재생에 쏟아붓겠다고 하는 상황에서, 보조금을 주지 않고 창의적 사업 아이디어를 매개로 건물주와 창업가를 연결하여 진행한 것이다. 2018년 리노베이션 스쿨 인 제주를 통해 제주 원도심 산지천을 활성화하는 비영리 프로그램인 '산지놀지'가 탄생해서 여러 차례 운영됐다. 스타트업 베드라디오는 1971년에 지어졌으나 노후화로 비어 있던 옥림여관을 커뮤니티 호스텔로 재탄생시킨다.

리노베이션 스쿨은 사람과 지역을 연결하고 성장하게 하는 프로그램이다. 이곳에 참가한 우리나라 유닛마스터 8명(제주 4명, 그 외 4명), 그리고 일본의 유닛마스터 4명은 프로그램을 준비하는 사전 단계에서부터 워크숍을 했고, 사후에도 지속적으로 함께 시너지를 창출하고 있다. 다양한 전문성을 가진 참가자들이 이곳에서 서로 연결

리노베이션 스쿨 인 제주 2019에 함께한 사람들

되고 함께 프로젝트를 만들어가며, 배운 것을 자신의 현장에서 사용한다. 제주에 모여서 성장한 사람들은 전주, 부산 등 다른 도시에도 함께 가서 지역의 리노베이션 스쿨을 함께 만들어간다. 이렇게 지역의 미래를 만들어가면서 인재들이 교류하고 함께 성장해나간다.

우리나라 지방 도시의 원도심은 지역의 가치를 키우는 스타트업들, 밀레니얼 개척자들에게 보물 같은 곳이다. 도시재생은 스타트업 생태계와 결합하여 진행되어야 한다. 과거와 같은 초단기 압축성장 방식이 아닌 린 스타트업 방식으로 지역에 혁신 네트워크를 키워가며 진행되어야 한다. 이를 통해 밀레니얼 개척자들이 일하고, 살고, 관계 맺기 좋은 도시로 자리매김할 수 있을 것이다.

원격근무를 통해
지방 도시에서 일하기

다음커뮤니케이션이 제주 이주를 결심한 것은, 출퇴근에 왕복 3시간이 걸린다는 직원의 사연을 듣고 이재웅 대표가 사내 게시판에 질문을 올린 것이 시작이었다. 이 대표는 IT 기업이 꼭 서울에 있을 필요는 없지 않냐며 지방 도시로 이주하는 것에 대한 의견을 구했다. 2004년 제주 유수암 펜션을 빌려 20여 명이 이주한 것을 시작으로 2006년 사옥을 짓고 200여 명이 이주했으며, 2012년에는 본사를 이전했다. 서울과 제주 간 원활한 소통을 위해 모든 회의실에 화상회의 장비를 갖췄다.

하지만 650여 명 수준까지 늘어났던 제주 상주 직원은 점차 감소

했고, 카카오와 합병 이후 다시 절반 이하로 줄어들었다. 원격으로 협업하는 것이 원활하지 않았기 때문이다. 이렇게 다음커뮤니케이션의 제주 이주는 절반의 성공, 절반의 실패로 결론 났다. 직접 얼굴을 맞대고 일하던 직원 1,500명 이상의 기업이 원격으로 협업하며 일하는 방식으로 바꾸기는 쉽지 않은 일이었다.

한편, 2010년을 넘어서면서 실리콘밸리를 중심으로 원격근무로 회사를 운영하는 스타트업들이 나타나 성장하기 시작했다. 이들이 원격근무로 회사를 운영하는 이유는 실리콘밸리의 임대료가 워낙 비싸 사무실 유지비와 주거 비용이 부담됐기 때문이다. 이와 함께 전 세계에서 인재를 구하기 위해서라는 이유도 있다. 대표적인 사례로 오토매틱Automattic을 들 수 있다. 전 세계 블로그 솔루션의 60% 이상을 점유하는 워드프레스를 개발한 기업으로, 샌프란시스코에 본사를 뒀지만 이제는 600여 명의 직원을 전 세계 50여 개국에 두고 원격으로 기업을 운영한다. 소셜미디어 매니지먼트 플랫폼 버퍼Buffer는 70명이 넘는 전 직원이 원격근무를 하며, 2015년에는 샌프란시스코에 있던 사무실마저 없앴다.

이런 기업에 채용된 인재들은 자신의 집 또는 근처 코워킹 스페이스나 카페 등에서 일하고, 또 일부는 전 세계를 여행하듯이 돌아다니며 코워킹 스페이스에서 일한다. 이렇게 원격으로 일하면서 전 세계 도시들을 몇 개월 단위로 머물며 여행하는 사람들을 IT 시대의 유목민이라는 의미에서 디지털 노마드digital nomad라고 부른다.

우리나라에서도 최근 몇 년 사이에 원격근무로 운영하는 스타트

위 2016년 5월 17일 제주창조경제혁신센터에서 열린 디지털 노마드 밋업 인 제주
아래 제주창조경제혁신센터가 발간한 <리모트워크로 스타트업>

업들이 나타나기 시작했다. 제주창조경제혁신센터는 이들이 서로 지식과 경험을 공유하고 성장할 수 있도록 2016년부터 원격근무 관련 밋업^meet up^을 개최했다. 2019년 1월에는 국내외 원격근무 기업들을 소개하고 노하우를 공유하는 책자 <리모트워크로 스타트업>을 발간하기도 했다.

SQL 게이트 서비스를 개발하는 체커^CHEQUER^는 2016년 12월 공동 창업자 3명이 만들었다. 그중 양용성 이사가 체커에 합류하기 전 제주도로 이주해 살고 있었던 터라 자연스럽게 원격근무가 실현됐다. 2018년 현재 체커는 서울시 강서구와 제주도 표선면에 사무실을 두고 있다. 18명의 직원은 이 두 장소뿐 아니라 원하는 곳 어디에서도 일할 수 있다.

성수동 헤이그라운드에 사무실이 있는 슬로워크Slowalk는 100여 명의 직원을 둔 IT 기업이다. 직원들은 근무 장소를 자유롭게 선택할 수 있는데 사무실 출퇴근을 선호하는 직원은 '나무늘보'로 불리는 고정석 테이블에 앉고, 그 외 장소에서 자유롭게 일하는 직원들은 '돌고래'라 불리는 코워킹 테이블에 앉는다. 이들은 서울, 제주 등 어디에서든 일한다.

라이크크레이지LIKECRAZY의 김상수 대표는 회사원으로 살던 시절 '왜 사나. 돈은 왜 버나' 하는 회의감이 들어 발리 우붓으로 여행을 갔다. 전 세계 디지털 노마드의 성지라 불리는 후붓HUBUD에서 송인걸 디자이너, 박경태 개발자와 함께 원격으로 각자 자기 일을 하다가 창업을 하게 됐다. 현재 7명의 직원이 있고 전 직원은 세계 각국에서 디지털 노마드로 일한다.

시소SEESO는 제주시 애월읍 곽지리에 있는 스타트업으로 제주창조경제혁신센터 3기 입주 기업이다. 프리랜서와 스타트업을 매칭해주는 플랫폼 서비스를 제공한다. 비즈니스 모델이 투잡족이나 프리랜서들을 대상으로 하다 보니 저녁이나 주말에 일하는 경우가 많고, 자연스럽게 리모트워크를 지향하게 됐다. 더 나아가 고객사가 제주에 내려와 서핑하고 함께 일할 것을 제안하기도 한다.

원격근무자는 지역 경제 활성화에
도움이 된다

─────────────── 이처럼 장소에 구애받지 않고 일
하는 원격근무 기업이 늘어날수록 지방 도시들에는 더 많은 기회가
생겨날 것이다. 좋은 기업이 수도권보다 부족하지만, 장소에 구애받
지 않는다면 원격근무자들이 삶의 질이 높은 지역에 가서 살거나 체
류할 가능성이 커지기 때문이다. 이들은 지역의 다른 기업 근무자보
다 상대적으로 높은 급여를 받기 때문에 높은 수준의 소비를 할 가
능성이 크고, 이는 지역 경제를 활성화한다. 또한 이들은 다양성이
높고 창의적인 인재들이기 때문에 고급 지식의 전달자로서 지역 생
태계에 활력을 준다. 지역에서 혁신적인 스타트업이 창업하거나 성
장할 때 직접 합류하거나 네트워크의 연결자가 되기도 한다.

　인재가 인재를 끌어당긴다. 원격근무자, 원격근무 기업이 있는 지
방 도시에는 다양한 창의적 인재가 몰려와서 지역의 정체성과 자원
을 활용해 살기 좋은 도시를 만들어낼 가능성이 크다. 선순환 고리가
작동하는 것이다. 원격근무는 영역과 도시, 국경의 경계를 넘어 다양
한 인재가 다양한 방식으로 연결될 수 있기 때문에 지방 도시가 발
전하는 계기가 된다.

밀레니얼 세대가 살고 싶어 하는
도시의 모습

〈중앙일보〉는 2019년 7월 전국 17개 시 · 도의 만 15~64세 거주민 1만 명을 대상으로 온라인 패널 조사를 했다. 그 결과에 따르면 대한민국 국민이 전국 229개 시 · 군 · 구(세종시, 제주시, 서귀포시 포함) 가운데 가장 살고 싶어 하는 곳 1위는 서울시 강남구(18.3%)인 것으로 나타났다. 2위는 서귀포시(11.6%), 3위는 제주시(10.0%)였다. 가장 덜 매력적인 시 · 도는 울산(1.2%)이었고, 다른 곳으로 이주하고 싶다는 응답이 가장 많은 시 · 도는 충남(67.3%)이었다.

울산은 2007년부터 10년간 1인당 국민소득 1위였던 곳이고, 충남은 정부 부처가 집중돼 인구 증가율이 높은 곳이다. 그런데도 '살고 싫어 하는 도시'에서 가장 박한 점수를 받은 이유는 무엇일까?

청년들이 살고 싶어 하는 도시는 시대별로 변화한다. 국민 대부분이 가난했던 시절에는 일자리가 있기만 하면 좋은 도시였다. 기회의 땅 서울은 물론이고, 1970년대부터 집중적으로 조성된 산업 도시들도 청년들이 모여드는 곳이었다. 울산, 거제, 창원과 같은 도시들에는 일자리를 찾는 사람들이 먼저 이주하고 그들과 결혼하는 사람들이 따라 이주해 자녀들을 낳고 키웠다. 그러나 그 자녀들은 산업 도시의 획일적이고 척박한 문화를 힘들어하며 도시를 떠나고 있다.

찬란했던 산업 도시들은 밀레니얼 세대가 원하는 다양성, 취향, 삶의 질을 충족해주지 못하고 있다. 더구나 중국 등 후발주자들의 맹렬한 추격으로 경쟁력까지 떨어지면서 도시가 급속히 쇠퇴하고 있다. 반면 산업 도시가 아니었던 제주도는 청년들이 가장 살아보고 싶어 하는 도시가 됐다. 각박한 삶에 지친 서울 청년들만이 아니다. 다른 지방 청년들도 제주에서 살아보기를 꿈꾼다. 이유가 뭘까?

**서울과 다른 정체성을 가진
라이프스타일 도시에서의 삶을 꿈꾸는 사람들**

──────────────── 밀레니얼 개척자, 창의적 경계인들에게 제주는 서울과 다른 정체성과 라이프스타일을 만들어낸 선구적 도시다. 전국에서 인구가 증가하는 몇 안 되는 도시 중 하나이기도 하다. 특히 30~40대의 인구 증가율이 높다. 서울과 닮았기 때

문이 아니고, 화산섬으로서 태생부터 서울과 다른 정체성을 가지고 있기 때문이다. 그 다름이 새로운 라이프스타일을 꿈꾸는 사람들을 끌어당긴 것이다.

물론 제주가 모든 면에서 완벽한 도시인 것은 아니다. 좋은 일자리와 산업의 다양성이 부족하고 난개발과 정체성 상실 등 여러 위기에 처해 있기도 하다. 이주민과 청년 세대, 지역의 기성세대 간에 오해나 불편한 마찰도 일어난다. 하지만 이렇게 역동적인 변화 속에 있기 때문에 미래의 가능성이 실현되기도 한다. 서울에서 가장 멀리 떨어진 작은 지방 도시지만 다른 지방 도시들에 많은 인사이트를 줄 수 있는 곳이 제주다.

제주는 원래부터 산업이 발달한 곳이 아니다. 제주의 대표 산업인 감귤 산업조차도 1965년경에서야 본격적으로 시작됐다. 그러다가 1975년경부터 신혼여행지로 주목받기 시작했다. 돌하르방이 제주의 대표 캐릭터로 자리 잡은 것이 이때부터다.

과밀된 서울을 탈출해 이주해서 살아갈 수 있는 곳이라는 로망이 생겨난 것은 88올림픽을 앞두고 서울이 아파트 천국으로 변한 1980년대부터다. 1988년 30대 중반이었던 들국화 최성원은 '제주도의 푸른 밤'을 작사·작곡했다. 그는 1954년 부천시(서울 구로구에 바로 인접한 경기도의 시)에서 태어나 서울에서 중·고등학교와 대학을 나왔다. 그에게 제주도는 이국적인 곳이며, 신혼여행지를 넘어 대안적 삶을 살 수 있는 낭만적 장소로 비쳤던 것이다.

2000년대 중·후반이 되면서 사람들이 대안적 라이프스타일을 찾아 제주로 이주하기 시작했다. 2004년 다음커뮤니케이션이 빌린 펜션에 20여 명이 먼저 이주를 시작했고, 2006년 오등동 사옥이 완공되자 이주자가 200명 이상으로 늘어났다. 기회를 찾아 제주를 떠났던 인재들의 리턴도 시작됐다. 2007년 서귀포 출신으로 서울로 유학해 〈시사저널〉 편집장까지 올랐던 서명숙 이사장이 제주로 리턴하여 '제주올레'를 설립하고 제주 올레길을 만들었다. 2010년 가수 이효리가 이주하면서 문화이민 붐이 크게 일었다. 1979년생인 이효리는 1980년부터 서울에서 살았고 1998년에 대학에 입학한 X세대로, 제주에는 30대 초반에 이주했다. '제주도의 푸른 밤'을 발표한지 23년이 지난 2011년에 최성원이 제주로 이주하는 등 문화예술인들의 이주가 계속 이어졌다.

문화산업의 셀럽들이 서울과 다른 대안적 삶을 꿈꾸며 내려왔지만, 제주 지역의 사람들과 연결되어 미래를 만들어내는 데 능동적인 것은 아니었다. 이들 대부분은 제주 안에 서울의 친구들을 초대할 수 있는 자신만의 성을 만들었다. 다만 긍정적인 면도 있었다. 이들의 이주는 한강의 기적을 일으킨 세대에게 뿌리 깊이 박힌 서울 중심의 사고방식에 약간의 균열을 만들었다.

한강의 기적 세대, 근대화 세대는 서울에만 기회가 있다고 믿고 고향을 떠났다. 이들은 지방 도시에 대한 기대치가 매우 낮다. 서울에 집착하고 '서울 안의 서울'인 강남으로 입성하는 것, 아파트를 소유해서 부를 늘리고 상속하는 것을 인생 최대의 목표로 삼았다. 이들은 밀레니얼 세대인 자녀들에게도 그런 가치관을 주입하려 하고 통제하려 했다. 그런데 X세대와 밀레니얼 세대가 제주에 대한 로망을 가지고 실제 행동으로 옮기면서, 서울 중심의 그 세계관에 변화가 생기기 시작한 것이다.

제주에 대한 세대별 인식의 차이에서 알 수 있는 것들

─────────────────── 제주도가 고향이면서 서울로 가 성공한 50세 이상(1970년 이전 출생자) 사람들에게는 공통점이 있다. 대부분이 고향 제주가 척박하고 기회가 없다고 생각한다. 제주 출신으로 서울에서 성공한 시니어들은 내가 제주창조경제혁신센터 센터장이 됐을 때 "척박한 곳에서 고생이 많다", "제주에서 잘하기는 어려울 거다"라는 말을 하곤 했다.

먹고살기 어려웠던 시절 지방에서 서울로 이주해 성공한 이들은 청년기의 경험상 자신의 고향에 기회가 부족하다는 인식이 각인되어 있다. '대학나무'는 이런 관념의 상징이다. '인재가 되어 기회를 찾아 제주를 떠나라', '제주에는 기회가 없다. 돌아오지 말고 그곳에서 성공해라'라는 부모의 마음이 담긴 슬픈 이름이기 때문이다. 제주도 출신이 아닌 50세 이상 사람들의 인식도 크게 다르지 않다. 제주를 관광지로만 여기고, 새로운 산업이 커나갈 수 있는 곳은 아니라고 생각한다.

제주 올레길을 만든 서명숙 이사장은 매우 예외적이다. 하지만 그녀 역시 고향 제주 서귀포의 아름다움을 발견하기까지 30여 년이라는 고난의 여정과 깨달음의 과정이 필요했다. 서귀포에서 태어난 서이사장은 어린 시절 동네의 천지연폭포 앞을 거닐면서 이 지긋지긋한 동네를 떠나 서울로 가기만을 꿈꿨다고 한다. 고려대학교에 합격하여 드디어 서울로 가게 됐고, 서울에서 사회생활을 시작했다. 25년간 언론인으로서 일하며 〈시사저널〉 편집장까지 됐지만, 특종에 대한 압박감과 밤낮없는 격무로 몸과 마음이 크게 지쳤다. 이러다간 죽겠다 싶어서 2006년 모든 것을 떨쳐버리고 스페인의 산티아고로 순례길 여행을 떠났다.

'내 고향 서귀포가 이곳보다 더 아름다운데….'

그녀가 순례길의 끝에 있는 명소에서 얻은 깨달음이다. 세계의 여행객들이 모여든 그곳에서 어린 시절 그토록 떠나고 싶었던 고향 서귀포의 아름다움과 가치를 비로소 발견했다. 곧바로 제주로 리턴하여, 2007년 11월 사단법인 제주올레를 만들었다. 온갖 어려움이 있었지만 그녀는 앙트러프러너십을 발휘해 도보로 제주의 아름다움을 만끽할 수 있는 25코스 395킬로미터에 달하는 올레길을 만들어냈다. 올레길은 힐링 여행의 붐을 일으키며 제주의 가치를 한층 높였다.

청년기에 자기표현 가치를 경험한 X세대부터는 제주에 대한 생각이 본격적으로 달라진다. 2010년경부터 70년대생 X세대를 중심으로 역량 있는 창의적 인재들이 제주로 내려오기 시작했다. 그들은 제주의 대안적 라이프스타일을 꿈꾸며 내려왔지만, 비단 자신의 삶만을 사는 데 그치지 않았다. 자신만의 라이프스타일을 만들어가면서 제주 관련 콘텐츠를 끊임없이 발굴해 새로움을 입혀 창작해냈다. 이들이 만드는 힙한 콘텐츠는 지역의 가치와 자원을 더욱 풍성하게 해 밀레니얼 세대에게 제주가 더욱 매력적인 곳, 살고 싶은 곳이 되게 했다. 이런 개척자들의 과정은 제주뿐 아니라 다른 지방 도시의 개척자들에게도 많은 것을 시사한다.

밀레니얼 세대인 Y세대(80년대생)와 Z세대(90년대생)는 기성세대와 더 큰 차이를 보인다. 이들은 서울 아니면 제주에서 살기를 희망하는데, 제주 출신 청년들은 지역에 대한 자긍심을 가지고 지역의 발전에 기여하고 싶어서 내려온다. 해녀의 딸로 한국예술종합학교에서 연극을 전공하고 내려온 1991년생 해녀의부엌 김하원 대표가 그 예다.

2019년에 제주창조경제혁신센터에 입사한 직원 중에도 1993년생이 둘 있다. 이들은 제주에서 고등학교를 나오고 서울의 상위권 대학에 들어갔다. 대학에서 만난 다른 지역 출신 친구들의 반응에서 그들은 고등학교 때 느껴보지 못한 고향 제주에 대한 자긍심과 미래의 가능성을 느낄 수 있었다. 친구들이 자기를 부러워하고 제주에서 살아보고 싶어 했기 때문이다. 그래서 제주로 리턴했다. 어렸을 적 뛰놀던 제주 원도심을 재생하고 혁신하는 '도시 브랜딩'을 꿈꾸며 제주창조경제혁신센터 직원이 됐다. 서울로 가야 기회가 있다고 믿고 살아온 그들의 부모 세대로서는 이해하기 어려운 변화가 90년대생들에게 일어나고 있다.

밀레니얼 개척자들은 청년 세대가
일하고 살아가고 싶어 하는 도시를 만들어간다

—————————————— 우리는 근대화 과정에서 '내가 살고 싶은 지역을 선택하여 살아갈 권리'를 잃어버렸다. 서울과 중화학공업 산업 도시들만이 선택지였다. 하지만 밀레니얼 시대가 되면서 서울은 헬조선의 상징이 됐고 산업 도시들은 쇠퇴해가고 있다. 서울은 지나치게 밀집되고, 기회도 더 편중되고 있다. 서울에 지친 사람들은 대안적 삶을 꿈꾸며 제주를 찾게 됐다. 초기에 제주를 선택해 이주한 이들의 삶은 낭만적이라기보다는 개척자의 삶에 가까웠지만, 그들의 노력으로 제주는 더 매력적인 곳으로 변화해갔다. 이렇게 밀레니얼 개척자들은 '나를 닮은 지역을 선택해 함께 성장해나갈 수 있는 권리'를 되찾아간다.

제주는 지금도 여전히 산업과 일자리가 부족한 곳이다. 그럼에도 밀레니얼 세대가 제주를 좋아하는 것은 시대가 바뀌고 있기 때문이다. 이제 도시에 중요한 기반은 도시 스스로가 가진 '브랜드 플랫폼'이다. 그 기반 위에서 크리에이터들은 자기만의 정체성, 브랜드를 만든다. 또한 이제는 그 도시에 어떤 크리에이터들의 커뮤니티가 있는지가 도시의 브랜드가 된다.

서울과 다른 그 도시만의 매력, 창의적 인재를 끌어당기는 크리에이터들의 커뮤니티가 있는 곳이 밀레니얼 세대가 살아가고 싶어 하는 도시다. 크리에이터들이 모여들면 그들의 힘으로 또 다른 크리에이터들이 몰려든다. 이런 일이 반복되다 보면 그 도시는 크리에이티브 시티가 된다. 위기에 처한 산업 도시들도 크리에이터들이 매력을 느끼는 도시로 거듭나야 미래가 열릴 것이다.

우리나라의 지방 도시들에서 의미 있는 활동을 해나가고 있는 로컬 크리에이터들은 바로 이런 도시의 창의적 토양을 만들어가는 사람들이다. 이들은 도시의 삶의 질을 높일 뿐 아니라, 도시 고유의 정체성을 발견하여 다른 도시에서 복제할 수 없는 콘텐츠를 만들어낸다. 이 콘텐츠는 다양한 산업에 적용돼 그 도시만의 경쟁력으로 자리 잡는다. 이런 선순환 고리를 만들어내기 위해서는 다양한 영역에서 많은 개척자가 노력해야 한다.

지방 도시들에는 아직 해결해야 할 많은 문제가 있고, 인적 · 사회적 · 지적 자본도 많이 부족하다. 그러나 밀레니얼 개척자들은 자신만의 길을 찾아가면서 지방 도시에도 길을 낸다. 그 길들이 모여 선순환을 이루면, 그 도시에는 미래가 열릴 것이다. 그렇지 않은 도시는 외면받고 창의적 인재들이 떠날 것이다. 이제 지방 도시는 밀레니얼 개척자인 로컬 크리에이터들에게 새로운 블루오션이 될 것이다.

THE REVENGE
OF
MILLENNIALS

2부 | 문제와 해법

우리의 자화상,
그리고 새로운 시대정신에서 기회 찾기

_____ 1부에서 우리는 '라이프 디자이너, 재미와 삶의 질 추구, 작고 빠른 시도 & 성장, Go 지방'이라는 키워드로 밀레니얼 개척자들의 실제 삶을 들여다보며 시대 전환의 징조를 읽었다. 이들은 자신만의 가치관과 세계를 만들어가며 세상을 더 좋게 변화시키는 일을 하고 있다.

이들의 노력을 통해 대한민국이 과거의 시대정신인 권위주의, 획일주의, 경쟁, 성장, 노력, 신분에서 빠져나와 다원주의, 취향, 심미성, 차별성, 연대를 중심으로 하는 사회로 변화하고 있음을 확인했다. 또한 수도권 중심의 선택과 집중 탓에 소외됐던 지방 도시들이 정체성을 되찾아가고 매력적인 도시로 변화해가는 현장을 목격했다.

이들은 끊임없이 배우고 삶을 전환해내는 창의적 경계인들이다. 그들은 다양한 사람들과 커뮤니티를 형성하고 변화를 만들어간다. 그 결과 세대와 지역 등 다양한 영역에서 부족한 사회적 자본이 점차 쌓여가고 있다.

밀레니얼 개척자들이 만들어가는 이런 변화는 대한민국의 미래를 위해 꼭 필요할까? 21세기 대한민국의 현재는 어떤 모습이고, 어떤 미래를 향해 가고 있을까? 또, 어떻게 가야 할까?

이 질문의 답을 찾기 위해 2부에서는 대한민국의 자화상을 들여다보는 것부터 시작할 것이다. 다양한 세대가 살아온 시대를 돌아보고, 그들 각자가 왜 현재의 가치관과 행동 양식을 갖게 됐는지를 이해하기 위해서다. 그러고 나서는 이렇게 서로 다른 이들이 함께 살아가는 우리 사회의 자화상을 들여다볼 것이다.

자화상을 직면하는 것은 자신뿐 아니라 자신을 둘러싼 타인들을 이해하고 공감하는 과정이기도 하다. 현장에서 한발 물러나 전체를 바라봐야만 개인 및 사회의 문제와 미래의 가능성을 발견할 수 있다. 자신을 있는 그대로 보는 과정은 고통스러운 일일 수 있다. 하지만 일단 자화상을 들여다볼 수 있다면, 해방감을 맛볼 수 있을 것이다. 스스로 채운 족쇄를 풀고 새로운 시대로 함께 나갈 수 있게 될 것이다.

다행스러운 것은 2018년 말부터 우리 사회에서 자화상을 들여다보고자 하는 움직임이 점점 더 커지고 있다는 것이다. 대한민국의 물질지상주의 사회와 개인을 풍자한 드라마 〈SKY 캐슬〉이 선풍적인 인기를 끌고, 새로운 세대의 등장을 알리는 책 《90년생이 온다》가 전 연령층에서 고르게 읽히고 있다. 또한 인구와 경제가 팽창하던 사회에서 수축사회로 변화하는 과정과 의미를 설명하는 책 《수축사회》, 전통적 산업 도시의 위기를 현장에서 깊이 있게 진단하는 책 《중공업 가족의 유토피아》, 386세대를 중심으로 세대론을 고찰한 《불평등의 세대》가 사회에 임팩트를 주고 있다.

이렇듯 현재의 문제를 살펴본 후에, 이를 풀어갈 실마리를 탐색하고자 한다. 서구 선진국들이 어떻게 탈물질주의 사회로 변화했는지, 우리와 비슷하게 짧은 기간에 압축적으로 근대화를 이뤄낸 동아시아 국가들이 어떤 과제를 안고 있는지를 살펴보며 대한민국의 미래에 시사하는 점들을 생각해볼 것이다.

그리고 마지막 장에서는 창의적인 개인과 기업들을 위한 크리에이티브 생태계를 만들려면 어떤 조건과 과정이 필요한지 국내외 사례를 통해 이야기할 것이다. 내가 제주에서 혁신 생태계, 창업 생태계를 만들어가면서 겪었던 시행착오와 고민했던 내용을 나누고자 한다.

2부를 읽고 나서 1부를 다시 본다면, 언급한 사례들이 오늘날 대한민국의 문제점들을 해결하고 미래를 열어가는 길 위에 있다는 것을 확인할 수 있을 것이다. 시대 전환과 지역 변화에 앞장서는 밀레니얼 개척자들의 도전에 당신도 동참하기를 기대한다.

1장

21세기 대한민국의 자화상

──── 숨 가쁘게 근대화를 이루어냈지만 그로 인해 우리는 '승자의 저주'에 걸렸다. 마법의 부작용이 다양한 증상으로 표출되고 있는 지금, 그 저주를 풀어내는 것이 앞으로 우리가 해야 할 일이다. 21세기 대한민국의 자화상을 들여다보는 것이 그 출발점이 될 것이다.

자기 자신을 있는 그대로 들여다보기란 쉽지 않은 일이다. 자신이 믿고 싶은 것만 보고, 설령 있는 그대로 보더라도 인정하고 싶지 않아 외면하기 쉽다. 하물며 우리 사회의 자화상을 들여다보는 것은 얼마나 어려운 일인가. 나만 옳고 남들은 틀렸다고 생각하기 쉽다. 하지만 자신과 타인과 사회를 제대로 들여다보지 못한다면 함께 미래를 열어갈 수 없다.

21세기 대한민국의 자화상을 들여다보는 것은 고통스러운 일이다. 하지만 함께 터놓고 이야기할 수 있다면, 스스로 채운 족쇄와 타인에 대한 원망에서 벗어나는 해방감을 맛볼 것이다. 그렇게 된다면, 변화에 대한 희망과 기대를 발견할 수 있을 것이다.

SKY 캐슬과
물질주의 사회

2019년 초 방영된 JTBC 드라마 〈SKY 캐슬〉은 강남의 의사, 변호사 같은 고소득 전문직 종사자들과 그 자녀들의 이야기를 다뤘다. 이른바 이너서클, 그러니까 21세기 강남이라는 공간에 살며 부와 명예라는 피라미드의 꼭대기에 올라선 이들은 자식들이 서울대 의대에 합격해서 의사가 되기를 갈구한다. 이를 위해 대학 입시에 모든 것을 걸고 수단과 방법을 가리지 않는 최고의 입시 코디네이터를 고용한다. 하지만 결국은 파국을 맞이한다.

이 드라마는 첫 회 시청률 1.7%로 시작했지만, 마지막 회는 23.8%로 역대 비지상파 프로그램 중 최고 시청률을 기록하며 막을 내렸다.

실시간이 아닌 다양한 채널로 다시 보기를 하는 사람들까지 포함하면 실제 시청자 수는 더 많을 것이다.

강남 고소득 전문직 종사자들의 물질지상주의, 경쟁지상주의의 속내를 그린 드라마가 현재 시점에 이렇게 큰 반향을 일으킨 이유는 무엇일까? 우리 시대의 자화상을 잘 보여주기 때문이었을 것이다. 서울로 가야 기회가 있다고 생각하고, 서울 안에서도 강남에 진입해야 성공한다고 믿으며 살고 있는 대한민국이다. 강남에서 이미 성공적으로 기반을 다진 이들은 자신들만의 성을 쌓고 그 기반을 물려주기 위해서 자식들을 교육과 입시 경쟁이라는 지옥으로 밀어 넣는다. 스스로 '성공한 사람'이라고 생각하는 부모들이 자식들의 미래도 자신의 시대와 같을 것으로 생각하며 과거의 성공 방정식을 따르라고 강요한다. 하지만 그런 심리에는 자신들의 성공이 더는 진짜가 아닐지도 모른다는 불안이 자리하고 있는 게 아닐까. 자식을 위한다고는 하지만, 실제로는 자신들의 삶의 방식이 현재와 미래에도 옳다는 것을 자식을 통해 확인하고 과시하고 싶었던 게 아닐까.

드라마 속 주인공들은 직업적 소명에는 큰 관심이 없다. 의사로서 환자를 잘 치료하는 것보다는 얼마나 돈을 잘 버는지, 어떤 지위에 올랐는지, 몇 대째 의사의 계보를 잇고 있는지가 주요 관심사다. 우리 시대에 검사, 변호사, 교수, 정치인들도 자신의 업에 대한 자부심보다 어디에 살고 있는지, 부와 명예를 얼마나 가졌는지, 자녀를 어느 대학에 보냈는지를 성공의 기준으로 삼는 사람들이 많다. 물질적 가치가 가장 우선시된다는 면에서 이들은 물질주의자들이다. 이들이 우리 사회 곳곳을 지배하고 있기 때문에 아직도 우리 사회는 물질주의 사회다.

경제적 성장만 있는 사회의
혼란과 비극

2019년 대한민국은 경제 선진국이다. 불과 50년 만에 이루어낸 일이다. 1960년 대한민국의 1인당 국민총소득GNI은 94달러로 세계 최빈국에 속했다. 그런데 1970년대에 중화학공업 중심으로 고도성장을 이룬 데 이어, 1985년부터 3저 호황을 맞이하면서 1997년까지 크게 성장했다. 1997년 IMF 경제위기로 큰 어려움을 겪었지만, 이후 글로벌 경쟁력을 키우며 고도성장을 이뤄 2018년 1인당 국민소득 3만 달러 시대를 열었다. 세계는 이것을 '한강의 기적'이라고 부른다.

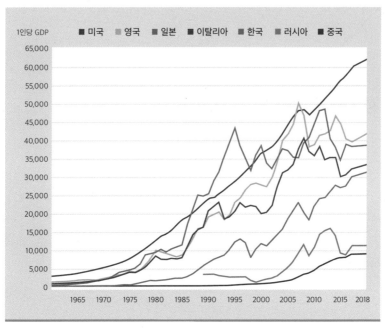

1인당 명목 GDP

대한민국은 국민소득이 높고 인구가 많은 나라다. 2018년에 세계에서 일곱 번째로 '국민소득 3만 달러, 인구 5,000만 이상 국가'에 진입했다. 인구 5,000만 이상이면서 1인당 국민소득이 3만 달러 이상인 국가는 미국, 일본, 독일, 영국, 프랑스, 이탈리아밖에 없다.

경제 선진국이 되긴 했지만, 이런 초단기 압축성장의 과정에서는 사회적 자본을 키울 수가 없었다. 물질지상주의의 경쟁 과정에서 오히려 사회적 자본이 훼손되기도 했다. 한경 경제용어사전에 따르면 사회적 자본이란 '사람들 사이의 협력을 가능케 하는 구성원들의 공유된 제도, 규범, 네트워크, 신뢰 등 모든 사회적 자산을 포괄하여 지

국민소득 3만 달러 달성한 인구 5,000만 명 이상 국가 (단위: 명, 달러)

국가	인구	1인당 국민소득	최초 달성 시점
미국	3억 3,017만	6만 2,850	1996년
일본	1억 2,614만	4만 1,340	1992년
독일	8,307만	4만 7,180	1995년
프랑스	6,707만	4만 1,080	2003년
영국	6,644만	4만 1,340	2003년
이탈리아	6,028만	3만 3,540	2004년
한국	5,181만	3만 0,600	2018년

1인당 국민소득(GNI) 2018년 기준

칭하는 것'이다. 용어사전은 '사회적 신뢰가 사회적 자본의 핵심이며, 물적·인적 자본에 뒤이어 경제 성장의 중요한 요소로 손꼽히고 있다. 사회적 자본이 잘 확충된 나라일수록 국민 간의 신뢰가 높고 이를 보장하는 법 제도가 잘 구축돼 있어 거래 비용이 적고 효율성은 높다. 따라서 생산성이 올라가고 국민소득은 높아진다'라고 설명하고 있다.

영국의 싱크탱크 레가툼연구소가 발표한 '2019년 레가툼 번영지수'에 따르면 한국은 사회적 자본 부문에서 전체 167개국 중 142위를 차지한 것으로 나타났다. 대한민국은 이제 사회적 자본을 높이지 않으면 경제적 자본을 더 높일 수 없는 한계점에 도달했다. 경제적 자본은 높은데 사회적 자본은 낮은 나라는 세계적으로 흔치 않다. 서구 선진국들은 오랜 기간에 걸쳐 근대화를 해나가면서 두 자본을 함께 축적해왔기 때문에 두 가지가 모두 높은 수준이다. 또한 사회적 자본이 낮은 나라들은 대부분 경제적 자본도 낮기 때문에 우리와 다르다.

두 자본 사이의 큰 격차가 〈SKY 캐슬〉에서 보여주는 우리의 자화상이다. 드라마 속의 전문직 부모 세대는 경제적으로 성공해 강남으로 진입했지만, 물질적 대물림에만 골몰할 뿐 사회적 자본에는 관심이 없다. 자신들이 생각하는 '성공'의 기준으로 자식들을 극단으로 몰아붙이지만, 새로운 세대인 10대들은 마음이 병들고 상처받고 폭주한다. 그래서 누군가는 자살하고 누군가는 타살되는 등 서로가 상처를 입는 것이다. 경제적으로는 성장했지만 사회적 자본이 낮아 고통받는 21세기 대한민국의 슬픈 자화상이다.

다른 가치관을 가진 다양한 세대가
뒤섞여 살아가고 있다

대한민국은 초단기 압축성장에 이어 평균 수명이 급격히 늘었다. 그 결과 다양한 시대를 경험한 여러 세대가 동시대를 살아가는 특수한 상황에 처해 있다.

어린 시절과 청년 시절의 강렬한 경험은 개인의 가치관과 행동 양식에 영향을 미치게 마련이다. 개인 측면에서는 저마다 차이가 있겠지만, 시대의 굵직한 사건들은 동시대를 살아간 세대의 집단적인 의식과 행동 양식에 영향을 미친다. 소수의 사람을 제외하고, 중년과 노년이 되면 사고의 유연성이 떨어져 삶의 전환을 이루기가 어렵다. 그 때문에 다양한 세대와 다양한 가치가 혼재된 세상에서는 서로를 이해하기 어려워 갈등이 커질 수밖에 없다. 대한민국은 신뢰를 바탕으로 협력하게 하는 사회적 자본이 부족하며, 이런 갈등은 충돌로 이어지기도 한다.

산업화 세대와 민주화 세대가 지금도 열심히 진영 싸움을 하는 것도 같은 이유다. 산업화 세대는 "국가가 독재를 했어도 경제 성장을 주도했던 70년대가 좋았어. 그땐 희망이 있었지"라고 얘기한다. 민주화 세대는 "그들은 정말 나쁜 사람들이야. 국민을 억압하고 희생시켰어"라고 말한다. 양쪽 모두 '우리는 항상 선하고 옳다'고 생각한다. 그들이 고래 싸움을 벌이는 사이에 그 아랫세대는 자신의 시대를 열지 못하고 방황하면서 기성세대를 '꼰대'라고 부른다.

다음 쪽의 표는 각 세대별 페르소나를 그려본 것이다. '페르소나'는 '개인의 사회적 성격'을 뜻하는 말로, 개인이 성장하는 동안 다양한 관계에서 형성된다. 사회 안에서 개인은 페르소나를 통해 관계를 유지하게 된다. 세대별 페르소나가 특정 나이에 어떤 시대적 사건을 겪었는지를 들여다보면, 그들이 어떻게 현재의 가치관과 행동 양식을 갖게 됐는지를 유추해볼 수 있다. 예를 들어 '1972년생 X'는 10대 중·후반에 6·10민주항쟁과 88서울올림픽을 경험했고, 20대 초반에 서태지와 아이들 음반에 열광했다. 페르소나별로 중요한 사건이 일어났을 때의 나이를 색깔로 표시했다.

페르소나 한 가지로 해당 세대 모든 사람의 특징을 일반화할 순 없다. 사회적 성격을 구분하는 세대별 연령이 딱 떨어지게 구분되는

연도	주요 사건	1942년생 A의 페르소나 (산업화 세대)	1962년생 B의 페르소나 (민주화 세대)	1972년생 X의 페르소나 (X세대)	1982년생 Y의 페르소나 (Y세대)	1992년생 Z의 페르소나 (Z세대)
1945년	광복	3세				
1950년	한국전쟁(6·25)	9세				
1953년	〈사상계〉 창간	12세				
1960년	4·19혁명	19세				
1961년	5·16쿠데타	20세				
1962년	경제개발 5개년계획 시작	21세				
1968년	세운상가, 포항종합제철 완공	27세	7세			
1970년	새마을운동 시작	29세	9세			
1972년	유신헌법	31세	11세			
1976년	압구정 현대아파트 완공 (강남 개발)	35세	15세	5세		
1980년	5·18광주민주화운동	39세	19세	9세		
1982년	한강종합개발계획	41세	21세	11세		
1987년	6·10민주항쟁, 직선제 개헌	46세	26세	16세	6세	
1988년	88올림픽(강남 시대 본격화)	47세	27세	17세	7세	
1991년	소련 붕괴, 냉전 종식	50세	30세	20세	10세	
1992년	서태지와 아이들 앨범 발매 (X세대 등장)	51세	31세	21세	11세	1세
1997년	IMF 경제위기	56세	36세	26세	16세	6세
1997년	최초의 평화적 정권교체	56세	36세	26세	16세	6세
2002년	한일월드컵	61세	41세	31세	21세	11세
2008년	세계 금융위기 (서브 프라임 모기지 사태)	67세	47세	37세	27세	17세
2014년	세월호 사건	73세	53세	43세	33세	23세
2017년	촛불 혁명	76세	56세	46세	36세	26세
2018년	미투운동	77세	57세	47세	37세	27세

것도 아니다. 예를 들어, 1960년대 후반에 태어난 사람이 X세대의 사회적 성격인 경우도 있고, 1970년대 초반에 태어난 사람이 민주화 세대의 사회적 성격을 가진 경우도 있다. 이런 한계가 있지만 세대별로 지배적인 특징을 이해하기 위해 편의상 대표적인 페르소나를 상정해서 살펴보겠다.

산업화 세대
페르소나

―――――――――――― 어린 시절 A는 일제 강점기로부터 독립되자마자 남북이 자본주의와 공산주의로 나뉘어 동족상잔의 전쟁을 치르는 걸 목격했다. A의 조부모 세대는 근대화에 뒤처졌기 때문에 나라를 잃었고, 부모 세대는 일제 강점기를 식민지의 국민으로 살아냈다. A는 그들처럼 살고 싶지 않았다. 전 세계 최빈국인 대한민국에서 청년기를 보내며 4·19와 5·16을 통해 세대교체를 이루어냈다. 조국의 근대화를 염원했지만 같은 세대의 다수가 민주화보다 산업화를 시급하게 생각했다. 1960년대는 6·25전쟁 후 얼마 되지 않은 데다가 북한보다 1인당 국민소득도 낮아 전쟁의 위협이 컸기 때문에 철저한 반공주의자가 됐다. 국가의 부흥을 위해서는 일정 정도 개인의 희생은 불가피하다는 입장이다.

민주화 세대
페르소나

─────────────── B는 지방 도시에서 태어나 공부를 잘해서 서울에 있는 대학을 졸업했다. 서울은 강북이 이미 포화됐고, 강남이 본격적으로 개발되기 시작했다. 청년 시절 5·18광주민주화운동을 접하고 민주화에 대한 시대적 소명을 가지게 됐다. 20대에 6·10민주항쟁으로 직선제 개헌을 이루어냈고, 88올림픽을 접하며 세계화에 대한 자신감을 느꼈다. 소련이 붕괴하고 냉전이 종식되면서 운동권에 대한 회의를 느끼게 됐다. 이후 개인적 성공을 추구하여 강남에 진입했고, 아파트로 내 집 마련을 했다. 강남과 함께 성공신화를 이어가고 있으며, 자녀가 무한 경쟁 사회에서 자신보다 더 성공할 수 있도록 힘을 쏟고 있다.

X세대
페르소나

─────────────── X가 20세가 됐을 때 직선제 개헌은 이미 이루어졌고 소련도 붕괴하여 냉전도 해체됐다. 그럼에도 운동권 선배들이 극단적인 학생운동을 하는 것을 보고 의문을 가졌다. X는 기성세대에 문제를 제기하면서 다양성을 존중하고 권위주의를 타파하는 사회를 꿈꾸었다. 서태지와 아이들의 가사는 자신에게 새로운 시대의 메시지와 같았다. 문예지와 영화 잡지를 탐독하고, 떠

오르는 홍대 인디 문화에 참여하며, 낭만적이고 창의성이 넘치는 대학 생활을 만끽한 후 사회에 진출했다. 그러나 사회에 진입할 무렵인 1997년에 IMF 경제위기를 맞이하면서 위축됐다. 30대 중반인 2008년 서브프라임 모기지 사태로 세계적인 경제위기를 맞이하면서 다시 한번 위축됐다.

이전 세대에 비해 오랜 기간 기회를 얻지 못한 채 40대 중반이 됐다. 그러나 20대 초반의 풍요롭고 자유로웠던 경험이 있기에 중년이 되어서도 그다지 보수화되지는 않는다.

Y세대

페르소나

─────────────────────── Y는 10대에 유복한 환경에서 자랐으나 부모가 1997년 IMF 경제위기 때 실직하면서 경제적 어려움을 겪게 됐다. 취업 문이 좁아지면서 대학의 낭만은 즐기지 못하고 스펙을 쌓는 데 집중해야 했다. 그런 와중에 2002년 한일월드컵을 맞이했다. 당시 광장에서의 응원은 여럿이 힘을 모으면 무엇이든 이룰 수 있다는 것, 대한민국이 세계로 뻗어 나갈 수 있다는 것을 느끼게 한 강렬한 경험이었다.

그러나 '88만 원 세대'라고 지칭되고 취업에 큰 어려움을 겪는 등 이상과 현실 사이에서 큰 갭을 느꼈다. 어렵게 대기업에 취직해도 더는 평생직장이 아니었고, 그런 기업에 자신의 미래를 저당 잡힐 순 없다고 생각했다. 기성세대에 비해 자신들에게는 기회가 너무 적었다. 공무원 시험을 봐서 9급 공무원이 되는 것이 좋겠다는 생각에 또래들처럼 공무원 시험을 준비하기로 했다.

Z세대
페르소나

——————————————————— Z가 20대 초반에 겪은 세월호 사건은 인생에 대한 생각을 바꾸게 했다. 기성세대의 부패와 부조리 때문에 어린 학생들이 집단으로 희생되어야 했다는 데에 깊은 회의가 들었다. 취직이 어려운데 대기업에 들어가도 오래 다니지 못하는 선배들을 자주 봤다. 어차피 한 회사를 오래 다니지 않을 바에는 정직하게 살 수 있는 공무원이 되거나, 아니면 재미있는 일들을 하면서 사는 것이 좋겠다는 생각이다. 직장에서든 어디서든, 할 말은 하고 살려고 하고 유튜브 크리에이터가 되는 것에 관심이 많다. 정치에는 관심이 없지만, 사회의 부조리라고 생각하면 촛불집회나 미투운동 등에도 적극적으로 참여한다.

이렇게 살펴본 다섯 세대 가운데 산업화 세대와 민주화 세대는 근대화를 이룬 주역이고, 90년대생은 새로운 시대를 여는 세대다. 시대 전환이 어떤 혼란 속에 이뤄지는지를 보기 위해서 이 세 세대를 좀더 자세히 들여다보겠다.

태극기집회와
'시간의 실향민'

2019년 서울. 광화문과 종로 대로변에서는 70~80대 노인들의 '태극기집회'가 수시로 열린다. 한 손에는 태극기, 한 손에는 성조기를 들고 나라의 미래를 위해 진실을 알리겠다며 확성기를 들고 온 힘을 다해 소리친다. 현 여당과 청년들이 '종북'에 물들어 있다고 절규한다. 그들 옆으로 50대 민주화운동 세대들이 눈살을 찌푸린 채 날 선 말들을 주고받으며 지나간다. 당장이라도 충돌할 것 같은 분위기다. 저기 멀리 2030 밀레니얼 세대가 귀찮아하며 눈길도 주지 않은 채 서둘러 자리를 피해 간다.

태극기집회에 참여한 '가상 인물 81세 김철수 씨'의 삶을 들여다보자.

1938년에 태어난 그는 어린 시절 부모, 형제, 친척, 지인들이 북한 군에게 사살되는 장면을 목격했다. 재산도 모두 빼앗겼다. 마을 사람 들도 뿔뿔이 흩어져 고향을 등지고 떠날 수밖에 없었다. 20대 초반인 1960년 4·19혁명과 1961년 5·16쿠데타를 경험했고, 경제개발 5개 년계획에 따라 2030 청년기를 온전히 '한강의 기적'을 일으키는 데 산업역군으로 동참했다. 1970년대에는 대기업에 다니면서 이자가 연 25%에 달하는 은행 예금에 착실히 돈을 모았다. 3년 예금하면 2배가 됐다. 그렇게 목돈을 마련해 결혼하고 자녀를 두어 일가를 이루었으 며 내 집도 마련했다. 55세이던 1993년 평생직장이던 대기업에서 명 예롭게 은퇴했다. 퇴직금으로 땅과 아파트에 투자해 재미를 봤다. 그 런데 노후가 길어지면서 시간은 많지만 자금의 여유가 적어져 위기 의식을 느끼고 있다.

은퇴 후 24년이 지난 2017년 촛불집회로 '박근혜 탄핵'이 이뤄지 자, 그는 자신이 모든 것을 바친 인생이 송두리째 부정당했다는 생각 에 분한 마음이 일었다. 북한이 미사일 실험을 하자 어린 시절 김일 성에게 가족, 친지, 친구들과 온 재산을 잃었던 아픈 기억이 되살아 났다. 이대로 가다가는 북한이 다시 쳐들어와 자식들과 손주들도 위 험해질 수 있다는 생각에 잠 못 이루는 밤이 시작됐다. 그에게는 박 정희 시대에 저개발 국가에서 지금의 세계적인 대한민국으로 만든 것은 최고의 자부심이며 자신의 존재 이유였다. 그런데 민주화 세대 로부터 '노인들은 투표하러 가지도 말라'며 퇴물 취급을 받은 데다가, 청년들이 자신이 젊은 날 쏟은 노고와 희생에 무관심하다는 것에 분한 마음이 일곤 했다. 나라를 위해 무엇이라도 해야겠다는 생각에 친구들과 함께 광화문으로 나섰다.

서강대학교 사회학과 전상진 교수는 2018년 1월 발간한 책《세대 게임》에서 '시간의 고향'이라는 개념을 통해 태극기집회를 설명한다. 태극기집회는 2017년 초 촛불집회에 대한 맞불집회로 시작됐는데, 두 집회의 연령대별 성격은 크게 다르다. 촛불집회 참가자들의 연령대는 고르게 분포됐다. 서강대 현대정치연구소와 〈내일신문〉이 2016년 말 촛불집회 참여에 대한 대국민 여론조사를 한 결과에 따르면, 참여자 분포가 20대 30.3%, 30대 29.3%, 40대 29.7%, 50대 23.4%, 60대 이상 10.5%로 나타났다. 참여 의지가 있었으나 여건 때문에 참여하지 못한 사람은 20~40대가 각각 52~61%, 50대 43.9%, 60대 이상 40.4%로 큰 차이가 나지 않았다. 이렇게 연령대가 다양한 촛불집회와 다르게, 이어서 시작된 태극기집회는 명확히 고령자 중심이었다.

전상진 교수는 태극기집회에 나오는 사람들의 진짜 동기를 노인의 '사회적 고립감'으로 본다. 급격한 도시화로 이들은 추억의 장소들을 잃었고, 1970년대라는 '시간 고향'만 남았다. 이미 사회적 고립감을 느끼고 있던 그들은 젊었을 적 전성기의 상징인 '박정희 시대'를 계승한 '박근혜'가 탄핵당하자 분노한 것이다. 자신들의 인생 전체가 부정당한 것처럼 느끼고, 이에 항변하기 위해 '시간의 향우회'

2019년 7월 광화문 세종로 6·25전쟁 사진전

로서의 집회를 열고 있다. 2019년 광화문과 종로에서 이들의 시간 고향은 '물질주의 사회'에 고정되어 있다. 그들 생각에는 물질적 결핍이 컸던 청년기와 초단기 압축성장을 이루어낸, 궁핍했지만 희망이 있던 시대다.

우리나라 고령자들의 유튜브 사용률 증가는 이런 현상과 관련이 깊다. 전 세계가 10대들을 유튜브 세대라고 부르지만, 지난 2년 사이 우리나라는 50대 이상 유튜브 사용자가 급증했다. 앱 분석 업체 앱와이즈앱에 따르면, 2019년 4월 유튜브 사용자는 50대 이상이 101억 분으로 시청 시간이 가장 길었으며 10대(89억 분), 20대(81억 분), 30대(61억 분), 40대(57억 분) 순서였다. 50대 이상의 시청 시간은 1년 전 51억 분에서 2배 증가한 것이다.

영국 옥스퍼드대학교 부설 로이터저널리즘연구소가 2019년 6월 13일 발표한 〈디지털 뉴스 리포트 2019〉에 따르면, 한국에서 55세 이상 연령대의 유튜브 시청자 중 뉴스와 시사 정보 시청 비율이 42% 였다. 조사 대상 38개국의 평균은 20%로 우리나라의 절반 이하였다.

종로 일대에서 태극기집회를 하는 이 세대는 정규재TV(2019년 8월 현재 구독자 수 49만 명), 신의한수(2019년 8월 현재 구독자 수 79만 명) 등 보수 · 우파 뉴스, 시사평론 채널을 수시로 듣는 듯하다. 〈경향신문〉 기사에 따르면 종로 일대의 노인 중 유튜브를 이용한다고 밝힌 60대 이상 노인 12명 가운데 9명이 '주로 정치 관련 영상을 시청한다'고 답했다.

유튜브에서는 사용자가 반복적으로 시청하는 콘텐츠를 분석해 성향에 맞는 콘텐츠가 먼저 보이게 해준다. 이는 '확증편향'을 키우는 효과가 있다. 유튜브 시청자들이 자신의 정치 성향에 많은 사람이 동의한다고 생각하게 하는 것이다. 일부 정치인은 노인 세대의 사회적 고립감을 이용하여 특정인의 주장이나 가짜 뉴스를 유튜브 뉴스나 시사평론 형태로 지속적으로 내보내기도 한다. 노인 세대는 이것들을 시청하면서 위로를 받는다.

이렇게 '시간의 고향'에 끌려들어 가 고립되어 있는 동안, 노인들은 '자신의 생애를 역사화'하는 데 실패한다. 자기 삶의 여정을 존중하되 미래를 위해 다양한 세대와 함께 나아갈 수 있는 열린 기회를 놓치는 것이다.

은퇴를 앞두고
방황하는 386세대

386세대는 언뜻 보면 인생에서 모든 기회를 가졌고, 다 이루어낸 것 같다. 그들은 1980년대 20대 청년 시절에 군부독재에 항거하여 열심히 민주화운동을 했고 1987년 직선제 개헌을 이루어냈다. 학생운동하느라 대학 시절에 수업을 거의 못 들었지만, 학점이 좋지 않았어도 대기업에서는 너도나도 데려가려고 하던 시절이어서 취업 걱정도 없었다. 더욱이 그들이 사회생활을 시작한 시기인 1986~1996년에는 10년 이상 저유가, 저금리, 저환율의 3저 호황이 지속되면서 대한민국이 글로벌 경제체제에서 크게 도약했다.

그들은 기업에서도 승승장구했다. 1997년 IMF 경제위기가 발생해서 국가 부도의 위기에 몰렸지만, 386세대에겐 오히려 고속 승진의 기회가 되기도 했다. 당시까지만 해도 평생 고용을 보장했던 대기업들이 연령 높은 임원들을 구조조정하는 기회로 삼았고, 빈자리를 능력 있는 청년들로 채웠기 때문이다. 아파트 건설 붐까지 일어서 다른 세대에 비해 가장 젊은 나이에 내 집 마련을 한 세대이기도 하다.

그런 386세대가 지금 은퇴를 앞두고 있다. 모든 것을 가진 것 같았던 그들이 불안감과 무력감에 시달리고 있다. 은퇴 후 제2의 인생을 무엇을 하며 어떻게 살아가야 할지 막막하기 때문이다. 이들이 20대였을 때 한국인의 기대수명은 평균 66.1세(남성 61.9세, 여성 70.4세)였다. 세계보건기구WHO가 2019년에 내놓은 한국인의 기대수명은 평균 82.7세(남성 79.5세, 여성 85.6세)다. 세계 9위에 달하는 장수 국가다.

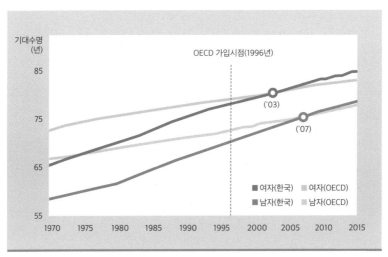

OECD 평균과 한국의 기대수명 추이

과거에는 50대 중·후반에 은퇴하면 몇 년 더 살다가 생을 마감했지만, 이제 평균 20여 년의 삶이 더 남아 있다.

긴 노후를 맞이할 이들을 불안하고 두렵게 하는 원인이 경제적인 것만은 아니다. 충분히 저축하고 투자해서 경제적으로 여유가 있다고 해도, 여생 동안 돈을 계획적으로 아끼며 쓸 수 있다고 하더라도, 진짜 중요한 문제가 남는다. '조직을 떠나서, 나는 쓸모가 있는가? 이제 누구를 만나며, 무엇을 하고 살 것인가? 삶의 의미를 어디에 두어야 하나?' 하는 문제다. 그들의 불안과 무력증을 읽기 위해 386세대로 은퇴를 앞둔 가상 인물 B의 내면으로 들어가 보자.

[60년대생 B의 내면 일기]

다른 사람들과 교류는 하고 싶은데 누구를 만나서 무슨 얘기를 해야 할지 모르겠다. 친구들을 만나면 헛된 자랑이나 남 얘기를 할 뿐 속내는 잘 드러내지 않는다.

오늘도 대학 동창들 단톡방에 소식이 올라온다. 이 단톡방에는 200명이 넘는 동창이 참여하고 있다. 최근에 은퇴한 친구가 "지금 ○○ 당구장에 있다. 올 사람 있니?"라고 한다. 나는 평생 동창회를 비롯해 중요한 단체 모임에는 거의 빠짐없이 나갔다. 친구가 좋아서라기보다는 정보를 나누기 위해서였다. 거기에서 뒤처지면 중요한 기회를 놓치기 때문이다. 지금도 빠짐없이 나가지만, 헛헛한 얘기들뿐이다.

"너 아들 참 잘 키웠더라."

"김 이사 성공했어."

"저런, 이 대표는 잘 안됐대."

이렇게 자기표현 안 하는 이들이 문득 고민을 털어놓으면 무섭기까지 하다. 의사로서 돈도 잘 벌고 존경도 받던 친구가 요즘 인생이 허무하다고 자주 얘기한다. 그는 평생 인간관계도 좋았고 좋은 일도 많이 했다. 베트남 오지에 유치원도 세웠다. 하지만 이제 와서 생각해보면 유치원 세운 것이 특별히 좋아서 한 건 아니었다고 한다. 선교사인 지인을 돕기 위한 것이었다. 그 일로 자신은 존경받는 의사가 됐고 언론에서도 다뤄져 유명해졌고 돈도 더 잘 벌게 됐다. 그가 오지에 학교를 지은 걸 진정 인생의 보람으로 느꼈다면 저렇게 허무하다고 할까.

또 다른 친구는 은퇴 후를 대비해서 갑자기 교회를 열심히 나가기 시작했다. 그의 새로운 목표는 교회라는 조직의 사다리를 올라가는 것이다. 즉, 장로가 되는 것이다. 그가 특별히 기독교에 신심이 있는 것은 아니다. 종교를 통해 자기를 성찰하는 타입도 아니다. 그는 사이비 종교에 빠진 또 다른 친구를 거론하며, 자신은 그래도 정통이고 규모가 가장 큰 교회에 다니고 있다는 데 자부심을 느낀다고 말한다.

요즘은 아내가 더 잘 지낸다. 아내는 그동안 아이들을 키우느라 못했던 공부를 시작했다. 자기 공부한다고 요즘 부쩍 나를 안 챙기기에 "이제 나도 하고 싶은 일 하고 살래!"라고 선언했다. 아내는 "당신한테 하고 싶은 일이 있다고?"라고 물었다. "있지, 왜 없어!"라고 외쳤지만, 그다음 할 말이 떠오르지 않았다. 아내는 "당신은… 평생하고 싶은 일 하고 산 거… 아니었어?"라고 다시 물었다. 아…, 그랬던 건가…. 근데 왜 지금 나는 어떻게 살아가야 할지, 무엇을 해야 할지 알 수 없는 걸까.

돌아보면, 평생 내가 하고 싶은 일이 무엇인지 생각해본 적이 없었던 것 같다. 항상 조직의 사다리를 오르는 성공만을 생각했지, 진짜 하고 싶은 일이 무엇인지 나의 내면을 들여다본 일은 없는 것 같다. 사실, 대학 시절 때부터 그랬다. 입학하자마자 독재정권을 무너뜨리겠다는 의무감에 공부를 내팽개치고 선배들을 따라 열심히 학생운동을 했다. 불가능할 것 같던 직선제 개헌을 이뤄낸 날의 희열을 잊을 수 없다. 대학 졸업 후에는 회사를 위해 열심히 살았다. 대기업에 들어가, 온갖 어려움을 이겨내고 세계 속의 기업으로 성장시키며 기쁨을 느꼈다. 밤낮도 잊고 주말도 없이 일한 덕에 30대 초반에 분당 신도시에 아파트를 장만했다. 물론 이제는 여가에 골프도 치고 낚시도 즐기지만 그게 '내가 하고 싶은 일'인지는 잘 모르겠다.

지난달에 대기업 임원 수백 명이 모인 조찬회에 갔다. 아침 7시에 양복에 넥타이를 매고 맛없는 독일식 소시지를 나이프로 썰어 입안에 밀어 넣었다. 먹기 싫고 토할 것 같았지만 애써 참았다. 오늘의 연사는 박막례(72) 할머니였다. 박 할머니는 평생 과일 장사, 가사도우미, 공사장 백반집 등을 하면서 돈도 많이 못 벌고 주목받지 못하는 삶을 산 데다 치매 판정까지 받았다. 그런데 말년에 인생역전을 했다! 2016년 손녀(1990년생 김유라)의 도움으로 유튜브 크리에이터로 떴다. 누구도 예상 못 한 일이었다. 가부장적 사회에서 어렵게 살아왔지만 지금은 욕까지 섞어가며 거침없이 자기표현을 하면서 제2의 인생을 즐기고 있다. 우리는 그보다 상류층에 올랐는데 단체로 열패감에 빠져서 연단의 박 할머니를 올려다보고 있다니, 어이가 없다. 과연 나도 박 할머니처럼 제2의 인생을 살 수 있을까?

나는 무엇을 하고 싶은 걸까? 누구와 교류하며 살아가고 싶은 걸까? 정말 모르겠다. 요즘은 돈이 다 떨어지기 전에, 너무 늦기 전에, 가성비 좋은 말레이시아로 이민을 가야 하지 않나 진지하게 생각하고 있다. 아내는 이곳 강남에 있는 친구들과 헤어지기 싫다고 반대하지만, 나는 잘 모르겠다. 어차피 여기 있어도 고립된 인생…, 그곳에 가서 넓은 집에서 편안하게 여생을 즐기는 편이 낫지 않을까.

물질적 성공을 추구했고 이루어냈지만 제2의 인생을 앞둔 사람의 쓸쓸한 자화상이다. 1960년대 개발도상국이었던 대한민국에서 태어나 최빈국에서 살아온 부모 밑에서 자랐으며 80년대에 대학을 나온 386세대는, 초고속으로 성장하는 '팽창사회'에서 치열한 경쟁 속 삶을 정신없이 살아냈다. 그러다가 30여 년의 시간이 훌쩍 지났고, 은퇴를 앞두고 있다. 정작 자신이 원하는 것을 중심으로 세상을 향유하는 법을 터득하지 못한 채 말이다.

그들은 청년 시기에 예상하지 못했다. 은퇴 후 평균적으로 20여 년의 삶이 더 주어지리라는 것을. 그들은 자신이 원하는 것을 알지도 못하고, 그것을 위해 삶을 전환하는 법도 배운 적이 없다. 사회적 관계 또한 조직 내 성공의 사다리 중심으로 편중되어 있다. 사다리가 눈앞에서 사라지자 그들은 장난감을 빼앗겨 망연자실한 아이가 됐다. 1부에서 살펴본, 자기 삶을 직접 디자인하고 재미와 삶의 질을 추구하는 창의적 경계인들과는 딴판의 삶이다.

이들은 대한민국 근대화의 결실이며 큰 자원이다. 서울을 떠날 바에야 차라리 동남아로 이민 가겠다는 그들의 모습에서 볼 수 있듯, 경제적 성공을 이룬 이들이 대한민국의 도시에서 마음이 떠났다는 것은 대한민국의 큰 손실이다. 대부분 지방에서 태어나 공부를 잘해 서울로 가서 경제적 성공을 이루어낸 이들인데, 정작 고향으로 돌아가거나 기여할 생각은 선뜻 못 하고 있다. 그들이 기억하는 20대 초반 처음 본 서울의 위용, 이후에 경험한 찬란한 발전은 서울만이 기회가 있고 자신이 있어야 할 곳이라는 생각이 뇌리에 강하게 자리 잡게 했다. 평생 조직 안에서 성공의 사다리를 오를 때는 몰랐다. 고향을 잃었고, 사회적으로 고립되어 있으며, 자기 자신의 길을 잃어버렸다는 것을.

물론 60년대생 모두가 이런 삶을 산 것은 아닐 것이다. 같은 세대라도 조직의 중심에 있던 남성들보다 주변에서 경계인에 머물러야 했던 여성들은 상대적으로 유연해지기 쉽다. 시대의 흐름이라는 큰 길을 벗어나 살아간 사람들도 있고, 노력을 통해 유연하게 삶을 전환해가는 사람들도 있다.

우리는 그런 이들을 1부에서 살펴봤다. 하지만 '그들 시대에서 성공한' 대부분의 50대는 자기표현과 삶의 전환을 불가능하다고 느끼고 있다. 기업인, 정치인, 언론인, 교수, 변호사, 검사, 의사 등 다양한 직업을 가지고 있지만 그들에겐 공통점이 있다. 인생 후반전을 맞이하여 지금까지 살아온 틀에서 벗어나고 전환하기가 어렵기에, 차라리 꼰대의 세상에 머무르는 길을 선택하는 것이다.

386세대의 위계에 기반한
협업 네트워크와 불평등의 확대

─────────────────────── 서강대학교 사회학과 이철승(48) 교수는 1997년 IMF 경제위기 때 취업난을 겪은 세대다. 미국에 유학을 가서 복지국가와 불평등에 대한 논문으로 박사 학위를 받았고, 시카고대학교 종신교수로 2017년 상반기까지 근무하다가 한국으로 돌아왔다. 대한민국의 20대 청년들을 매일 마주하면서, 한국 사회가 경제 발전과 정치 민주화를 모두 달성했는데도 왜 갈수록 불평등이 심화되는지 의문을 가지게 됐다. '누가 한국 사회를 불평등하게 만들었는가'라는 화두를 가지고 연구하여 2018년 논문 〈민주화 세대의 집권과 불평등의 확대〉를 발표하고 2019년 8월 《불평등의 세대》라는 책을 출간했다.

그는 대한민국의 청년 세대가 불행한 건 그 부모인 386세대가 자신들의 '세대 네트워크'를 바탕으로 양질의 일자리와 높은 임금, 권력을 독점하고 있기 때문이라고 말한다. 386세대는 민주화운동을 통해 산업화 세대를 물리치고 정치·경제의 권력을 잡았다. 하지만 이들의 세대 네트워크는 '위계구조'를 기반으로 한다는 점에서 기존의 산업화 세대와 다를 바가 없다. 동아시아 농경사회의 특징이었던 연공서열 중심의 위계조직 문화를 가진 채, 민주화와 경제 성장을 이루어낸 세대다.

이들은 1980년대에 학생운동과 노동운동을 할 때부터 매우 강한 응집력이 있었다. 그 힘을 바탕으로 우리나라의 제도적 민주화를 이루어냈고, 세계화를 이루어냈다. 저자는 그런 성과를 인정하면서도, 이제는 '평가의 시간'이 왔다고 말한다. 386세대가 부상한 후 30년이 지난 지금, 그들의 세대 네트워크는 위계구조와 결합하여 '네트워크 위계'를 만들어냈다고 말한다. 그는 386세대가 정치·경제에서 불평등을 확대시키고 있다는 것을 데이터로 증명한다.

일례로 국회의원의 연령대별 변화를 보면 정치의 세대별 불평등을 알 수 있다. 386세대는 자신들이 30대였던 1996년 총선에서 이미 10명(3%)의 당선자를 배출했다. 이들이 40대에 진입한 2004년 총선에선 106명(35%), 50대가 된 2016년 총선에선 161명(54%)이 국회의원이 됐다. 한편 그들의 아랫세대는 극명하게 기회가 줄어들었다. 2016년 총선에서 30대 의원은 2명(1% 미만), 40대 의원은 50명(17%)에 그친 것이다.

기업에서도 위계체제로 인한 불평등 구조가 굳어졌다. 1998~2017년 국내 100대 기업의 상무이사~대표이사 연인원 9만 3,000여 명을 분석한 결과, 2000년대 초반 임원의 8.9%였던 60년대생의 비율은 10년 만에 60.3%까지 올랐다. 이 상승세는 꺾이지 않아 2017년엔 임원의 72%에 이르렀다. 다른 세대와 비교할 때 크게 높아진 것이다.

50년대생이 그들과 같은 나이였을 때는 55%였고, 40년대생의 경우는 45%였다.

문제는 정치·경제에서 386세대가 세대 네트워크 위계를 강화하는 사이 대한민국의 미래 경쟁력이 떨어졌다는 것이다. 정치가 청년 세대의 목소리를 담아내지 못하는 것은 물론이고, 경제 역시 새로운 시대의 경쟁력을 놓치게 된다. 실제로 100대 기업의 세대별 이사진 비율과 자본수익률을 분석한 결과, 이사진에 60년대생과 50년대생이 많을수록 기업의 수익률이 떨어지고, 70년대생(80년대생은 분석되지 않았음)이 많을수록 기업의 수익률이 올라가는 상관관계를 보였다.

더 큰 문제가 있다. 세대 간 불평등은 미래의 세대 내 불평등을 강화한다. 386세대가 미래 세대 전체에 자원을 나누지 않고 자기 자녀들에게만 이런 자원을 물려주고자 하기 때문이다. 386세대의 상층부끼리 협업 네트워크, 품앗이 네트워크를 가동하면서 부모 세대로부터 권력을 상속받은 청년들과 그렇지 못한 청년들 사이에 세대 내 불평등이 지속적으로 확대되고 있다.

그렇다면 대안은 무엇일까? 이 교수는 이런 분석을 바탕으로 '위기에 봉착한 한국형 위계구조를 어떻게 바꿀 것인가?'라는 질문을 던진다. 386세대가 강력한 네트워크에 기반을 둔 응집성으로 한국 사회 조직들의 상층부에 '과대 대표'됨으로써, 하층과 청년들에게 돌아갈 소득과 일자리의 몫이 작아지고 있다. 이철승 교수는 이런 현상을 해결할 대책으로 '세대 간 연대 전략'을 제안한다. 이는 386세대가 20대 때 보여주었던 '집합적 자각과 효능감'을 오늘날 다시 보여주어야 가능하다.

386세대 스스로가 자신들이 구축한 네트워크 위계로 발생하는 폐해를 바로잡고, 그 희생자들을 보듬을 방법을 고민해야 한다는 얘기다. 사회적 합의를 통해 청년 세대에게 기회를 제공하기 위해 '임금피크제'를 도입하는 것이 하나의 방안이다. 연차에 비례해 자동적인 임금 상승을 보장하는 연공제를 없애고, 고용과 훈련안전망을 확대하여 청년 세대를 위한 복지국가를 만들어가야 한다는 것이다.

90년대생이
'꼰대의 세상'에 일으키는 파도

세대 네트워크와 위계구조가 결합된 사회에서 개인들이 나이와 출신을 떠나 자기를 자유롭게 표현하고 협업할 수 있는 사회로 나아갈 수 있을까? 90년대생의 부상에서 그 실마리를 찾아보자.

나는 제주창조경제혁신센터에서 팀별 독서토론 모임을 운영하고 있다. 팀원들이 돌아가면서 책을 선정하는데, 40대인 팀장이 《90년생이 온다》를 선정했다. 나도 팀 토론에 참여했는데, 참가자들이 20대부터 40대까지 골고루 있었다. 토론에서 화제가 된 부분은 '직장인 꼰대 체크리스트'였다.

20대 직원은 자기 생각과 행동에 반대되는 것들만 다 적혀 있어서 놀랐다고 했다. 40대 직원은 23개 항목 중 6개가 나왔다고 했다. 체크리스트에서는 1개 이상만 있어도 꼰대이고, 9개~16개면 심각한 꼰대, 17~23개면 중증 꼰대라고 했다. 그가 체크한 항목 중에는 '휴가를 다 쓰는 것은 눈치가 보이는 일이다', '나이가 들면 지혜로워진다는 말에 동의한다' 등이 있었다.

20대 직원이 놀라워하며 물었다. "나이가 들면 지혜로워진다고요? 정말요? 어떻게 그렇게 생각할 수 있어요?"

40대 팀장 역시 놀라서 말했다. "아, 제가 체크한 의도는 그게 아니었어요. 내 위의 어른들 중에 배울 게 많은 분들을 보면, 나도 그분처럼 지혜로워지고 싶다는 생각이 들어서요."

20대 직원이 다시 말했다. "저는 길 가다가 만난 처음 보는 어르신이 제게 '나이가 들면 지혜로워진다'라고 불쑥 던지는 상황이 떠올랐어요."

사실 그 체크 항목에는 괄호 안에 어떤 가정이 숨어 있었던 것으로 볼 수 있다. '사람은 나이가 들면 지혜로워진다'라는 것은 "나는 연장자니까 지혜롭고 어린 너는 지혜롭지 않다"라고 얘기하는 것일 수 있다. 내가 그렇게 얘기하자 40대 팀장도 "저도 그건 아니라고 생각해요"라고 말했다.

괄호 안에 숨어 있는 가정, 생각의 차이가 무의식적으로 행동의 차이를 만들어낼 수 있다. '모든 연장자'가 지혜롭다고 생각한다면, 세대 간의 소통이 막히고 팀원들의 자발성과 창의성이 억눌릴 수 있다. 지혜는 모두에게 있다고 생각해야 한다.

2019 FIFA U-20 월드컵(20세 이하 월드컵)에서 팀원들의 창의성과 적극성을 끌어내 세계 준우승의 위업을 달성한 정정용(50) 감독의 일화를 보자. 그는 "나 때는 말이야"라는 말을 하면 청소년들과 소통할 수 없다고 말한다. TV 예능 프로그램 〈집사부 일체〉에서 그는 자신의 리더십 철학을 SSC^{Simple, Short, Clear}로 표현했다. 이런 철학을 갖게 된 계기는 중학교 팀을 지도할 때 받았던 충격 때문이었다고 한다.

"과거 중학생을 가르치는데 훈련이 끝난 어느 날, 샤워하러 온 아이들의 말을 엿듣게 됐다. 내 이야기를 50%도 못 알아듣겠다고 하더라. 그게 충격이었다. 효과적인 소통 방식에 대해 고민했고, SSC를 실천하게 됐다."

그 결과가 역사적인 성적으로 이어졌다. U-20 선수들은 "저희는 운동장에서 '감독님을 위해 뛰어보자'라고 했어요"라고 말한다. 감독이 꼰대가 되기를 내려놓으니, 선수들이 창의성과 시너지를 발휘하여 한마음으로 뛰게 된 것이다.

평생직장은 기대하지도 않을뿐더러, 직장에서 자신이 원하는 일이 아니면 하지 않으려 하고, 입사하자마자 퇴사를 꿈꾸는 이들이 90년대생이다. 권위와 부조리에 복종하지 않고 자신의 가치와 사회의 가치를 추구하는 경향이 있기 때문에, 수직적 위계질서를 통해 일해온 조직에서는 이들이 새로운 골칫거리일 수밖에 없다. 사회와 조직이 한 번에 바뀌는 것은 아니기에 애꿎은 80년대생들이 중간에 끼어서 고생을 하기도 한다. 90년대생들이 적극적 의사표명을 통해 떠맡지 않는 일들을, 80년대생들이 떠맡아 묵묵히 처리해야 하는 상황이 되기도 하기 때문이다.

사회와 조직이 변화의 과도기에 있다. 《90년생이 온다》에서는 이런 변화는 막을 수 없기에, 새로운 세대를 이해하고 변화하는 조직은 성공할 것이고 그렇지 못한 조직은 경쟁력을 잃을 것이라고 말한다. 센터에 90년대생들이 늘어나기 시작하면서 나 또한 팀장들에게 이렇게 얘기했다.

> "앞으로 제가 팀장들에게 원하는 능력은 '협상의 능력'입니다. 팀장들은 회사의 목표를 위해서 성과관리를 해야 하는 역할이 있습니다. 최고의 성과를 위해서는 팀원들 각자가 추구하는 개인의 가치와 조직이 추구하는 가치 사이의 협상을 끊임없이 해내야 합니다. 이것은 마치 무역을 하는 것과 같을 수 있어요. Z라는 직원에게 그가 원하는 가치와 방향에 10% 정도의 자율성을 주는 대신, 회사가 목표로 하는 성과에 100% 집중하게 할 수 있다면, 그렇게 해야 합니다. 이는 Z가 하고자 하는 그 10%를 이 회사 밖에서는 하기 힘들고 이 안에서 할 수 있다는 것에 10배의 비교우위를 느낄 때 작동합니다. Y에게 Z와 똑같은 영역에 자율성을 준다고 해서 그것이 작동하지는 않을 것입니다.
>
> 이를 위해 세 가지가 필요합니다. 첫째, 여러분은 회사가 추구하는 가치와 목표를 잘 알아야 합니다. 둘째, 여러분은 팀원들이 어떤 개

인적 가치를 추구하는지를 상세히 알아야 합니다. 셋째, 회사가 추구하는 가치 및 목표와 개인의 가치 사이에서 효과적인 협상을 해낼 수 있어야 합니다. 물론 굉장히 어려운 일입니다. 하지만 변화하는 시대에 여러분이 그런 리더십을 발휘해낼 수 있다면, 이 회사에 있든 언젠가 떠나든 리더로서 여러분의 미래는 밝을 것이고, 그렇지 못하다면 어두울 것입니다."

선진국에서 태어난 90년대생, 후진국에서 태어난 60년대생

───────────────── 직장과 직업의 안정성이 떨어진 시대에 90년대생들은 사회생활 초반부터 자신이 무엇을 원하는지 끊임없이 성찰하고, 불안을 견디고 이겨내는 법을 모색하고, 이미 익숙해진 것을 버리고 새로운 것을 배우며 전환하는 법을 찾아간다. 경쟁보다는 가치 중심의 커뮤니티를 이루어 함께 즐기며 살아가는 것을 중요하게 생각한다.

부모 세대인 60년대생들이 가지지 못한 것을 그 자녀 세대인 90년대생들이 가진 것이다. 90년대생들이 태어나던 시기에 대한민국은 이미 경제 선진국 대열에 들기 시작했고, 지금은 1인당 국민소득 3만 달러를 넘는 시기에 20대를 보내고 있다. 60년대생들이 태어나던 시기에 우리나라는 경제적으로 세계 최빈국을 가까스로 벗어났는데, 은퇴를 앞둔 지금은 세계 경제 강국이 됐다. 따라서 양 세대는 사고방식과 삶의 방식이 다르다.

지금 90년대생들의 상황을 기성세대의 가치관과 행동 양식의 프레임으로 바라보면 결코 이해하지 못한다. 취업도 어려운 불쌍한 세대이고, 헝그리 정신이 없어 열심히 일하지 않으며, 목표가 없어 퇴사를 자주 하는 걱정스러운 세대로만 보이기 때문이다. 그러나 바꾸어 생각하면 그 관점은 '후진국에서 태어난 기성세대'의 관점이 아닐까? 90년대생들은 '경제 선진국' 대한민국에서 태어나 자라고 그것을 향유하면서 우리 사회에 부족한 것들을 나름의 방식으로 열심히 채워나가고 있다. 정작 걱정스러운 것은 자신이야말로 제2의 인생을 위해 변화해야 하는데 '꼰대의 세상'에 젖어 뻣뻣해진 기성세대가 아닐까?

기성세대에게도 희망은 있다. 1부에서 살펴본 김상헌(1963년생) 전 대표, 최인아(1961년생) 대표의 예처럼 스스로 삶을 전환하고 청년들과 소통하면서 시대 전환에 동참하는 길을 택할 수 있다. 네이버 대표이사를 역임하고 은퇴한 김상헌 전 대표는 트레바리를 자기 소유의 건물에 입주시키고 자신도 북클럽에 참여하며 청년들과 소통하고 있다. 최인아 대표는 제일기획 최초 여성 임원을 지내고 은퇴한 후 최인아책방을 창업해서 다양한 사람들과 지식을 나누고 있다. 많은 경험과 자원을 가진 60년대생들이 이렇게 창의적 경계인들이 되어간다면, 대한민국의 미래는 밝을 것이다.

지키고자 하는 이와
혁신하고자 하는 이의 충돌

지금까지 세대별 자화상을 들여다봤다. 현재 대한민국은 이런 자화상들이 다양한 영역에서 갈등을 빚으며 충돌하고 있다. 정치와 문화에서의 충돌도 있지만 전체를 다루기는 어려우니, 경제와 사회에서의 충돌 양상을 살펴보고자 한다.

지금 대한민국은 한쪽에서는 과감한 산업 혁신으로 변화를 선도해야 지속 가능한 미래를 열어갈 수 있다고 얘기하고, 또 다른 한쪽에서는 변화하는 환경과 위기로부터 기존 산업을 보호하고 일자리를 지켜주어야 한다고 주장하고 있다. 두 목소리가 팽팽하게 부딪히고 갈등하고 있지만, 현명한 중재자나 변화관리자는 부족하다.

60년대생 민주화 세대는 현재 정치·행정·기업의 모든 영역에서 최고 의사결정자의 위치에 있지만, 이들은 진영 싸움과 경쟁을 통한 승리에 익숙하다. 정치와 행정은 톱다운 방식에 익숙하고, 언론은 싸움을 부추기는 데 능하다. 그리고 민간은 사회적 자본이 부족하다. 기존 산업과 신산업 사이에서 다양한 이해관계자의 갈등이 생겨날 때 미래지향적 합의를 이루는 데 큰 어려움을 겪는 이유가 바로 이것이다.

갈등의 상황에서 민간이 강한 행동을 하면, 언론은 그것의 표피적인 부분을 이슈화하고, 정치와 행정은 장기적인 변화관리보다 임시처방을 선택하곤 한다. 과거 방식의 산업 육성책으로 돌파구를 찾으려고 하지만, 이런 유형의 문제는 그렇게 해서 해결되지 않는다. 결국 30~50년 전에 만들어진 제도 안에서 움직이게 돼 기존 산업과 신산업 주체 누구도 만족하지 못한 채 갈등만 더 커지기도 한다.

택시 집회와 차량공유 서비스의 충돌에서 '진짜 문제' 찾기

_____ 2019년 1월 '카카오 카풀'에 반대하여 택시 기사 임모(64) 씨가 분신 사망했다. 시민들은 기존 택시 서비스에 대해 불만이 많고 이를 해결할 새로운 서비스의 등장에 큰 관심을 가지고 있다. 스타트업들은 해외의 우버와 그랩 등 차량공유

서비스들의 성공을 예로 들며, 우리나라도 지금 혁신하지 않으면 미래의 모빌리티 사업과 자율주행차량에 영원히 뒤처지고 말 것이라고 한목소리로 얘기한다. 정부는 이런 갈등의 상황에서 문제의 본질을 정의하지 못하고 택시 업계, 시민, 스타트업의 주장 사이에서 이러지도 저러지도 못하는 혼란에 빠져 있었다.

기존 산업을 무조건 보호하자는 것도 문제고, 해외가 앞서가니 무조건 따라 해야 한다는 것도 문제다. 중요한 것은 다양한 이해관계자를 만나 현재의 문제가 무엇인지 정확히 정의하는 것이다. 그래야 미래의 방향성과 해결책을 도출하고 변화를 관리해나갈 수 있다.

이 혼란의 과정에서 인터넷 미디어 스타트업이 문제를 정의해냈다. 닷페이스.face의 채널 '그거 앎?'이 2019년 5월 두 번의 심층 보도를 했다. '택시 vs 카풀' 시리즈로 '밤에 안 잡히는 택시, 택시 기사들만 문제일까?' 편과 '택시 기사들은 생떼를 쓰고 있는 걸까?' 편을 10분 이내의 다큐멘터리로 만들어 페이스북과 유튜브에 올렸다.

이 다큐멘터리에 따르면 택시와 관련된 진짜 문제는 다음과 같다. 결론부터 말하자면, 택시는 운임과 차량 수를 정부에서 관리해온 산업이므로 오래전 정책으로 인해 누적된 일들의 결과가 이번 사건이 발생한 이유라는 것이다. 1972년 정부에서 개인택시면허를 개인이 사고팔 수 있도록 제도화했다. 1990년대에 들어서자 대중교통이 확충되고 자가용 시대가 본격화되면서 택시 수요는 줄어갔다. 그럼에도 정부는 그 시기에 택시면허 수를 계속 증가시켰다. 당연하게도, 택시의 수익성은 갈수록 악화됐다(현재 인구 1,000명당 택시 수는 서울

6.9대, 도쿄 4.9대, 런던 2.2대, 뉴욕 1.7대다). 2000년대 들어 정부가 택시 면허를 추가로 발행하지 않자, 개인택시를 운전하려면 기존 개인택시 운전자에게 택시면허를 사는 방법밖에 없게 됐다. 이때부터 택시 면허 가격이 급등하기 시작했다. 면허 가격이 급등하자 젊은 층의 개인택시 운전이 어려워지고, 50대 이상의 사람들이 은퇴 자금으로 개인택시 운전자가 되는 경우가 흔해졌다(현재 개인택시 운전자 중 60세 이상이 50% 이상을 차지한다). 정부에서 심야할증 등의 제도를 마련해 야간에 더 많은 돈을 벌 수 있도록 유도했지만, 고령자들은 시력 저하나 안전 등을 이유로 심야 시간대 운전을 꺼릴 수밖에 없다. 고령자 비율이 높은 개인택시가 이렇게 운영되기 때문에 낮에는 택시가

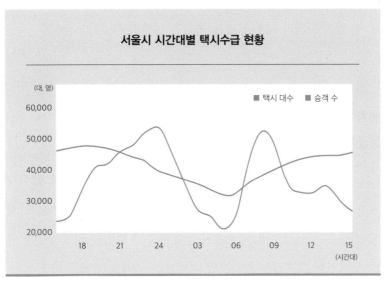

서울시 시간대별 택시수급 현황

출처: 강상욱, <한국과 일본의 택시 정책 비교 연구>, 2015, p. 15

지나치게 많고 출근 시간과 자정 인근에는 택시가 부족한 것이다. 이는 또한 택시 서비스 만족도를 떨어뜨리는 주요한 원인이 됐다.

2019년 5월 15일 개인택시 기사 안모(76) 씨가 차량공유 서비스 '타다'에 항의하며 분신 사망했다. 2018년 12월 이후 벌써 네 번째 분신 시도였고 3명이 사망한 것이다. 이들이 이렇게 극단적으로 화가 난 진짜 이유는 무엇일까?

모든 산업을 혁신하지 말아야 한다는 주장은 아닐 것이다. 신산업을 통한 혁신과 기존 산업 보호라는 대립 구도의 관점으로만 보는 것은 문제를 잘못 정의한 것이다. 오랜 기간 정부가 관리해온 택시 산업의 구조적 문제가 누적되다가 불만이 폭발한 것으로 볼 수 있다. 급격한 고령화와 인구 감소 시대를 앞두고 있는 동시에 4차 산업혁명 시대의 초입에서, 다양한 이해관계자가 신뢰에 기반해 합의를 이룰 수 있는 사회적 자본은 크게 부족한 대한민국의 자화상이다.

**과거의 제도와 새로운 미래 사이에서
공공에 요구되는 새로운 역할**

─────────────────────────── 시대가 바뀌면서 제도상 변화가 필요한 것은 교통 서비스만이 아니다. 인구 감소와 고령화로 시골에 빈집은 늘어가는데, 제주에서 전통가옥의 빈집을 리모델링해 숙박 서비스를 제공하는 스타트업 다자요는 규제로 제약을 받고 있다. 1990년대 초 농가 활성화를 위해 농림부에서 제정한 농어촌정비법

상 '집주인이 거주해야 한다'라는 조건 때문이다. 그래서 다자요는 기존 숙박 사업자들이 제기한 민원 탓에 2019년 7월 사업 모델을 변경해야 했다.

1990년대 초는 인구가 증가하던 팽창사회였다. 지금은 35년 이상이 지나 고령화와 지방 쇠퇴가 심각한 시기다. 농어촌의 빈집은 보기에도 좋지 않을뿐더러 범죄의 온상이 되는 등 여러 면에서 문제가 되고 있다. 이런 사회적 문제를 해결하는 다자요는 크라우드 펀딩을 통해 200여 명의 투자를 받는 등 큰 반향을 일으켰다. 민원을 넣은 주체는 저가 단체관광의 축소로 위기의식을 느낀 민간 숙박 사업자일 것으로 보인다. 그는 자신의 신분을 공개하지 않고 지속적으로 정부를 향해 스타트업 다자요를 처벌해달라고 하고 있다.

언론에서도 1면에 법을 개선해야 한다는 기사를 내는 등 공론이 형성되고 있다. 그러나 농림부에서는 제도 변경에 적극적이지 않다. 이 문제는 문화체육관광부, 중소벤처기업, 농림부가 모두 관여된 일이다. 세 부처가 함께 풀면 풀릴 수 있는 문제이지만, 부처 간에 힘을 합쳐 제도를 개선한다는 것이 대한민국에서는 아직 익숙하지 않은 일이다.

정부 차원에서 규제 개선의 노력이 없었던 것은 아니다. 1998년에 정부는 규제개혁위원회를 만들었다. 이미 그때부터 규제가 경제 성장의 발목을 잡고 있다는 것을 인식한 것이다. 어떤 정부에서든 항상 규제개혁이 가장 중요한 정책 어젠다 중 하나다. 이번 정부 들어서도 규제샌드박스, 규제특구 등 다양한 제도가 마련됐다. 그럼에도 그 효과가 나타나지 않는 이유는 무엇일까?

새로운 시대에 필요한 혁신공무원이 부족하기 때문이다. 사실 공무원 입장에서는 규제개혁과 변화관리는 가장 어렵고 회피하고 싶은 업무일 것이다. 지금까지도 예산을 편성하는 부서가 가장 막강한 권한을 가지고 있고, 규제개혁과 변화관리는 예산투입 성과와는 거리가 멀다. 더욱이 규제개혁을 추진하는 공무원들은 민간의 이해관계자들로부터 엄청난 민원 압박을 받고 언론에 시달리면서 일을 해내야 한다. 또한 공공 사회도 상위 의사결정자들은 위계구조와 산업화 시대의 관성을 가지고 있기에 청년 세대 공무원들의 자율권은 크지 않다.

지난 세기 대한민국은 국가 주도 개발로 경제를 성장시켰지만, 이제는 공공의 역할이 달라졌다. 그러나 이런 공공의 새로운 역할에 대해 공무원 개개인의 리스크는 큰 반면 보상은 적다. 더욱이 그 노하우를 알고 있는 선배와 동료들도 거의 없다시피 하다. 〈경향신문〉은 2019년 5월 기사에서 공무원들의 다음과 같은 고뇌를 전한다.

> "과거 경제기획원처럼 관료가 독자적으로 정책을 결정하는 시대가 지났다면 현대 관료의 모범적 모습에 대한 논의가 있어야 한다."

21세기 들어서부터 고용불안이 지속되면서 젊은 인재들이 공무원으로 몰리고 있다. 그들은 당장은 공무원 조직에서 기성세대가 해왔던 방식에 적응할 수밖에 없을 것이다. 하지만 시간이 지나면 기성세대가 은퇴하고 새로운 세대가 더 많은 역할을 맡게 될 것이다. 이들에게 새롭게 요구되는 21세기 역량은 선택과 집중이라는 방식으로 산업을 육성하는 것이 아니다. 민관 협력을 통한 문제해결과 기존의 산업과 신산업 사이의 변화관리를 하는 퍼실리테이터, 앙트러프러너십이다.

전국에서 찾아보면, 배울 수 있는 선배들이 없지 않다. 최덕림 전 순천시 국장과 쿠퍼실리테이션 구기욱 대표가 대표적이다. 기성세대 공무원들과는 다른 길을 개척한 창의적 경계인들이다. 제주창조경제혁신센터에서 제주도 5~7급 공무원들을 대상으로 실시한 '변화관리자 양성 과정'에 마스터로 초빙하기도 했다. 밀레니얼의 공무원들은 이들이 개척한 길을 더 확장해나갈 것으로 기대된다.

순천만습지공원을 만든 순천시 최덕림 전 국장은 공직 생활 내내 생태관광을 집중적으로 연구하고 만들어갔다. 순환보직이라는 관행이 있고 다들 예산과나 총무과를 선호했지만, 그는 불이익을 감수하면서까지 생태관광과 조금이라도 관련된 과들에 머물렀다. 다른 지방들이 너도나도 방조제를 만들고 개간하느라 습지가 사라지고 있을 때, 그는 순천만을 습지로 보존하고 발전시키면 세계적인 명소가 되리라 생각했다. 그래서 온갖 어려움과 두려움을 무릅쓰고 순천만공원을 만들어냈다. 생태공원을 만들자 철새들이 돌아왔고, 연간 600만 명 이상의 관광객이 찾아왔다. 성공이었다. 그의 이 과정은《공무원 덕림씨》라는 책으로 발간됐다.

또 다른 선배는 쿠퍼실리테이션의 구기욱 대표다. 그는 행안부 공무원으로 뉴욕에 파견 나가 있던 2001년, 세계무역센터 사무실로 출근하는 길에 항공기 테러로 건물이 붕괴하는 것을 목격했다. 조금만 일찍 나섰어도 그의 목숨은 사라졌을 것이다. 그때 찍은 사진을 가끔 펼쳐보던 그는 공직의 사다리에서 성공만을 추구하던 인생에서 빠져나와 전환의 길을 향해 걷기 시작했다. 그러던 중 2004년 노무현 정부에서 정부 혁신정책을 추진하면서 그에게 교육훈련을 맡겼다. 그때 퍼실리테이션을 알게 됐고 자격증을 땄다.

이후 그는 공무원을 그만두고 천안시의 시장 상인과 노점상들의 충돌을 조정하는 등 지역 현장을 돌아다니며 갈등을 해결하는 퍼실리테이터 역할을 했다. 2013년에는 퍼실리테이터를 양성하는 회사인 쿠퍼실리테이션을 창업했다. 그는 공공성을 실현하기 위해서 스스로 창의적 경계인의 길에 올라 자신은 물론 후배들에게 전환의 길을 열어주고 있다.

2장

경제적 성취보다
삶의 질을 중시하는 사회로

_____ 서구 선진국들은 산업혁명 이후 경쟁, 성장, 노력, 신분 중심의 물질주의 단계를 거쳤다. 경제 성장을 이루자 생존 가치를 넘어 자기표현 가치가 증대되면서 사회가 변화해갔다. 가장 큰 전환의 시기는 1960년대 후반부터 1970년대까지였다. 서구의 전후 베이비붐 세대가 탈물질주의 사회로 시대 전환을 이룬 것이다.

한편, 같은 시기에 대한민국은 초단기 압축성장을 거쳐 물질주의 사회로 진입했다. 그리고 이제, 경제 선진국이 된 21세기 대한민국은 또 다른 시대 전환을 앞두고 있다. 새로운 세대의 자기표현 가치가 높아지면서 변화는 이미 시작됐다.

50여 년 전 서구의 베이비붐 세대는 기성세대에게 집단적으로 저항해 시대 전환을 이뤘지만, 현재 대한민국은 다른 조건에 처해 있어서 같은 방법으로 가지 않는다. 대신 창의적 경계인들이 세대와 세대, 지역과 지역을 연결하여 사회적·지적·경제적 자본을 만들어내면서 시대 전환에 앞서고 있다.

우리와 비슷한 동아시아 국가들의 근대화 과정을 살펴보는 것은 대한민국의 현재를 이해하고 미래를 설계하는 데 도움이 된다. 동아시아 국가들은 오랜 기간 고유의 정치·사회·문화를 가지고 있다가 급격한 서구적 근대화를 이뤘다는 점에서 공통점이 있다. 한편으로는 서구적 근대 국가이면서 한편으로는 서구 국가들과 다른 상황에 처해 있는 것이다.

우리보다 먼저 서구적 근대화를 이룬 일본은 어떨까? 그들은 자신들이 선망했던 서구 제국주의의 망령을 아직도 버리지 못하고 있다. 그리고 중국은 우리가 했던 방식으로 국가 독재를 통한 경제개발에 성공하고 있지만, 언젠가 사회적 자본의 부족으로 큰 어려움을 겪게 될 가능성이 크다.

서구의 다양성과 개방성은
어떻게 만들어졌나

지금의 서구 선진국들은 세계에서 다양성과 개방성이 가장 높은 국가들에 속한다. 하지만 불과 60여 년 전까지만 해도 전혀 다른 가치관과 라이프스타일을 지닌 사회였다. 1960년대 이전까지만 해도 산업사회 문화가 주류 사고방식이었다. 제조업 도시들이 전성기를 구가하고 있었고, 사람들은 열심히 노력하고 경쟁에서 승리하여 물질적인 부를 얻는 것을 최고의 미덕으로 여겼다. 하지만 성공한 삶은 무미건조했고, 위계와 권위주의가 팽배했으며, 남성과 여성의 차별도 컸다. 심지어 미국의 흑인들은 참정권도 없었다.

그런데 1960~1970년대를 지나면서 서구의 가치관과 라이프스타일이 크게 변화했다. 이는 1960년대 청년들의 격렬한 반문화counter-culture운동, 그리고 히피들의 등장과 관련이 있다.

1965년 미국은 베트남전쟁에 본격적으로 뛰어들었고 1968년에는 파병 인력이 38만 5,000명에 달했다. 이때까지만 해도 미국은 징병제였다(1972년에 해제됐다). 징집에 저항하던 대학생들이 벌인 시위가 반전운동, 평화주의운동으로 확산됐다. 이들은 세계평화, 흑인민권운동, 성해방 등을 주장했다. 부모로부터 물려받은 물질적 풍요의 안락함을 거부하고 캘리포니아주로 몰려들어 거리에서 공동체생활을 했다. 록 음악을 틀어놓고 LSD(당시에는 합법적으로 사용할 수 있었다)를 향유하는 등 기성세대가 만들어놓은 사회 시스템에 정면으로 맞섰다. 베트남전쟁이 끝나고 정치적 이슈들이 해결된 후에도, 이들이 만든 새로운 가치관과 라이프스타일은 사회를 근본적으로 변화시켰다.

같은 시기 유럽에서도 청년들의 문화운동이 거세게 일어났다. 드골은 제2차 세계대전 당시 프랑스의 독립 영웅이었지만 기성세대가 되자 권위주의의 상징이 됐다. 권위주의에 반기를 든 프랑스 대학생들이 6·8운동을 일으켰으며, 이를 시작으로 반문화운동이 주변 나라들로 확산됐다. 이를 계기로 서구 선진국들이 연이어 시대 전환의 길을 걷게 됐다.

오늘날 우리가 알고 있는 서구 사회의 자유주의는 이 시기에 형성된 것이다. 반문화운동과 히피문화는 1960~1970년대에 청년기를 보낸 이들에게 큰 영향을 미쳤다. 1960년대에는 미국 대학생 중 70%

이상이 자신을 히피라고 생각했다고 한다. 빌 클린턴(1946년생)과 힐러리 클린턴(1947년생) 역시 자신들이 20대에 히피였다는 사실을 숨기지 않는다.

스티브 잡스(1955년생)는 히피문화의 중심지였던 샌프란시스코에서 유년기를 보내며 큰 영향을 받았다. 1995년 PC의 탄생에 관한 TV 인터뷰에서 그는 젊은 시절 자신이 왜 히피가 됐는지에 대해 다음과 같이 말했다.

"매일 눈에 보이는 이상의 무언가가 있다는 것을 느꼈기 때문입니다. 삶에는 단순히 직업, 가족, 자가용 2대 같은 것을 능가하는 뭔가가 동전의 한 면처럼 있어요. 둘 사이에 틈이 생기면 알 수 있습니다. 모든 게 무질서해지고 틈이 생기는 순간 그걸 경험할 수 있습니다. 역사상 많은 사람이 그걸 찾았습니다. 소로, 인도 신비주의자들 중에 그런 인물들이 많았죠. 히피운동도 그걸 알아내려고 했습니다. 물론 히피는 반대쪽으로 너무 가버렸지만…. 그것은 은행원 대신 시인이 되고 싶게 만드는 정신과 같은 것입니다. 매우 훌륭한 겁니다. 그리고 전 그와 똑같은 정신이 제품 안에도 담길 수 있다고 생각해요. 그런 제품이 전달되면 사람들도 그 정신을 느낄 수 있겠지요. 저와 함께 일했던 훌륭한 사람들도 컴퓨터 자체를 위해서 일하지 않았습니다. 컴퓨터가 자신들이 가진 정신을 표현하기에 가장 적합한 매개체였기 때문입니다. 다른 사람들과 공유하고픈 감정 말입니다. 이해되나요? 컴퓨터가 발명되지 않았다면 우린 다른 일을 했을 겁니다. 하지만 컴퓨터가 발명되자 우린 관심 갖고 모여들었죠. 그리고 이렇게 말할 수 있었습니다. '이 매개체라면 나 자신을 표현할 수 있겠다'고 말입니다."

- <스티브 잡스: 더 로스트 인터뷰>, 2011

자기표현 가치의 증대와 탈물질주의 사회로의 전환

―――――――――――――― 미국의 정치학자 로널드 잉글하트Ronald Inglehart는 1981년부터 '세계 가치 서베이world values survey'를 진행했다. 그는 몇 년에 한 번씩 주기적으로 전 세계 국가들에 대한 서베이를 실시해 물질주의 사회에서 탈물질주의 사회로 변화하는 과정을 추적했다. 그가 특히 중요하게 생각한 축은 생존 가치와 자기표현 가치였다. 물질적으로 살기 어려운 사회에서는 생존 가치가 지배적이지만, 경제적 성장이 일정 수준을 넘어서면 자기표현 가치가 커진다. 자기표현 가치가 커지면 민주주의에 대한 욕구가 증대되고 사회가 변화한다.

미국과 유럽에서 1960~1970년대에 이뤄진 시대 전환은 물질적 풍요에 따른 자기표현 가치가 높아진 새로운 세대가 주인공이었다. 서구 선진국들의 시대 전환이 반문화운동과 히피문화와 같이 청년 세대의 집단적 저항으로 나타난 것은 당시 연령별 인구 비율의 특징 때문으로 볼 수 있다. 실제로 1960년대 베이비붐 세대의 2030 청년

물질주의와 탈물질주의 (Ronald Inglehart)

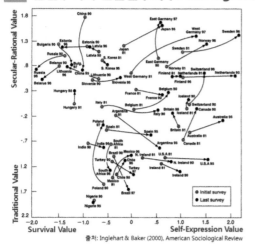

1970년대 탈물질주의 혁명의 영향

**국가 및 주류의 집단/종교가치에 대항해
개인의 가치와 선택을 중시하는 미국의 문화적 변화**

✓ 산업화(중산층의 소득증가 및 서비스/지식업종 성장)에
의한 국가경제발전은 각 국가별 정체성을 기반으로
세속가치(Secular value)와 자기표현가치(Self-expression
value) 지향적 변화를 가져옴

✓ 1981년-1998년 사이 각 국가별 최소 두 시점 가치변화 조사

서유럽	미국	아시아
자기표현 가치(X) 및 세속가치(Y) 증가	X축 증가	혼재
서독, 스웨덴, 노르웨이, 스위스 네덜란드 등	기독교가치 기반의 전통중시	일본-X,Y축 증가 한국 - 정체

출처: Inglehart & Baker (2000), American Sociological Review

물질주의와 탈물질주의(출처: 모종린 교수 브런치)

인구는 미국이 45%, 프랑스가 44%, 영국이 42%에 달했다. 그래서
그들은 기성세대에 집단적으로 저항해 세상을 바꾸어나갈 수 있었
던 것이다.

1970년대의 대한민국에
잠시 영향을 주었던 히피문화

―――――――――――――― 우리 또한 1960~1970년대에는
전후 베이비붐 세대의 청년 인구 비율이 높았다. 하지만 경제 후진국
대한민국의 청년들은 산업역군이 되어야 했다. 당시 미국의 히피문

화와 로큰롤의 영향을 받아 대학생들을 중심으로 '블루진과 통기타'로 상징되는 자기표현 가치가 유행했지만, 일시적 현상에 그쳤다.

국민 대다수가 먹고살기 힘들던 저개발 국가, 군부독재 국가였기에 그런 흐름이 대세가 될 수 없었다. 외국인 히피족의 입국을 불허하고, 장발족을 단속하고, 금지곡을 지정하는 등의 규제 속에서 히피문화는 급속히 사그라졌다. 그 시기는 국가 독재를 통해 산업 발전에 매진하던 때였기에 다양성과 개방성, 자유주의 같은 가치는 허용되지 않았다. 오히려 1972년 유신헌법이 제정되면서 독재와 통제가 더 강화됐다.

1970~1980년대에 경제가 급속히 성장한 결과 국민의 기본적인 생존 가치가 상당 부분 충족됐고, 이는 1987년 민주화운동이 발생하는 기반이 됐다. 그러나 잉글하트는 문화적 민주화가 이루어지지 않은 채 제도적 민주화만 이뤄진 국가에서는 정치인들이 국민들 간의 갈등과 반목을 부추기면서 사익을 취하는 경향이 나타난다고 말한다. 저자는 소련에서 해방된 동구 유럽 국가들에서 그런 경향이 뚜렷했다고 분석한다. 실질적 민주주의가 이루어지는 것은 개인의 자기표현 가치가 증대되고, 정치 · 경제 · 사회 · 문화 등 모든 영역에서 다양성이 존중되고 창의성이 발현되는 사회가 될 때라고 주장한다. 그런 관점에서 볼 때 대한민국의 진정한 민주주의는 아직 미완성이며 현재진행형이라 할 수 있다.

밀레니얼 개척자들이
우리 사회의 탈물질주의를 촉진한다

탈권위주의, 다양성을 추구하는
X세대의 등장

——————————————— 1990년, 내가 대학 신입생으로 들어갔을 때는 이미 민주화운동 이후의 시대로 넘어가고 있었다. 1987년 직선제 개헌을 이루어냈고, 3저 호황과 88올림픽의 영향으로 경제 위상이 높아져 경제는 더할 나위 없이 좋았다. 경제가 성장하자 분배에 대한 욕구가 수면 위로 올라와 노동운동이 거세게 일어났고 파업도 잦아졌다. 하지만 제도적 민주화를 달성하고 소련이 붕괴하면서 냉전도 끝나자, 정치적 구호를 내세운 학생운동은 점차 약해졌다.

대학 신입생일 때 나는 운동권 선배들의 권위주의적이고 획일적인 모습에 동조하기 어려웠다. 선배들 대부분은 학생운동을 여전히 열심히 했다. 그들은 대한민국을 미국 제국주의로부터 해방해야 한다는 NL^{National Liberation}(민족해방)파와 독점자본에 대항하여 노동운동을 하는 PD^{People Democracy}(민중민주)파로 갈려 치열하게 경쟁했다. 공감할 수 있는 이슈에는 두어 번 시위에 동참하기도 했지만, 나의 대학 시절 관심사와 활동 영역 대부분은 사회의 변화를 원하는 문화운동과 창작 활동이었다.

1971년에 태어나 1990년대에 20대를 시작한 나는 X세대의 첫 기수에 속한다. 민주화와 경제 호황, 해외여행 자유화를 겪으며 새로운 대중문화를 만들어가는 '신인류'로 불렸다. '난 나야. 남이 하란 대로하기 싫어'라고 외치고, 자유분방한 패션을 즐겼다. 1992년에 등장한 서태지와 아이들의 음악과 메시지에 열광했다. 1993년《신세대, 네멋대로 해라》와 같은 문화비평 책을 읽으면서 기성세대의 가치관을 전복하고 일탈이 미덕이 되는 자유로운 세상을 꿈꿨다. 1993년에 한국예술종합학교가 개원하고, 1995년에 영화 잡지 〈키노〉·〈씨네21〉·〈프리미어〉가 동시에 창간되고 영상원이 개설되는 등 영화 콘텐츠 마니아들과 전문가들이 막 생겨나던 시기이기도 하다. 이들은 이후 밀레니얼 시대 한류 콘텐츠의 중추로 자라났다.

그러나 X세대는 1990년대에 화려하게 등장했음에도 시대를 온전히 열어내지 못했다. 1997년 IMF 경제위기의 여파로 사회 초년생일 때부터 위축됐고, 이후 20년 동안 정치·경제·사회 모든 분야에서 존재감을 드러내지 못했다. IT 창업 붐이 일어 386세대가 벤처 시대를 열 때 X세대는 훌륭한 실무자로서 그들의 성공을 도왔다. 2000년 닷컴 버블이 붕괴하면서 창업이 크게 위축됐는데, 20대 후반에 이르러 사회에 본격적으로 진출할 시기이던 X세대에게는 또 하나의 시련이었다.

자기표현 가치를 추구하는 90년대생 Z세대의 등장은 나와 같이 X세대 중 꿈을 버리지 않은 사람들에게는 매우 흥미로운 일이었다. 90년대생들은 위계적 권위에 굴하지 않고 자신이 원하는 가치를 당당히 추구하고 표현했다. 90년대생들 또한 X세대가 90년대에 추구했던 가치에 큰 호기심을 보인다. 하고 싶은 것을 하고, 자유분방하게 표현하던 이들의 시대를 복원하고자 하는 마음을 느끼는 것이다.

전 세계적으로 비틀스 못지않은 인기를 끌고 있는 BTS(방탄소년단)는 X세대와 90년대생의 합작품이다. 빅히트엔터테인먼트 방시혁 대표는 1990년대에 '문화 대통령'으로 불렀던 서태지와 같은 1972년생이다. BTS는 모든 멤버가 1990년대생이다. 이들이 던지는 메시지는 '나다움을 찾는 것'이며, 전 세계에서 활약하는 이들의 팬클럽 아미ARMY는 취향 공동체로 볼 수 있다. BTS의 가사와 뮤직비디오에는 프리드리히 니체, 카를 융, 헤르만 헤세 등 서구와 우리나라의 다양한 텍스트가 어우러진다. 여타 아이돌과 달리 자신과 세계를 성찰하고 표현하는 BTS의 힘이 드러난다.

방시혁은 이 일을 어떻게 해냈을까? 대중음악 작곡가로 성공적인 커리어를 살아왔지만 원래는 미학을 전공(서울대 미학과)했다는 점에 주목해보자. 방시혁은 20년이 넘게 다중의 정체성으로 살아온 후, Z세대(90년대생)와 호응하여 전 세계의 시대 전환을 이끌게 된 건 아닐까. 전 세계적인 BTS 현상은 대한민국이 1990년대에는 탈물질주의에 실패했지만, 강렬하게 타올랐던 그 에너지가 현재에 이르러 새로운 세대의 시대정신과 융합해 더 큰 에너지로 발현되고 있음을 보여주는 것 아닐까.

전환의 시기에 있는
대한민국의 다른 조건

──────────────── 2019년 현재 새로운 세대가 자기 표현 가치를 추구하는 것은 대한민국이 탈물질주의 사회로 이행하는 징후로 볼 수 있다. 이들의 '재미 추구' 성향과 '커뮤니티 지향성'이 시대 전환의 동력이 된다. 그런데 우리의 사회 전환은 서구와 같은 방법으로 진행될 것 같지는 않다. 저출산 고령화에 이어 인구 감소를 앞두고 있고, 경제는 성장했지만 소득 격차와 양극화 같은 문제들이 심화되고 있는 대한민국의 2019년은 서구의 1960~1970년대와는 상당히 다른 조건이기 때문이다.

가장 큰 차이는 인구통계학적인 측면에 있다. 1960년대에 미국, 프랑스, 영국의 2030 청년들이 각국 인구에서 차지하는 비중은 40% 이상이었지만, 2017년 기준 대한민국 2030 청년의 비율은 27.5%에 그친다. 고령화가 진행돼 50세 이상 인구는 36.4%에 달한다.

또 다른 차이는 지방 쇠퇴다. 중앙대학교 도시계획부동산학과 마강래 교수는《지방도시 살생부》에서 지방 도시 인구가 감소하고 고령화되면서 몇몇 도시에서는 청년층이 거의 없어지고 있다고 말한다. 전 세계적으로 팽창사회가 끝나고 수축사회로 들어선 시점이라는 것도 중요한 차이다. 대우증권 전 사장이었던 홍성국은《수축사회》에서 지난 시기에는 전 세계적으로 인구가 증가하고 경제도 성장하는 팽창사회였지만, 이제는 인구 감소 등의 요인으로 더는 파이가 커지지 않는 수축사회에 들어섰다고 말한다. 이는 미·중 관계 등 국가 간의 역학 관계에도 영향을 미치고 있다.

서구는 팽창사회의 경제 호황기에 막대한 인구수를 차지한 베이비붐 세대가 단기간에 사회의 가치체계를 전복했다. 그러나 대한민국은 고령화, 인구 감소, 지방 쇠퇴의 시기에 탈물질주의 사회로 이행하려 한다. 서구의 1960년대처럼 청년 세대만의 결집으로 단숨에 시대의 변화를 만들 수는 없다. 물질주의 사회에 우리가 흔히 썼던 톱다운의 '빨리빨리' 방법으로도 달성할 수 없다.

우리가 탈물질주의 사회로 이행하는 과정은 긴 호흡으로 중장기적 변화를 만들어가는 방법으로 실행해야 할 것이다. 청년 인구수 때문에 불리한 것 같지만, 꼭 그렇게만 볼 필요는 없다. 팽창사회 시기에 세대교체를 이루어낸 서구의 히피문화는 세대 간 갈등이나 청년 세대의 LSD 남용 등 여러 가지 부작용도 남겼다. 히피문화를 경험한 청년들이 빌 클린턴이나 스티브 잡스처럼 정치·경제 영역에서 리더가 된 경우도 있지만, 자신만의 이상주의적 세계에 갇힌 채 불행한

삶을 산 사람이 훨씬 많다. 서구의 시대 전환을 역사적 맥락에서 참
고는 할 수 있겠지만, 우리 문제는 우리의 지혜로 풀어내야 한다.

대한민국의 탈물질주의를 이루어낼 주인공은
창의적 경계인들이다

──────────────────── 초단기 압축성장 이후 다가온 수
축사회 시기에 다음 시대로 전환하기 위해서는 우리만의 방법을 찾
아내야 한다. 나는 이 역할을 해낼 수 있는 사람들이 바로 밀레니얼
개척자들, 창의적 경계인들이라고 생각한다. 이 책의 1부에서 소개한
사례들은 이런 변화의 큰 흐름을 보여준다. 대표적인 사례를 다시 살
펴보자.

1부 1장에서 살펴본 트레바리의 윤수영 대표는 독서 커뮤니티 서
비스로 세상을 바꾸어가고 있다. 그가 사업 아이디어를 말했을 때 주
변에서는 '적지 않은 돈까지 내가면서 누가 독서 커뮤니티에 가입하
겠는가'라며 회의적이었다. 더구나 요즘 2030 독서 인구는 점점 줄
어들고 있다. 하지만 2019년 8월 기준으로 유료회원이 5,600명에 달
하는 서비스로 성장했다. 그가 지향하는 가치에 많은 사람이 동참한
것이다. 트레바리의 슬로건은 '세상을 더 지적으로 사람들을 더 친하
게', '더 나은 우리를 위한 독서 모임 기반 커뮤니티 서비스'다. 처음
에는 청년들 중심으로 시작됐지만, 점차 전문 영역의 경험을 가진 시

니어들과 청년들 사이의 지적인 커뮤니티로 확장됐다. 이렇게 창의적 경계인들은 기성세대를 배척하지 않고, 기성세대 중에서도 창의적 경계인이 될 수 있는 사람들을 끌어들이며 세대 간 연결을 통해 변화를 만들어내고 있다.

1부 2장에서 소개한 충주시청 조남식 주무관은 8급 지방공무원이었지만 역량을 최대한 발휘하여 충주시 홍보 페이지를 B급 감성으로 운영하면서 4만 명이 넘는 구독자 팬덤을 만들어냈다. 과장, 팀장은 처음엔 우려했지만 조 주무관의 지지자가 됐다. 2대 담당자 김선태 주무관은 유튜브 크리에이터로 역할을 확장해서 3만 명 이상의 구독자를 확보했다. 그들은 전국 지방정부에 초청받아 강의를 다니면서 가장 위계적이고 재미없던 공공 조직을 변화시키고 있다.

1부 4장에서 살펴본 해녀의부엌 김하원 대표는 해녀의 딸로, 서울에서 대학을 다닌 후 제주도 돌아와 해녀 콘텐츠 스타트업을 성공적으로 운영하고 있다. 기성세대에게 지방 도시는 척박하고 떠나야 할 곳이지만, 밀레니얼 세대에게는 차별화된 콘텐츠의 보고다. 한국예술종합학교 연기과를 졸업한 김 대표는 제주를 좋아하는 친구들과 함께 해녀 '삼춘'들(제주에서는 남녀를 불문하고 친척을 삼춘이라 부른다)과 할망들에게 연기를 가르쳐주고 있다. 그들의 삶을 담은 공연을 하면서 그들이 채취한 자연산 수산물을 다이닝하는 서비스도 만들었다.

이렇게 21세기 대한민국의 창의적 경계인들은 세대와 세대를 연결하고, 민간과 공공을 연결하고, 지역과 지역을 연결하면서 변화를 만들어간다. 이들의 활동으로 기성세대도 변화하고, 공공도 변화하고, 지역도 변화한다. 이들만 잘되는 것이 아니라 더 많은 사람이 자신이 하고 싶은 일을 찾아가고, 함께 나눌 친구들을 찾고, 일하고 살기에 더 좋은 지역을 만들어간다.

21세기 대한민국의 시대 전환기에 이런 일들이 가능한 것은, 모두가 연결되고 소통할 수 있는 인터넷이라는 도구가 있기 때문이기도 하다. 1960년대 서구의 반문화운동이 일어나던 때는 매스미디어의 시대였다. 히피들은 전 국민의 관심사를 불러일으킬 만한 기이한 집단행동과 공동체생활을 통해 TV와 신문에 보도되기를 의도했다. 그 결과 매스미디어를 통해 궁금증이 생긴 많은 이들이 캘리포니아로 모여들면서 점점 더 큰 사회현상이 되어갔다. 그들은 라디오와 록 음악을 통해 저항의 정신을 노래했다.

그런데 지금은 인터넷과 모바일의 인터랙티브 미디어 시대다. 누구나 콘텐츠를 생산하고 유통할 수 있고, 경계 없는 플랫폼을 통해 전 세계로 확산시킬 수 있다. 또한 결이 맞는 커뮤니티에 참여할 사람들을 쉽게 모을 수 있다. 디지털 문해력digital literacy(디지털 기술과 정보를 활용하는 능력), 미디어 문해력media literacy(미디어를 읽고 쓰는 능력)은 누구나 콘텐츠와 커뮤니티로 세상을 변화시킬 수 있게 한다.

대한민국을 탈물질주의 사회로 전환하는 밀레니얼 개척자들은 이처럼 강력한 콘텐츠의 생산·유통·소비 도구들을 활용해서 다양한 세대와 국가, 도시를 넘나들며 가치 중심의 협력 네트워크를 만들어낼 수 있다. 서구 히피의 반문화운동처럼 집단적 일탈 행동을 함으로써 세상을 뒤엎는 것이 목표가 아니라 '연결을 통해 함께 변화하는 것'이 목표다. 그러므로 대한민국 청년 인구수의 부족은 결코 불리한 점이 아니다. 전 세계가 비슷하게 수축사회로 향하고 있는 이 시기에 대한민국의 창의적 경계인들이 효과적으로 시대 전환을 이루어낸다면, 새롭게 전개되는 시대에 전 세계에 긍정적 영향력을 미치고 선도적 리더십을 발휘할 절호의 기회가 될 수도 있다.

BTS에게서 그 가능성을 엿볼 수 있다. 팬클럽 아미는 유튜브로 음악을 들으면서 메시지와 텍스트를 해석하고 공부하며 자기 자신을 찾아간다. RM(김민준, 25)이 유엔에서 한 연설을 보자. 그는 〈SKY 캐슬〉에 나오는 이들과 같지도 않고 해외파도 아니지만, 유튜브에 올라온 시트콤과 힙합 음악 등을 활용해 영어를 독학해서 유창하고 훌륭한 연설을 해냈다. 전 세계 팬들이 BTS에 감동하고 열광하는 이유가 이 메시지에 담겨 있다.

> 저희 초기 앨범 인트로 중 '아홉, 열 살쯤 내 심장은 멈췄다'라는 가사가 있습니다. 돌이켜 보면, 그때쯤이 처음으로 다른 사람의 시선으로 나를 보게 된 때가 아닌가 싶습니다. 그때 이후 저는 점차 밤하늘과 별들을 올려다보지 않게 됐고, 쓸데없는 상상을 하지도 않게 되었습니다. 그보다는 누군가가 만들어놓은 틀에 저를 끼워 맞추는 데 급급했습니다. 얼마 지나지 않아 내 목소리를 잃어버리고, 다른 사람의 목소리를 듣기 시작했습니다. 아무도 내 이름을 불러주지 않았고,

저 스스로도 그랬습니다. 심장은 멈췄고 시선은 닫혔습니다. 그렇게 저는, 우리는 이름을 잃어버렸고 유령이 되었습니다. (…) 어제 실수했더라도 어제의 나도 나이고, 오늘의 부족하고 실수하는 나도 나입니다. 좀 더 현명해질 수 있는 내일의 나도 나일 것입니다. 이런 내 실수와 잘못들 모두 나이며, 내 삶의 별자리에서 가장 밝은 별 무리입니다. 저는 오늘의 나이든, 어제의 나이든, 앞으로 되고 싶은 나이든 저 자신을 사랑하게 되었습니다.

(…) 저는 여러분 모두에게 묻고 싶습니다. 여러분의 이름은 무엇입니까? 무엇이 여러분의 심장을 뛰게 합니까? 여러분의 이야기를 들려주세요. 여러분의 목소리를 듣고 싶습니다. 그리고 여러분의 신념을 듣고 싶습니다. 여러분이 누구이든, 어느 나라 출신이든, 피부색이 어떻든, 성 정체성이 어떻든 자신에 대해 이야기해주세요. 자신에 대해 말하면서 자신의 이름과 목소리를 찾으세요.

저는 김남준이며, 방탄소년단의 RM이기도 합니다. 아이돌이자 한국의 작은 마을 출신 아티스트입니다. 다른 많은 사람들처럼 많은 흠이 있고, 그보다 더 많은 두려움이 있습니다. 그래도 이제는 저 자신을 온 힘을 다해 끌어안고 천천히, 그저 조금씩 사랑하려 합니다.

당신의 이름은 무엇입니까? 여러분 자신에 대해 이야기해주세요. 정말 감사합니다.

- BTS RM의 유엔총회 연설 중(연설은 영어로 진행됨), 2018.9.24

콘텐츠 자원은
무궁무진하다

여기서 질문을 던져보자. 서구적 근대화를 이루고 난 이후 밀레니얼의 시대에는 무엇이 '대한민국의 정체성'을 구성하는가? 대한민국에는 독특하고 차별화된 자원이 이미 풍부하다. 창의적 경계인들은 이 자원을 통해 경계를 넘나들며 가치 있는 콘텐츠로 만들어낸다. 그 결과 대한민국의 정체성은 매일매일 자라난다.

근대화가 늦었다는 것조차 역설적으로 차별화된 장점이 되기도 한다. 서구적 근대 사회와 완전히 다른 사회의 흔적과 자원이 불과 100여 년이라는 가까운 시기에 있었다는 사실이기 때문이다. 즉, 대한민국은 근대 이전의 사회가 매우 가까운 과거에 있으면서 경제·

사회적으로 근대화를 이룬 경제 강국이다. 더욱이 조선 시대의 우리 선조들은 엄청난 기록 문화를 통해 당시의 정치·사회·문화적인 요소들을 상세히 기록해두었다. 근대화를 이루는 과정에서는 이것들이 발목을 잡고 있다며 다 버려야 한다는 사람들도 많았다. 그러나 이제 세계적인 콘텐츠를 만들어낼 수 있는 크리에이터들이 많은 우리나라에서 조선 시대의 무궁무진한 콘텐츠 자원은 엄청난 축복이 아닐 수 없다. 심지어 국권 상실과 남북분단의 뼈아픈 역사와 초단기 압축성장의 과정조차도 우리에게는 최대의 약점이면서 엄청난 콘텐츠 자원이 된다.

정체성은 이렇게 차별화된 우리만의 자원을 어떻게 잘 발굴하여 크리에이티브한 콘텐츠로 만들어낼 수 있는가에 달려 있다. 중요한 것은 우리만의 역사와 문화에 자긍심을 가지고 주체적으로 현재와 미래 가치로 만들어가는 것이다. 이렇게 해낼 수 있는 창의적 개척자들이 절실하다.

1부에서 살펴본 칠성조선소, 성심당, 태극당의 예를 돌아보자. 칠성조선소는 함경도 원산이 고향인 세대가 피난을 왔다가 고향이 그리워 휴전선 인근인 속초에 조선소를 세웠던 역사에서 출발한다. 산업화 과정에서 조선소는 쇠락하지만, 디자인을 전공한 창업주 3세대가 카페, 박물관, 보트 제작소로 되살렸다. 대전 성심당 역시 창업 스토리가 자산이다. 피난민이 기회를 찾아 서울로 가다가 우연히 대전에 내려 성당에서 얻는 밀가루 2포대로 시작한 사업이다. 지역민에게 꾸준히 기부하고 원도심을 지켜온 것도 그들의 자산이다. 서울 태극당은 3대 경영인이 태극당의 포장지, 서체 등을 만들어 리브랜딩하고 태극당의 콘텐츠를 기반으로 다양한 패션 브랜드와 협업하면서 성장해가고 있다.

근대사를 다룬 콘텐츠인 영화와 드라마가 인기를 끌고 있음은 물론이고 다양한 장소가 콘텐츠를 기반으로 재생되고 있다. 1933년 강화도에 세워진 조양방직은 우리나라 최초, 최대의 방직회사였다. 1960년대까지 섬유산업을 주도하며 최고 품질의 인조직물을 생산했으나, 이후 산업이 고도화되면서 쇠락해 20~30년간 폐가로 방치되어 있었다. 이 건물을 재개발하지 않고 개성 넘치는 레트로 예술 공간과 카페로 재생하자 관광객이 몰려들었다. 삼성이 탄생한 대구의 제일모직 부지도 여공들이 일하던 건물과 기숙사들이 창작공방과 카페, 레스토랑 등으로 재탄생했다. 부산의 '초량 이바구길'은 전국의 피난민이 머물렀던 역사 자체가 콘텐츠로 변모해 명소가 됐다.

이렇게 근대를 역사화하고 미래 가치를 동시에 담아 현재의 장소성을 만들어낸 것은 또 다른 효과를 창출한다. 기억이 존재하는 장소가 되살아나면 산업화 세대는 사회적 고립을 벗어나 '생애의 역사화'를 할 수 있다. 기성세대가 밀레니얼 세대와 소통하고 즐기며 함께할 수 있는 것이다. 초단기 압축성장으로 크게 달라진 세상에서 평균 수명이 늘어나 특정 장소를 기억하는 생존자가 많다는 것 역시 대한민국의 특수성이다. 세대의 기억을 미래 가치로 재생함으로써 세대와 세대가 공감하고 소통하게 하고, 로컬과 세계를 창의적으로 연결할 수 있는 대한민국만의 사회적 자본이다.

제일모직 부지의 건물을 재생한 대구 크리에이티브 캠퍼스 단지

자원의 세계화는 이미 구현되고 있다. 근대화 시기에는 해외 선진국의 것을 무분별하게 모방하거나 현재성이 떨어지는 전통문화 지키기에만 매몰됐다. 하지만 현재는 국내외의 다양한 형식과 내용을 융합하여 높은 퀄리티로 만들어 세계로 자신 있게 뻗어 나가는 크리에이터들이 많아졌다. 이제 전 세계 사람들은 이것을 대한민국의 정체성으로 여기고 있다.

2019년 봉준호 감독의 영화 〈기생충〉이 칸 영화제의 황금종려상을 받았다. 이 영화는 빈부 및 계층 간 갈등과 모순을 우리나라 특유의 공간과 문화를 통해 담아냈는데 세계적으로도 큰 공감을 불러일으켰다.

한편, 방탄소년단은 1960년대 히피 세대의 영웅이었던 비틀스를 연상시킬 만큼 음악으로 전 세계 사람들에게 큰 영향력과 메시지를 전하고 있다. 그들은 한글 가사를 고집하고, 대한민국의 역사와 지명을 등장시킨다. BTS는 2015년에 내놓은 〈화양연화 pt.2〉 수록곡 '마시티Ma city'에서 고향에 대한 자부심을 흥겹게 노래한다.

> "나 전라남도 광주 baby
> 내 발걸음이 산으로 간대도
> 무등산 정상에 매일 매일…"

전 세계의 BTS 팬클럽인 아미들은 한글로 된 가사들을 해석하고, 5·18광주민주화운동에 대해 공부하기도 한다.

탈물질주의 시대에는 이렇게 가치와 콘텐츠가 정체성을 만들어간다. 이것을 만들 수 있는 주체는 다양한 영역의 자원을 연결하고 융합할 수 있는 창의적 경계인들이다. 우리나라에는 밀레니얼에 들어서면서 많은 크리에이터가 생겨났다. 이들은 우리나라의 문화·역사 자원을 발굴하여 새로운 것으로 탄생시킨다. 새로운 콘텐츠를 만들기도 하고, 기존의 상품에 스토리와 브랜드를 입혀 가치를 창출해내기도 한다. 이런 모든 활동이 '나의 정체성'으로부터 '도시의 정체성'과 '대한민국의 정체성'을 만들어가는 과정이다.

역사, 문화, 사회, 도시에 대한민국의 정체성을 만들어갈 자원은 무궁무진하다. 이것을 만들어갈 주체인 창의적 경계인들이 존재하고 성장할 수 있느냐에 성패가 달려 있다.

일본과 중국은
어디까지 와 있는가

서구 제국주의에 대한 선망에서
벗어나지 못하는 일본의 국가주의

2019년 8월 2일 일본의 아베 정부는 우리나라를 '화이트리스트 국가'에서 배제했다. 화이트리스트는 일본의 전자부품과 소재 등 1,100개 핵심 전략물자의 수출 절차를 간소화하는 등 수입국을 우대하는 제도다. 미국, 영국 등 27개국에 대해 화이트리스트 국가 지위를 인정하는데, 한국은 아시아에서는 유일하게 2004년부터 이 리스트에 포함돼 있었다. 1985년 플라자합의 이후 한국에서는 반도체 산업이 발달하고 일본에서는 반도체

소재 산업이 발달하면서 긴밀해졌던 민간 경제 공급망이 일본의 일방적 해제로 무너진 것이다.

연세대학교 국제학대학원 모종린 교수는 이 사건을 일본이 '서방 국가의 일원으로서 한국을 인정하지 않겠다'라는 입장을 표명한 것으로 해석했다. 화이트리스트 배제가 발표된 날 열린 아세안 국가들과 한·중·일 외교부 장관 회담에서 고노 다로 외무상은 한국이 아세안 국가와 똑같은 대우를 받게 된 것인데 무엇이 문제인지 모르겠다는 발언을 했다. 그동안 한국이 서방 국가 중심의 화이트리스트 안에 들어가 있었던 게 오히려 예외였고, 이제 정상으로 되돌렸다는 식의 발언이다. 이에 대해 싱가포르 총리는 아세안 국가들이 화이트리스트에 빠져 있는 것이 문제라며 더 확대해야 한다고 주장했다.

화이트리스트 사건에서 볼 수 있듯이 일본은 자국이 서방 선진국의 일원이며 여타 아시아 국가들과는 다르다는 의식을 가지고 있다. 이런 의식은 150여 년 전 메이지유신을 통한 근대화 과정에서 형성됐다.

오랜 기간 일본은 동아시아에서 변방에 머물며 중국과 한국의 문물을 받아들였다. 그러다가 1543년 포르투갈의 배가 나가사키 인근 다네가시마라는 섬에 도착한 것을 시작으로, 서양 국가들과 직접 교류하면서 300여 년 동안 서양 기술을 흡수했다. 1634년 일본은 쇄국 정책의 하나로 나가사키의 인공섬 데지마에서만 외국인들이 교류할 수 있도록 했는데, 그 결과 데지마에는 서양의 지식을 한 번에 배울 수 있는 집적 효과가 생겼다. 1641년 네덜란드 동인도회사가 이곳에 자리 잡았고, 이후 200여 년 동안 데지마는 서구의 지식과 기술이 유입되는 통로가 됐다. 영국에서 1760년에 시작된 산업혁명을 일본이 동아시아 국가들 중에 가장 먼저 접할 수 있었던 것도 나가사키가 지식의 통로 역할을 했기 때문이다.

일본은 1868년에 메이지유신을 통해 산업혁명을 시작하고 서구적 근대화의 길에 올라섰다. 일본의 남서부 지역인 사쓰마번과 조슈번이 핵심 주체였던 것을 생각하면, 같은 남서부 지역인 나가사키에서 서구와 지식 및 기술 교류를 한 덕에 근대화를 위한 인재들이 많이 배출됐다고 볼 수 있다. 두 지방 도시는 연합을 하고 왕의 권위를 높이며 260여 년간 이어져 온 도쿠가와 막부에 승리하여 정권을 장악했다. 이후 20년 정도의 단기간에 서구적 근대 국가의 제도적·경제적·군사적 기반을 갖추었다. 미국 등 서구 국가들이 일본에 개항과 불평등 조약을 요구할 때 일본은 이미 근대 국가의 체제를 갖추어놓았기에 효과적으로 대응할 수 있었다.

이런 배경이 있기에 남서부 지역에서는 일본의 근대화를 이끄는 지식인들이 대거 등장했다. 소년 시절 나가사키에서 네덜란드학을 배웠던 후쿠자와 유키치가 대표적인 개화 사상가로, 메이지유신을 일으키는 데 큰 영향을 미쳤다. 일본 근대화의 주역이자 조선을 강점한 초대 통감 이토 히로부미도 이 지역 출신이다. 일본은 더 나아가 '탈아론'이라는 기치를 내걸고 아시아를 탈피하고자 하며 서구적 제국주의의 일원이 됐다.

일본이 2019년 한국을 화이트리스트에서 배제한 것은 후쿠자와 유키치가 1885년 일본의 신문에 기고한 '탈아론'이라는 글의 생각과 놀랍도록 일치한다. 당시 조선은 1884년 개화파들이 갑신정변을 통해 개혁을 하려다가 수구파와 청군에게 진압되어 실패한 직후였다.

"서구화의 바람이 동양을 향해 불어오는 것은 부인할 수 없는 사실이며, 모든 국가는 서구 사회와 더불어 이 운동에 동참하여 문명의 열매를 맛보는 것 이외에는 다른 선택의 여지가 없다. 문명은 홍역과 같지만, 여러 이로운 점을 가져다준다는 점에서 홍역보다는 이롭다. 그러므로 국가는 문명에 거역할 수 없으며 이를 받아들여야만 한다. 문명화 과정에서 보수적인 정부(도쿠가와 막부)는 걸림돌일 뿐이며 이를 뒤집어야만 일본에서 문명화를 이룰 수 있다. 옛것을 버리고 새로운 것을 얻는 과정에서 가장 핵심적인 것은 '아시아를 벗어나는 것(脫亞)'이다. 비록 일본이 이미 정신적으로는 아시아를 벗어났지만, 이웃의 두 나라(한국과 중국)는 개혁을 생각조차 하지 못하고 있다. 이 나라들의 유교적 가르침은 모두 위선적이고 뻔뻔할 뿐이다. 중국과 일본의 개혁이 실패한다면, 이들은 곧 세계 열강에 나라를 빼앗길 것이다. 서구인들은 언제나 일본, 중국, 한국을 같은 문화를 가진 비슷한 나라들이라고 생각하는데, 이는 일본에 걸림돌이 될 뿐이다. 나쁜 친구를 사귀는 사람은 다른 사람들에게 마찬가지로 나쁜 인상을 주기 때문에, 일본은 이웃의 나쁜 아시아 나라들과 관계를 끊어야 한다."

일본은 메이지유신 이후 서구 국가들이 하는 일들을 모두 따라 하기 시작했다. 당시 서구 국가들은 식민지를 건설하고 약탈하는 제국주의였다. 일본이 그토록 선망했던 서구적 근대화는 이렇게 제국주의로 시작됐고, 지금도 그것을 선망하고 있다. 서구 선진국들은 산업화와 동시에 시민혁명 등을 통해 진화했다. 그리고 세계대전을 겪은 후 제국주의에서 벗어나 청년 문화운동을 통해 탈물질주의 사회로 다시 한번 진화했다. 하지만 일본의 정치ㆍ시민사회 주류는 여전히 19세기 후반~20세기 초반의 의식에 머물러 있다. 자민당이 1955년 이후 단 5년(1993~1994년, 2009~2012년)을 제외하고는 장기 집권하고 있고, 정부가 주도하는 일에 국민이 적극적으로 반대 의사를 표명하지 못하는 배경에는 이런 이유가 있다.

물론 일본 내에서도 제2차 세계대전 이후 제국주의적 침략을 반성하고 변화해야 한다는 목소리가 존재했다. 1960년대에는 초국가주의에 대항하는 학생들의 '전공투(전국학생공동투쟁회의) 운동'이 격렬하게 일어났다. 메이지유신 100주년이던 1968년에는 도쿄대 학생을 중심으로 '도쿄제국주의대학 해체'를 슬로건으로 싸웠다. 학생들은 일본이 미국의 베트남전을 지원함으로써 국가주의적 이익을 얻고자 하는 태도에 저항했다. 전공투 운동은 미국의 히피 반문화 운동, 유럽의 68운동과 궤를 같이한 것이다. 하지만 일본의 시대 전환 운동은 와해됐고, 이후 일본은 산업화 중심의 근대화에만 집중하게 되었다. 1968년 대학에 입학했던 무라카미 하루키는 이러한 가치관의 압살과 상실을 경험한 전공투 세대다.

1980년대에 일본 경제가 최고 정점을 찍고 1990년대 이후 장기불황에 빠지면서 일본은 더욱 과거의 국가주의로 후퇴하게 된다. 게다가 2011년 동일본지진이 발생해서 후쿠시마 원전 사고가 일어나자 큰 위기의식을 느낀 국민들은 아베 정권에 의지할 수밖에 없었고, 이와 함께 일본이라는 나라는 서구 제국주의를 선망하던 시절로 급속히 퇴행하고 있다. 공교롭게도, 아베의 지역구는 메이지유신을 통해 일본의 서구화와 제국주의화가 시작된 조슈번(현재 야마구치현)의 시모노세키이기도 하다.

일본 국민들의 자기표현 가치는 낮지 않다. 하지만 그것이 라이프스타일 산업에서만 크게 발휘되고 있을 뿐 진정한 자유주의, 민주주의 국가로 나아가는 데에는 큰 어려움이 있어 보인다. 소수이긴 하지만 일본의 깨어 있는 지식인과 시민들은 그런 국가주의에서 탈피하기를 원한다.

따라서 우리는 일본의 제국주의는 배격하되 일본의 깨어 있는 시민들과는 연대해야 한다. 화이트리스트 사건에 대해서도 일본의 일부 지식인이 비판의 목소리를 내고 있다. 대한민국의 밀레니얼 세대가 화이트리스트 사건으로 촉발된 일본 불매 운동에 대해, 'No 일본'이 아닌 'No 아베'로 방향을 잡아간 것은 이런 면에서 상당히 바람직한 일이다. 밀레니얼 개척자들은 국가주의를 넘어, 국가의 경계를 넘어 연대해야 할 것이다.

국가 독재의 개발로 경제는 성장하지만
사회적 자본의 위기가 다가오는 중국

──────────────── 2019년 6월 12일 홍콩 시내에
100만 명의 시위대가 모였다. 홍콩 인구가 700만 명 정도니 7명 중
1명이 집회에 참여한 것이다. 중국에서 임명받은 캐리 람 홍콩 행정
장관이 사태를 수습하려 해봤지만, 6월 16일에는 시위대가 200만 명
(주최 측 추산)으로 늘어났다. 8월 12일에는 시위대 수천 명이 홍콩 공
항을 점령하여 여객기 운항이 전면 중단되는 초유의 사태가 발생했
다. 홍콩의 시위대는 전 연령대가 참여하고 있지만 특히 10대, 20대
인 90년대생들이 중심이다. 이들은 한국의 1987년 6·10민주항쟁을
참고하며 행정장관의 직선제를 요구하기도 하고, '임을 위한 행진곡'
을 부르기도 한다. 박근혜 탄핵을 성공시킨 2017년 촛불집회를 롤모
델로 삼기도 했다. 홍콩의 민주화 시위는 중국에 어떤 의미일까?

중국은 18세기 청나라 때까지만 해도 세계 최강국이었다. 산업
혁명을 이루어낸 영국이 19세기까지도 쉽게 넘보지 못했다. 그러나
1842년 아편전쟁에서 영국에 허무하게 패배하면서 종이호랑이 신세
로 전락해 홍콩을 영국에 장기 임차하게 됐다. 홍콩은 영국의 동아시
아 교두보로 경제적 번영을 누렸고, 1997년 중국에 반환됐다. 중국
은 홍콩을 자치구로서 운영해왔지만, 중국 체제에 반대하는 인사들
을 송환할 수 있는 범죄인인도법 제정이 추진되면서 자유에 큰 위협
을 느낀 홍콩인들이 시위에 나선 것이다.

홍콩 시위는 단지 자치구의 문제가 아니다. 압축 고도성장을 이뤄온 중국의 심각한 내부 갈등이 겉으로 드러나는 증상이다. 홍콩의 민주화운동을 허용한다면, 중국의 권위주의적 공산당 통치체제는 걷잡을 수 없이 무너지고 말 것이다. 때문에 중국 정부는 시민들의 요구를 선선히 들어줄 수 없다. 이미 민주주의를 경험했던 홍콩에서 가장 큰 문제가 발생했지만, 실제로는 중국 본토 전체와 관련된 문제다.

한국의 대학생 임명묵(28)은 중국의 근현대사에 관한 탁월한 저서 《거대한 코끼리, 중국의 진실: 백년의 꿈과 현실, 시진핑의 중국은 어디로 향해 가는가?》를 썼다. 이 책에서 그는 1976년 마오쩌둥의 죽음 이후 중국이 어떤 길을 걸어 현재에 이르렀는지를 이야기한다.

중국은 서구 제국주의와 일본의 침략을 이겨내고 공산주의 국가를 세웠다. 하지만 1958년 농업과 철강 부문을 강화하고자 벌였던 '대약진운동'이 실패하여 3,000만 명이 굶어 죽었고, 1966년에 일으킨 '문화대혁명'은 관료계, 지식계, 예술계 등에 큰 타격을 입혔다. 연이은 큰 패착으로 저개발 국가를 벗어나지 못했음에도 중국 공산당은 굳건했다.

그러다가 1976년 개국 공신이었던 저우언라이, 마오쩌둥이 연이어 사망하면서 전환의 시기를 맞이했다. 이후 집권한 덩샤오핑은 그동안 억압받아온 국민들의 자유를 외치는 목소리가 높아지자, 경제적 자유와 풍요를 안겨주되 정치적으로는 공산주의 독재를 유지하는 길을 선택했다. '칼날의 빛을 감추고 어둠 속에서 실력을 기른다'라는 '도광양회' 방침으로 미국 및 일본과 적극적으로 교류하고, 한국의 1970~1980년대 국가 주도 경제 성장 모델을 벤치마킹하여 강력히 추진했다.

1992년 소련이 붕괴되면서 일어난 혼란을 보고 중국은 경제개발에 더 박차를 가했다. 사실상 자본주의 경제를 받아들이는 것이었지만, 역설적으로 그것은 공산당 독재체제를 유지하기 위한 것이었다. 덩샤오핑 사후 장쩌민, 후진타오, 시진핑으로 이어지는 집권세력 역시 같은 노선을 이어갔고 결과적으로 압축성장을 통한 산업화에 성공했다. 1990년에 대한민국의 1인당 국민소득이 6,360달러였지만 중국은 그 20분의 1인 317달러에 불과했다. 하지만 고도성장을 거듭해 2018년 9,900달러를 기록해 1만 달러 시대를 앞두고 있다. 대한민국이 1995년 1만 달러 시대에 진입하고 2018년에 3만 달러를 달성한 것에 비하면 여전히 20여 년의 차이가 난다. 하지만 14억 인구의 중국은 규모의 경제에서 압도적인 우위를 보유하고 있다. 2010년 명목 GDP(국민총생산)가 일본을 추월하여 미국에 이어 2위가 됐고, 2014년에는 구매력평가Purchasing Power Parity, PPP 기준 GDP에서 미국을 추월했다. 그 결과 세계 경제에도 큰 영향을 미치게 되면서 미국과 함께 초강대국인 G2Group of Two를 형성하고 있다.

중국의 산업화는 한국의 국가 주도적 성장 모델을 정확히 따라 한 것이다. 박정희 정권의 독재, 정권과 대기업의 밀착을 통한 발전 모델은 공산주의 국가 중국의 최적 벤치마킹 대상이었다.

그러나 경제적·물질적 성장이 일정 수준에 도달한 후 민주화운동을 통해 직선제 개헌(1987년)을 성사시키고 제도적 민주화를 이룬 대한민국과 달리, 중국은 민주화 단계로 넘어가지 못했다. 국가 주도의 경제 성장 과정에서 특권을 가진 관료들이 이권을 챙기는 부패가 심각해졌다. 이에 1989년 천안문 광장에서 반부패·반특권을 외치는 대규모 학생시위가 열렸는데, 덩샤오핑의 시위 진압 명령으로 수천 명이 목숨을 잃었다.

이후에도 중국은 경제적 자유는 허용하되 정치적 자유는 허용하지 않는 권위주의 통치를 계속해왔다. 대한민국과 중국은 1인당 국민소득이 3,500달러에 이른 시기에 세계에 자국의 경제 성장 성과를 과시하기 위해 올림픽을 개최했다. 하지만 양국은 올림픽 전후로 다른 행보를 보였다. 한국은 1988년 서울올림픽을 앞둔 1987년에 1인당 국민소득이 3,480달러였고, 학생들이 주도한 민주화운동이 직선제 개헌으로 이어졌다. 이에 비해 중국은 2008년 베이징올림픽이 열린 다음 해 1인당 국민소득이 3,690달러였다. 2008년 5월 쓰촨성에서 대지진이 발생해, 철근 없이 지은 학교 건물이 무너지는 등 9만 명이 사망하고 37만여 명이 부상을 입었다. 9월에는 멜라민이 들어간 분유로 7명의 아이가 죽고 29만 명의 아이가 신장결석 및 배뇨 관련 질환을 앓게 되는 등 압축성장과 부정부패 문제가 전면에 대두됐다. 지식인 303명이 '08헌장'을 발표해 인권 개선과 정치 개혁을 촉구했지만, 주도자인 류샤오보가 체포됐을 뿐 개선이나 개혁은 없었다.

이때가 역사의 갈림길이 아니었을까. 중국은 경제 성장에 이어 민주화로 갈 기회를 놓쳤다. 2013년 시진핑이 집권하면서 중국은 도광

양회를 버리고 국가주의 독재 개발 모델을 해외에 수출하는 '일대일로' 정책을 펼쳤다. 경제 성장과 인구 규모에 따른 막대한 구매력을 바탕으로 파키스탄, 아프리카 등에 도로, 건물 등 인프라를 개발해주고 그곳의 자원을 유리한 조건으로 수입할 권한을 얻었다. 그러면서 이를 바탕으로 미국과 경쟁해나갔다. 아프리카 수단의 독재정권들을 비호하는 등 개발에 뒤처진 권위주의 정부들과 파트너십을 형성해 자국의 영향력을 키운 것이다.

중국은 1980년대부터 커진 국민들의 정치적 민주화 요구를 급속한 경제 성장으로 억누르며 다음 단계로의 진입을 가로막고 있다. 정치적 민주화를 외면하고 저개발 권위주의 국가들을 영향력하에 둠으로써 자국의 경제 성장을 지속하는 방향으로 가고 있다. 하지만 이런 방법이 언제까지 통할 수 있을까?

중국은 물질주의 사회에 한복판에 있다. 아직 경제 성장이 충분하지 못하고 국가주의 독재가 여전하다. 인구는 14억으로 우리나라의 27.4배, 미국의 4.3배에 달한다. 중국은 중화학공업뿐 아니라 IT 등 첨단 산업에서도 강세를 보이지만 정치 · 경제 · 사회 · 문화 측면에서 볼 때 우리나라의 1970년대와 상당히 유사하다. 국가에서 직접 지역의 전략 산업을 선정해 키우고, 국가 권력이 기업들을 키우기도 하고 죽이기도 한다. 이런 환경에서는 정경유착이 일어날 가능성이 매우 크다. 또한 지방의 청년들이 기회를 찾아 대도시로 몰려들고 치열하게 경쟁하면서 경제적 성공을 향해 달려가고 있다는 것도 우리의 1970~1980년대를 생각나게 한다.

한편으론 베이징과 상하이, 홍콩과 같은 대도시 중심으로 물질적 풍요 속에 청년기를 보내는 세대가 등장했다. 이들을 중심으로 자기 표현 가치와 민주화의 욕구가 커나가고 있다. 또한 베이비붐 세대가 대도시로 이주해 고도성장을 하고 있지만, 산아제한 효과가 나타나면 고령화와 인구 감소가 일어나고 지방이 쇠퇴해갈 것이다. 정확히 우리가 겪어왔고 겪고 있는 일이, 중국에서는 수십 배의 규모로 일어날 수도 있다.

따라서 대한민국이 지금 중국으로부터 배워야 한다고 주장하는 것은 오판일 것이다. 대한민국은 개인의 자기표현 가치를 보장하는 선진국, 탈물질주의 사회로 이행하고 있다. 중국은 우리가 이미 졸업한 국가주의 개발독재의 길을 계속 가고자 한다. 이웃으로서 경제적으로 교류하고 정치적 협상을 이뤄 이로운 부분을 취하는 것은 당연히 해야 하지만 그들을 선망하고 따라갈 이유는 없다. 권위주의 국가 중국의 진짜 친구들은 저개발 권위주의 독재 국가들밖에 없다.

대신 우리는 더 늦기 전에 탈물질주의 사회로 진화해야 한다. 우리는 이미 역사에서 한 단계 다음의 입구에 와 있고 성장통을 겪고 있다. 우리 앞에 놓인 새로운 문제들을 해결해내야 한다. 그렇게 우리의 길을 가다 보면, 우리와 비슷한 문제와 사회적 요청이 더 큰 규모로 터져 나올 중국에 우리의 노하우를 알려주게 될 시점이 올 것이다. 현재 홍콩의 시위대가 30년 전 우리가 이루어낸 민주화운동에서 배우려고 하듯이, 시대 전환을 이루려는 중국의 개척자들이 대한민국으로 배우러 오게 될 것이다.

3장
크리에이티브 시티로
변화하기

_____ 초고속 압축성장 시기에 수많은 인재가 서울로 몰려들어 성장의 기회를 잡았다. 또한 많은 노동자가 산업 도시로 이동해 경제적 풍요를 이뤘다. 그렇게 함께 급속한 경제 성장을 일구었지만, 21세기 대한민국은 안정적이지 못하다. 수도권은 이미 포화됐고 산업 도시들은 탈산업화 시대를 맞이하여 큰 위기를 겪고 있다. 청년들은 여전히 기회를 찾아 서울로 향하지만 그들을 기다리는 것은 더는 과거와 같은 기회가 아니다.

탈산업화로 인한 산업 도시의 위기는 서구 선진국이 1960~1980년대에 이미 겪었던 일들이다. 그 결과 몇몇 도시는 전환에 성공하여 부흥했고, 몇몇 도시는 영광을 뒤로한 채 급격히 쇠퇴했다. 운명의 갈림길은 기존 주력 영역의 경계를 넘어서고 융합하는, 시대를 열어갈 개척자들이 그 도시에 있느냐아니냐로 나뉘었다. 시대를 전환하는 개척자들이 지역에 자리 잡으면 또 다른 개척자들이 찾아오게 된다. 그들이 다양성에 기반한 네트워크를 형성해 인재들과 기업들이 성장하는 선순환을 이루어내면서 장기간에 걸쳐 도시가 발전하는 것이다.

밀레니얼의 대한민국 도시들은 시대의 전환기에 있다. 다양한 지역과 영역을 연결할 창의적 경계인들이 도시의 미래를 열어낼 것이다. 그렇다면 이 개척자들이 성공할 수 있는 도시의 토양은 무엇일까? 이번 장에서는 서구 선진국 도시들의 흥망성쇠 사례를 중심으로 크리에이티브 시티의 생태계 조건을 살펴본다.

크리에이티브 생태계란
무엇을 말하는가

20세기 후반 서구 도시들의 위기와
21세기 흥망성쇠의 이유

1970~1980년대는 대한민국이 초단기 압축성장으로 산업화에 성공하고 구미, 울산, 창원, 거제, 여수 등의 중화학공업 도시들이 급성장했다. 반면 전통 제조업에 강했던 서구 선진국 도시들은 일시에 위기에 빠져들었다. 1990년대에 들어서서는 회생 불가능할 정도의 심각한 상태에 빠진 도시들이 늘어났다. 이런 위기를 겪으며 몇몇 도시는 산업을 재편해서 회생했고, 일하고 살기에 더 좋은 도시로 성장해갔다. 반면, 과거의 성공 방식에

집착했던 몇몇 도시는 막대한 예산을 투입하고 노력을 쏟아붓고서도 쇠퇴해갔다.

왜 이런 일들이 일어난 것일까? 21세기 들어 서구에서 다양한 연구가 진행됐다. 영국의 도시전략 컨설턴트 찰스 랜드리Charles Landry는 《창조도시》, 《크리에이티브 시티 메이킹》을 통해 "도시의 창조성이 부각된 이유는 이제 경쟁력의 원천이 이전과는 다른 국면에 접어들었으며, 단순한 저비용과 높은 생산성을 뛰어넘는 경쟁력을 갖출 방법을 새로 배워야 한다는 사실을 깨달았기 때문"이라고 말했다. 토론토대학교 교수인 리처드 플로리다Richard Florida는 미국의 도시들을 연구해서 《신창조 계급》을 출판해 큰 반향을 일으켰다. 그는 미국에서 디트로이트 · 피츠버그 등 제조업 도시들이 쇠퇴하고, 샌프란시스코 · 텍사스 · 오스틴 등의 창조도시들이 성장해가는 것에 주목했다. 연구 결과 그 이유가 창의적 인재들이 몰려드는 데 필요한 세 가지 요소, 즉 기술, 인재, 관용(다양성을 수용하는 문화)이 있었기 때문이라고 분석했다.

캘리포니아대학교 버클리 캠퍼스 엔리코 모레티Enrico Moretti 교수는 《직업의 지리학》에서 전환기에 쇠퇴한 도시들이 기존 산업을 살리기 위해 많은 노력을 했음에도 실패한 이유를 "전통적 제조업은 본거지를 이동하기가 쉽기 때문"이라고 말한다. 30여 년 전까지만 해도 서구 선진국 도시들도 고용 효과가 큰 자동차, 조선업 등을 중심으로 번영했다. 전통적 제조업은 저소득층 사회에서 중산층 사회로 발전하는 데 큰 도움이 됐다. 하지만 차츰 임금이 상승하면서 공장이 그 도시들을 떠나 외곽 도시로 이전했다가 임금이 더 싼 동아시아 국가로 옮겨 나갔다. 이렇게 노동력에 의존하는 공장들을 보유한 서구 선진국 도시들은 모두 19세기 말에 쇠퇴의 위기를 겪었다. 전환에 성공한 도시들은 지식 기반 경제로 바뀌나간 곳들이다. 모레티는 지식 기반 경제는 창의적 인재와 기업들의 생태계로 구성되기 때문에 전체 생태계를 다른 도시로 이전하기는 매우 어렵다고 주장한다. 이렇게 크리에이티브 생태계 중심으로 변화한 도시들은 살아남았다.

모레티에 따르면, 성공적인 크리에이티브 시티는 첨단 산업뿐 아니라 지역 서비스들을 고도화하면서 지역 경제를 살린다. 현대 경제에서 일자리의 3분의 2는 교사, 간호사, 가게 점원, 웨이터, 미용사, 변호사, 목수, 치료사 같은 지역 서비스에서 나온다고 한다. 도시에 혁신적인 인재들과 기업들이 자리 잡으면 그 사람들, 일, 삶과 관련된 지역 서비스들이 고도화되면서 소득이 증대된다. 그러나 도시의 산업 기반이 무너지면 이런 지역 서비스 관련 산업들도 함께 무너진다.

현재 대한민국의 도시들은 20세기 후반 서구 선진국 도시들과 비슷한 상황에 처해 있다. 임금이 올라가면서 제조업의 국제 경쟁력은 떨어지고 있으며, 국가 주도하에 효율성 중심으로 육성된 산업 도시들은 위기에 처해 있다. 주축 산업이 무너지니 지역 서비스 산업들도 큰 어려움을 겪고 있다. 국가에서 막대한 보조금을 투입해 지역 산업을 회생시켜보려고 하지만, 공장들이 임금 경쟁력이 있는 해외로 빠져나가는 것을 막기에는 역부족이다. 간신히 보조금으로 공장을 붙잡아두더라도 삶의 질을 추구하는 밀레니얼 세대가 선호하는 직장, 매력적인 도시가 아니기 때문에 외면받는다. 저임금 외국인 노동자를 유입하여 겨우 공장을 운영하고 있다면, 고용 효과 측면에서 공장이 해외로 이전한 것과 크게 다를 바가 없다.

1인당 국민소득이 3만 달러를 넘어서면서 자연스럽게 일과 삶에서 질을 추구하기 때문에 도시의 변화는 거스를 수 없는 흐름이 됐다. 대한민국의 도시들 앞에도 시대 전환이라는 과제가 놓여 있는 것이다.

크리에이티브 시티
생태계의 조건

──────────────────────── 찰스 랜드리는 창의성을 이렇게 말한다.

> "개인의 측면에서 본다면 경계를 초월하는 사고방식으로 다양한 분야나 아이디어와 개념을 넘나들고, 문제의 본질을 파악하고, 상관없어 보이는 것을 묶어서 바라보는 것이다. 팀이나 조직의 측면에서는 개인의 다양한 재능을 끌어내고, 개인 간의 장벽을 허물고, 장애물이나 절차를 줄여서 많은 사람이 기여할 수 있게 해주고, 각자의 잠재력을 모아 커다란 전체의 가능성으로 만드는 것이다."

그는 '창의적인 도시'를 고민하고 이루는 일은 개인이나 팀의 창의성과는 전혀 다른 차원의 일이라고 말한다. 그에게 '창의적인 도시'라는 개념은 '열린 사고와 상상력을 촉구하는 나팔소리', '열린 사회로 가는 대대적인 과정'이다. 그는 "창조경제가 발전하려면 사회와 조직 모두가 상상을 실현할 창조성을 지녀야 하며 체제 전체에 퍼져야 한다"면서 창조성은 곧 문제를 해결하고 기회를 창출하는 도시 전체의 역량"이라고 말한다.

크리에이티브 시티에는 경제적 자본 외에도 다양한 자본이 필요하다. 인적 자본은 '시민의 기술, 재능, 특수 지식'이다. 사회적 자본은 '조직, 공동체, 이해집단 간 협력의 가능성'이다. 창조적 자본은 '한 걸음 물러서서 바라보고, 상관없어 보이는 것을 연관 짓고, 명료하지 않아도 편하게 받아들이고, 독창적이고 창의적일 수 있는 역량'이다. 그리고 문화 자본은 '문화유산, 추억, 동경 등 장소의 고유한 유형 또는 무형의 정체성에 대한 소속감 및 이해로 개인과 공동체에 강한 자신감과 높은 지위를 부여하는 것'이다.

기존의 산업 도시에서는 하드 인프라 요소만 중시했다. 그러나 앞으로는 소프트 인프라가 점점 더 중요해진다. 특히 무형의 자산인 창조적 분위기의 '네트워크 역량'이 중요하다. 기업가, 지식인, 행정가, 투자자 등이 열린 사고를 갖고 협력하는 환경이 되어야 한다. 이런 네트워크는 융통성이 있고 모든 구성원이 자신이 기여하고 있다고 느껴야 한다. 그럴 때 서로 적극적으로 공유하고 성공적인 네트워크에 기여해서 위대한 선을 이루려는 의지에 동참하게 된다.

이런 도시는 모두가 서로에게 배우는 '학습 도시'가 된다. 학습 도시는 개인이 기술과 역량을 개발하고, 기업과 기관은 직원의 잠재력 향상에 노력하고, 시민과 도시는 실패에서 교훈을 얻으며, 자기 성찰을 통해 유연하고도 창의적인 방식으로 어려움을 해결해나간다. 다양성을 자원으로 삼아 잠재력을 더 키워나가는 도시를 만들 수 있다. 이렇게 서로에게 학습하는 것을 중요시하는 도시에는 '협력적인 경쟁 문화'가 자리 잡는다.

또한 크리에이티브 시티는 삶의 질이 높은 라이프스타일 도시다. 첨단 산업에 종사하는 인재일수록 삶의 질이 높은 도시에서 살고자 한다. 따라서 창의적 인재들을 확보하려면 라이프스타일 도시가 되어야 한다. 라이프스타일 도시는 도시의 정체성을 발견하고 새롭게 발전시키는 창의적인 소상공인들이 만들어가며, 이들의 핵심 소비자는 첨단 산업 종사자들이다. 이렇게 첨단 산업과 라이프스타일 산업은 선순환을 이루며 도시를 발전시킨다.

로컬 크리에이터들은 지역 고유의 콘텐츠를 발굴해 다른 것들과 융합하여 새로운 것을 만들어낸다. 그들은 지역의 삶의 질을 높일 뿐 아니라 지역의 정체성을 발전시켜 지역 산업이 융합하고 발전할 수 있는 토양을 풍부하게 만들어낸다.

지역의 산업 다양성 또한 매우 중요한 요건이다. 단일 산업으로 발전한 도시는 환경의 변화를 따라잡는 유연성이 부족하다. 국제적인 환경 변화로 산업 경쟁력이 떨어지면 도시 전체가 쇠락할 가능성이 크다. 그러나 도시에 다양한 산업이 존재하면 서로 간의 창의적인 융합을 통해 유연하게 대응하여 경쟁력 있는 산업을 다시 키울 기회가 생긴다.

산업이 유연하게 변화하기 위한 또 다른 요건은 '스타트업 생태계'다. 대기업과 하청 업체 중심으로 형성된 도시는 대기업이 어려움에 처하거나 이전하면 도시 전체가 무너진다. 하지만 대기업과 스타트업 사이에 개방형 혁신의 생태계가 존재하고, 스타트업을 창업할 앙트러프러너들이 있고, 그것을 키울 민간과 공공의 창업보육센터와 투자자들의 생태계가 존재한다면 도시는 변화하는 환경에서도 성장을 지속할 수 있다.

그렇다면 대한민국의 도시들은 현재 이런 크리에이티브 생태계를 얼마나 갖추고 있을까?

서울을 예로 들면, 생태계의 많은 요소를 가지고 있다. 하지만 과밀과 팽창으로 신음하고 있다. 서울이 자원을 독식하고 대기업이 산업 도시에 편중되어 있는 탓에 그 외 지방 도시들은 생태계를 만드는 데 큰 어려움을 겪고 있다. 서울과 지방은 연결된 생태계이므로, 지방 도시가 몰락한다면 그 여파는 서울에도 닥치게 될 것이다. 과거에 서울이 지방 도시의 인적·물적 자원을 빨아들이면서 성장했다는 사실을 생각하면, 지방 도시의 쇠퇴는 앞으로 글로벌 도시 서울의 성장 잠재력을 약화시키는 원인이 될 수 있다.

찰스 랜드리는《크리에이티브 시티 메이킹》에서 대한민국 도시들에 대해 이렇게 말한다.

"서울은 한국 전체 인구의 20% 이상이 거주하며 세계 속의 국가 정체성을 대부분 좌우한다. 따라서 전주나 평택은 고사하고 부산, 대구, 인천, 광주까지도 세계 무대에 끼어 어깨를 나란히 하기가 2배로 힘들어진다. 국내나 동북아시아에서는 중요한 자리에 서 있을지 모르나 국제 사회의 인정을 받고자 한다면 고유하면서도 동시에 세계의 인정을 받는 어떤 무엇이 있는가, 또는 어떤 틈새 분야를 확실히 쥐고 있는가가 결정적인 변수이다."

랜드리의 말에서 알 수 있듯이, 대한민국 지방 도시들에 크리에이티브 생태계를 조성하는 것은 미래를 위해 매우 시급하고 중요한 일이다.

크리에이티브 생태계는 어떻게 만들어갈 수 있을까? 이는 그것을 만들어갈 사람들에게 달려 있다. 크리에이티브 생태계를 만들어갈 주인공들은 시대와 지역을 변화시키는 밀레니얼 개척자들, 창의적 경계인들이다. 이들의 활동은 생태계를 비옥하게 만들어 더 많은 이들이 성장하게 하고, 그를 통해 또다시 지역이 비옥해지는 선순환을 만들어낸다. 지방 도시들이 저마다의 정체성을 바탕으로 잠재력을 발휘하게 된다면, 서울 또한 세계 속에서 더욱 발전할 것이다. 지나친 밀집을 해결할 수 있을 뿐 아니라 전 세계와의 연결성과 지방 도시들과의 연결성에서 허브로 기능하며 더 높은 수준의 크리에이티브 생태계를 만들어갈 수 있다.

지금까지 크리에이티브 시티의 생태계 조건을 알아봤다. 우리와 정확히 같을 수는 없지만, 대한민국 도시들의 전환을 위해서 다른 나라 도시들이 크리에이티브 시티로 전환한 사례를 살펴보는 것도 도움이 될 것이다. 지금부터는 20세기 후반의 서구 산업 도시들이 위기로부터 어떻게 기회를 창출했는지, 그 과정에서 다양한 개척자들이 어떤 역할을 했는지를 살펴보겠다. 아울러 전환에 실패한 사례도 살펴보고자 한다.

산업의 다양성이 창의적 융합의 토양: 디트로이트, 말뫼

19세기 말 디트로이트는 1960~1970년대의 실리콘밸리와 흡사한 소규모 혁신가들의 도시였다. 마차와 엔진이라는 두 가지 아이디어가 결합하여 자동차산업이 탄생했다.

포드를 설립한 헨리 포드^{Henry Ford}는 1880년에 디트로이트 드라이 독이라는 조선 업체에 취업해서 엔진 제조 기술을 배웠다. 그리고 에디슨 조명 회사에 들어가 경험과 전문지식을 쌓았고, 자동차 개발에 성공했다. 자본은 거물급 자본가에게 투자받았다. GM을 설립한 윌리엄 듀랜트^{William Durant}는 디트로이트 인근 공업 도시인 플린트에서 마차를 만들면서 경력을 쌓았다. 디트로이트의 이 혁신가들은 성능 좋은 자동차를 대규모로 생산하기 위해 치열한 경쟁을 펼쳤다. 중소기업들의 존재와 사람들 간의 경쟁, 투자자의 존재가 도시의 창의성을 높여주었다.

디트로이트의 자동차산업이 본격적으로 성장하면서 GM, 포드, 크라이슬러 3대 자동차 기업은 역동적인 소규모 기업들을 통합하여 거대한 자동차 그룹이 되어갔다. 그런데 디트로이트는 전 세계 자동차산업을 지배했지만, 다양성을 창의적으로 연결할 수 있는 생태계는 상실해갔다. 효율성만을 강조한 공장들은 저숙련 임금 노동자들을 디트로이트로 끌어들였다. 이들의 임금이 점차 상승하자 자동차기업들은 공장을 미국의 다른 지역으로 이전했고, 더 나아가 아시아로 옮겼다. 그러면서 도시가 점진적으로 쇠퇴해간 것이다.

그 결과 디트로이트는 21세기 들어 최악의 상황에 처했다. 지난 세기에 디트로이트는 미국의 3대 자동차 기업이 몰려 있는 최고의 자동차 공업 도시였다. 그러나 인건비 상승과 공장 해외 이전 등의 위기를 극복하지 못하고 점차 경제가 쇠퇴했고, 돌이킬 수 없는 지경에 이르렀다.

결국, 2013년 7월 18일 디트로이트는 20조의 빚을 갚지 못하고 파산을 선언했다. 빈집이 7만 채에 달하고 텅 빈 공장들이 곳곳에 널려 범죄의 온상이 됐다. 기업으로부터의 세수가 적어지면서 시민들의 세금 부담이 높아졌으며, 높은 세금에 낮은 질의 공공 서비스를 받게 되자 사람들은 이 도시를 떠났다. 한때 185만 명이던 인구는 70만 명 이하로 줄었다. 살인 등 강력범죄의 비율이 미국 평균의

5배가 넘었고, 신고를 받고 경찰이 출동하는 데 1시간이 걸리는 등 삶의 질이 곤두박질치며 악순환의 고리에 빠졌다.

같은 시기에 비슷한 위기를 겪었지만 전환에 성공한 도시도 있다. 스웨덴 말뫼는 디트로이트와 달리 지식 기반의 다양한 산업으로 전환하여 위기를 반전시켰다. 말뫼는 전 세계 조선업의 대표 도시였으나 1980년대부터 동북아시아 국가들에 주도권을 빼앗기면서 경제에 큰 타격을 입었다. 세계 최대 조선소 중 하나였던 코쿰스조선소가 1986년 문을 닫으면서 1990년부터 1995년 사이에 2만 7,000명이 일자리를 잃었다. 오랫동안 방치돼 애물단지가 된 코쿰스조선소의 골리앗 크레인은 현대중공업이 막대한 해체 비용을 부담하는 조건으로 단돈 1달러에 사들였다. 2002년 9월 25일 크레인의 마지막 부분이 해체되어 옮겨갈 때 스웨덴 국영 방송은 현장 화면을 장송곡과 함께 내보냈고 부둣가에는 말뫼의 많은 시민이 모여 한없이 아쉬워했다.

그런데 현재 말뫼는 크리에이티브 시티로 완벽하게 부활했다. 스웨덴의 말뫼와 덴마크의 수도 코펜하겐 사이에 '외레순 다리'를 건설하여 두 도시를 상업적으로 연결했다. 폐조선소 부지에는 문화, 관광, IT 단지와 뉴타운을 만들었다. 뉴타운에서 사용하는 에너지는 가정용 폐기물을 재활용하는 친환경 도시가 됐다. 코펜하겐을 비롯한 전 세계에서 많은 이민자가 몰려오면서 도시는 활기를 찾았고 다양한 스타트업 500여 개가 입주한 스타트업 도시가 됐다.

말뫼의 성공은 단순히 인프라 조성에 그치지 않고, 인재가 모여들고 성장할 수 있는 환경을 조성하는 데 집중한 덕이다. 1994년부터 2013년까지 19년간 말뫼 시장을 역임하면서 도시를 리모델링한 일마르 레팔루Ilmar Reepalu 시장의 말에서도 이를 알 수 있다. 그는 말뫼가 전환에 성공한 요인을 다음과 같이 말한다.

　　"어떤 산업이 유망한가 하는 토론은 가장 피해야 할 종류다. 누구도 그 답을 알 수 없다. 말뫼시가 한 노력은 사람들, 특히 젊은 청년들이 계속해서 공부하고 일하고 살아가기에 좋은 도시를 만들려고 한 것뿐이다."

인재가 인재를 끌어당기는 도시:
포틀랜드, 시애틀

사쿠마 유미코의 책《힙한 생활 혁명》은 2008년 서브프라임 모기지 사태로 경제위기를 겪은 이후 새롭게 부상한 미국의 도시 문화를 다뤘다. 저자는 미국에서 대학을 나와 정착해서 밀레니얼 시대 미국의 변화를 관찰하고 기록했다. 미국은 대량생산, 대량소비 중심의 경제·소비문화가 정점을 찍은 후 글로벌 금융위기를 겪었다. 이후 대안적 문화의 흐름이 새롭게 확산됐는데, 그 진원지는 미국 서북부에 있는 인구 60만에 지나지 않는 도시인 포틀랜드였다.

포틀랜드는 밀레니얼에 들어 미국에서 살기 좋은 도시에 매년 선정되고 있다. 고유의 정체성을 간직하고 있으며 나이키, 파웰 서점

(세계 최대 규모의 독립서점이라 불린다) 같은 대표적인 라이프스타일 기업들이 탄생했고 현재도 본사가 있는 곳이다. 포틀랜드의 독특한 라이프스타일을 콘텐츠로 하여 전 세계에 독자층을 두고 있는 라이프스타일 매거진 〈킨포크Kinfolk〉는 2011년 포틀랜드 교외에서 열린 소박한 예술가들의 모임에서 시작됐다. 개성 있는 독립 브랜드를 가진 로컬 브루어리 200여 곳이 있고, 스텀프타운 커피stumptown coffee와 커뮤니티 호텔의 트렌드를 만든 에이스호텔Ace Hotel이 힘을 합쳐 전 세계 도시들로 뻗어 나간 시작점이기도 하다. 첨단 산업을 영위하는 기업들도 있다. 라이프스타일 도시의 강점을 바탕으로 인텔, 엡손과 같은 IT 기업들이 많은 인재를 채용하고 있다.

포틀랜드의 1960년대 모습은 지금과 전혀 달랐다. 19세기에 목재와 양털 산업이 중심이었다가 1930년대에 공업화가 진행되면서 인구가 급증했는데, 1950년대를 넘어서면서 많은 문제가 발생했다. 공장에서 흘러나온 폐수로 윌래밋강이 오염돼 더는 강물을 마시거나 강에서 놀 수 없게 됐다. 급증한 자동차와 기계에서 나오는 배기가스로 대기오염도 심각해졌다. 많은 교통량, 건물 노후화 등의 이유로 중심 시가지의 인구가 감소하는 도심 공동화 현상도 심해졌다. 전형적인 '살기 안 좋은 공업 도시'였다.

현재의 포틀랜드는 50년 전의 문제를 완벽히 해결하고 크리에이티브 시티로 변신했다. 윌래밋강은 깨끗한 명소가 됐고 중심 시가지는 활기를 되찾았다. 미국에서 대중교통과 자전거가 가장 활성화됐고, 걸어 다니기에도 최적화된 도시가 됐다. 이런 성공적 전환에는 포틀랜드 특유의 문화, 그리고 민간과 공공의 크리에이티브한 개척자들의 활약이 있었다.

포틀랜드는 'Keep Portland Weird(포틀랜드의 이상함을 지켜내자)'라는 문화가 있다. 이런 문화의 기원은 1960~1970년대에 자유로운 가치를 지향하는 히피들이 포틀랜드로 이주하면서 커뮤니티를 형성하고 자신들만의 라이프스타일을 만들어간 것에서 시작됐다. 히피문화와 포틀랜드의 전통적인 목재, 양털 산업 문화가 결합하여 독특한 라이프스타일이 만들어졌다. 이런 배경에서 독특한 자영업자들과 나이키 같은 라이프스타일 기업이 탄생하고 성장하게 된 것이다.

히피들은 탈물질적 가치를 추구하는 삶을 살았는데, 그런 가치관을 가진 사람들 중 일부는 공공과 정치의 영역으로 진출해서 장기간에 걸친 도시의 변화를 만들어냈다. 여기에는 민간과 공공의 경계에 있는 혁신가들의 네트워크인 네이버후드어소시에이션^{Neighborhood} Association과 공공기관인 포틀랜드개발위원회^{Portland Development} Commission, PDC가 중요한 역할을 했다.

포틀랜드 시의회의원 출신인 닐 골드슈밋^{Neil Goldschmidt}은 1973년 33세의 젊은 나이에 신임 시장이 돼서 ONA^{Office of Neighborhood} Associations를 설립했다. ONA는 네이버후드어소시에이션들을 관리하는 조직이 아니다. 조율하고 촉진하는 역할을 하는 곳이다. 각 지역의 활동가들이 정식 지위를 얻고 ONA를 통해 시의 정책 수립에 참여했다. ONA 담당자들은 워크숍을 열어 시 예산이 정해지는 방법, 예산 규모, 사용 절차를 설명하고 트레이닝했다. 이런 교육 덕분에 시민들이 더욱 건설적인 의견을 낼 수 있어서 도시가 실제로 좋아졌고, ONA 리더들은 의회 · 행정 등의 분야에서 중요한 인적 자산으로 커나갔다.

1966년 오리건 주지사로 당선된 톰 맥콜Tom McCall은 환경 재생 공약을 통해 당선됐다. 윌래밋강을 정화하고, 미국 최초로 유리병 재활용과 환급금을 의무화했으며, 도시 성장 경계선을 만드는 등 굵직한 변화를 이끌었다. 주지사 맥콜은 공화당, 시장 골드슈밋은 민주당으로 소속 정당이 달랐지만 그들은 지역의 혁신을 위해 긴밀하게 협력했다. 이후 골드슈밋은 오리건 주지사가 됐고, ONA의 리더였던 베라 캐츠Vera Katz는 포틀랜드 시장이 되어서 포틀랜드의 혁신을 이어갔다. 이렇게 인재들이 지속적으로 성장하고 협력하면서 장기간의 변화를 통해 지금의 포틀랜드가 된 것이다.

또 다른 미국 서부 도시인 시애틀의 시대 전환 역사를 살펴보자. 1960년대까지 시애틀의 주력 산업은 조선업과 항공 산업이었다. 그러나 1970년대 이후 조선업이 국제 경쟁력을 잃었고, 한때 시애틀 35만 인구 중 10만 명을 고용하던 보잉사까지 경영난에 빠지면서 도시 전체에 위기가 왔다. 1971년 〈이코노미스트〉는 쇠퇴하는 시애틀을 절망의 도시라며 "식료품과 집세를 위해 집집마다 중고물품을 내다 파는 거대한 전당포가 됐다"라고 보도했다.

만일 빌 게이츠와 폴 앨런의 고향이 아니었다면 도시는 계속 쇠퇴해갔을지도 모른다. 시애틀에서 태어난 폴 앨런과 빌 게이츠는 각각

열다섯 살, 열세 살 때 시애틀 레이크사이드 고등학교에서 만났다. 이후 시애틀의 워싱턴주립대학교와 보스턴의 하버드대학교로 진학했는데, 대학 재학 중에 그들은 마이크로소프트사를 설립했다. 앨런이 스물두 살, 게이츠가 스무 살인 1975년의 일이었다. 그들이 처음 회사를 설립한 곳은 미국 중부인 뉴멕시코주 앨버커키였다. 그곳에 자신들의 첫 고객인 개인용 컴퓨터 알테어8800을 생산하는 MITS라는 회사가 있었기 때문이다. 3년 뒤 매출이 100만 달러를 넘어서고 종업원도 13명으로 늘어나자, 1979년 1월 1일 미국 서부 시애틀의 한적한 마을로 옮겼다. 당시 시애틀에서는 개인용 컴퓨터 제작 회사나 소프트웨어 회사를 찾아볼 수 없었다. 도시는 쇠퇴해가는 중공업과 목재업에 여전히 의존하고 있었다. 그들이 이곳으로 이동한 이유는 단지 자신들의 고향이었기 때문이다. 앨런이 스물여섯 살, 게이츠가 스물네 살이던 때였다.

마이크로소프트가 자리를 잡고 크게 성장해가자 인재들이 몰려들고 관련 소프트웨어 기업들이 자리 잡기 시작했다. 그러자 이런 창의적 인재들이 즐길 수 있는 라이프스타일 산업도 함께 성장해갔다. 하워드 슐츠는 이탈리아 밀라노 여행을 다녀온 후 에스프레소 음료 판매의 아이디어를 얻었고 1985년 시애틀에 '일 조르날레Il Giornale'라는 커피 바 체인을 차렸다. 1987년에는 자신이 이전에 다녔던 스타벅스를 인수하여 브랜드를 재정립하고 미국과 캐나다에 165개 점포를 내는 등 전 세계로 뻗어 나가는 라이프스타일 기업이 됐다.

마이크로소프트가 시애틀에 자리 잡은 지 15년 뒤인 1994년, 뉴욕

월스트리트 대형 회사의 부사장이었던 제프 베이조스는 인터넷 시대가 열리는 것을 목격하고 창업을 결심했다. 그가 선택한 도시는 자신과 연고가 없는 시애틀이었다. 시애틀은 15년 전과는 전혀 다른 크리에이티브 시티가 되어 있었다. 시애틀에서 창업한 아마존은 크게 성장해서 2018년 세계 브랜드 가치 1위, 2019년 세계 시가총액 1위 기업이 됐다. 2013년 베이조스는 시애틀의 산업역사박물관에 1,000만 달러를 기부해 '베이조스 혁신센터관'을 만들었다. 창업 후 19년이 지난 때였다.

모종린 교수는 《작은 도시 큰 기업》에서 이 전시관을 방문한 경험을 전한다. 이 전시관에서는 시애틀이 35년에 걸쳐 어떻게 크리에이티브 시티가 될 수 있었는지를 보여주고 있다고 한다. 베이조스가 '마이크로소프트에 이끌려 시애틀에 이주한 많은 인재가 시애틀 혁신 생태계의 중요한 자산'이라고 증언한 것이다.

크리에이티브한 인재들이 몰려들고 기업이 성장하자 시애틀의 '도시 브랜드'가 성장해가고 로컬 크리에이터들이 주도하는 라이프 스타일 산업이 성장할 수 있는 배경이 됐다. 스타벅스 외에도 많은 브랜드 카페와 레스토랑이 탄생했다. 1990년대에 인디밴드 '너바나 Nirvana'가 활동하는 등 얼터너티브 록과 독립음악의 중심지로 자리잡았다. 1999년에는 에이스호텔이 생겼다. 이곳의 1호점을 시작으로 2006년 포틀랜드, 2009년 뉴욕, 2019년 교토 등 전 세계 체인으로 확장되면서 커뮤니티 호텔의 트렌드를 이끄는 최고의 호텔로 성장해나갔다.

1970년대의 탈산업사회 전환기에 포틀랜드와 시애틀은 전혀 희망적인 상태가 아니었다. 하지만 두 도시의 사람들은 훌륭한 변화를 이루어냈다. 단기간의 변화만을 추구했다면 지금 같은 도시가 될 수 없었을 것이다. 최초의 강력한 개척자들이 있었고 그들이 만들어간 문화와 산업이 있었다. 그들이 만들어낸 도시의 크리에이티브 생태계에 이끌려 또 다른 인재들이 몰려들었고, 도시의 인재들이 성장 기회를 누렸다. 이들이 만들어간 민간과 공공의 혁신들이 다시 생태계를 키워나갔다.

우리나라 지방 도시들은 산업화 시대 값싼 노동력 중심의 제조업 도시로 출발했다. 차츰 산업이 고도화되고 임금이 올라가자 공장이 경쟁력을 잃어, 해외 이전을 하거나 문을 닫는 일이 늘어나고 있다. 포틀랜드와 시애틀의 사례에서 볼 수 있듯이 변화는 창의적 경계인들인 개척자들이 시작한다. 그리고 장기간에 걸쳐 여러 개척자의 힘이 더해져 크리에이티브 생태계가 만들어지고 도시의 경쟁력이 된다. 시대의 전환기인 지금 어떤 강력한 개척자가 도시에 자리 잡는지, 그리고 그들이 또 다른 개척자들을 불러오고 성장시킬 수 있는지가 도시의 미래를 좌우할 것이다. 도시는 10년, 20년, 50년의 과정을 겪으면서 훨씬 더 나은 곳으로 향해 갈 수 있다. 대한민국 도시들의 미래는 밀레니얼 개척자들에게 달려 있다.

작은 변화부터 시작해서 사회적 자본을 통해
혁신해간 도시: 쿠리치바

쿠리치바는 인구 170만 명의 브라질 남부 도시로 '세계 생태 수도'라고 불리는 친환경 도시다. 1971년까지만 해도 일반 개발도상국 도시들과 마찬가지로 무분별한 개발 탓에 환경오염이 극심했다. 그러다가 1971년에서 1992년 사이에 세 번이나 시장으로 당선돼 재임한 자이미 레르네르Jamie Lerner 시장의 혁신을 통해 크리에이티브 시티로 변모했다. 그는 1965년에 이미 도시의 두뇌 집단인 쿠리치바 도시계획연구소IPPUC라는 미래지향적인 두뇌집단을 만든 인물로, '도시의 호의성'을 통해 변화를 이끌었다. 도시의 호의성은 침술 같은 효과를 내는 행위를 말한다.

그는《도시 침술》에서 다음과 같이 말한다.

"도시가 전투 현장이라는 사실을 잊지 말자. 사람들의 집단이라는 정의대로 도시는 다양한 유형의 인간관계를 발생시키는 중심축이다. 오늘날 세상은 세계화 대연대라는 거대한 이데올로기 갈등을 겪고 있다. 마리오 소아레스의 표현대로 '연대의 세계화'가 필요한 시대다. 또한 도시는 연대의 마지막 보루이다. 도시는 문제가 아니라 해결책이다."

그가 도시를 기획하고 침을 놓는 목적은 사회적 자본을 만들기 위해서다. '도시의 호의성'의 주체는 누구나 될 수 있다. 먼저 정부가 스스로 호의를 베풀면서 시민들 사이에 서로 호의를 베풀 수 있는 환경을 조성했다. 시청에서 거리에 나무를 심은 후에 시민들에게 정기적으로 물을 주게끔 도움을 요청했다. '시에서 만든 그늘에 물을 줍시다'라는 캠페인이었다. 20년이 지나지 않아 나무는 수백만 그루가 됐다. 시민들이 재활용 자원을 수집해 오면 음식과 버스표로 교환해주는 재활용 프로그램을 진행하자, 쓰레기 문제와 빈곤층 문제가 동시에 해결됐다. 거리의 아이들에게 공짜 음식을 주는 대신 강좌를 듣게 하고, 고아들을 기관과 기업들이 입양하여 간단한 일을 보조하게 해서 적지만 수입을 얻게 했다. 이렇게 사회적 자본을 높이자 한때 공공 기물을 파괴하던 시민들이 책임감을 갖고 공공장소를 지키는 사람이 됐다.

쿠리치바의 대중교통 체제도 혁신적이다. 지하철을 만드는 비용의 10~20%로 효율적인 대중교통 체제를 만들고 배차 간격을 짧게 해서 차량 운행 대수를 30% 감축해 보행자 중심의 도시를 만들었다. 통근자의 75%가 버스를 이용하고 자전거 이용률도 높아 쿠리치바는 브라질에서 대기 오염도가 가장 낮은 곳 중 하나다.

1971년에 주민 1인당 불과 0.5제곱미터의 녹지만을 가진 황폐한 도시였던 쿠리치바는 오늘날 64.5제곱미터의 녹지를 보유한 생태 환경 도시가 됐다. 유엔과 세계보건기구가 권고한 수치의 약 5배에 달하며, 선진국에서도 유례를 찾아볼 수 없는 비율이다. 버려진 채탄장과 석탄 개발이 끝난 부지를 자연 복원하고, 쓰레기 투기장을 식물원으로 개조하고, 환경개방대학을 만드는 등 여러 가지로 노력한 결과 쿠리치바는 생물 종 다양성이 매우 높은 도시가 됐다. 쿠리치바시에는 290종의 새가 서식하고 있고 양서류와 포유동물도 다양하게 살아가고 있다.

브라질이 세계의 선진국이라고 말할 수는 없을 것이다. 하지만 쿠리치바가 세계 최고의 도시 중 하나라는 것에 이의를 제기할 사람은 없을 것이다. 국가의 시대가 아니고 도시의 시대다. 쿠리치바는 도시가 사회적 자본을 쌓고 생태계를 꾸준히 조성함으로써 시민들의 참여를 통해 위대한 크리에이티브 시티를 만들 수 있다는 것을 전 세계에 보여주었다.

소도시의 작지만 강한 크리에이티브 커뮤니티: 해밀턴, 가미야마

미국 미주리에 있는 인구 1,800명 정도의 소도시 해밀턴은 한때 광산업으로 호황을 누렸지만, 석탄 수요가 줄면서 미주리에서 가장 가난한 마을이 됐다. 그러나 이제는 매달 관광객 8,000명이 방문하는 도시로 되살아났다. 연간 매출 4,000만 달러(약 430억 원)를 기록하는 미주리스타퀼트컴퍼니Missouri Star Quilt Company가 퀼트 원단과 소품 판매로 지역 경제를 되살린 덕이다.

캘리포니아에 살던 평범한 가정주부 제니 도안Jenny Doan은 아들이 양성 종양 진단을 받자 비싼 의료비를 감당하기 어려워 소도시 해밀턴으로 이주했다. 아들과 딸이 선물해준 퀼트 기계로 취미 삼아 퀼트

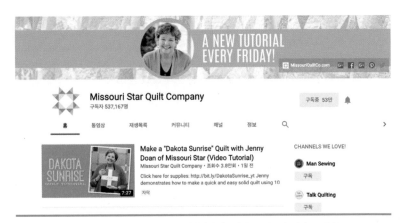

미주리스타퀼트의 유튜브 채널. 매일 퀼트 교습 영상이 올라온다.(출처: 미주리스타퀼트 유튜브)

를 배워 만들면서 팔기 시작했는데, 2009년에 아들이 홍보할 겸 유튜브 영상을 찍어보자고 했다. 초보자들에게 퀼트를 설명하는 간단한 영상을 꾸준히 올렸는데 40~50대 여성들에게 인기를 끌기 시작하면서 2년 만에 2만 5,000명의 구독자가 생겼다. 그리고 2013년에는 유튜브의 슈퍼스타가 됐다.

유튜브의 인기는 또 다른 사업 기회로 이어졌다. 시청자들이 제니에게 퀼트 도안과 원단을 사겠다는 요청을 했다. 더 나아가 2013년부터 퀼트 팬들이 제니를 보기 위해서 마을을 방문하기 시작했다. 그래서 제니는 생산 공장과 여러 개의 매장을 내게 됐다. 더 나아가 관광객을 위해 레스토랑을 만들고, 퀼트 휴양소도 만들었다. 이렇게 해서 이들이 리모델링한 건물이 26채에 달하고, 1,800여 명의 마을 주민 중 450여 명을 고용한 회사가 됐다. 더 나아가 이 마을의 가능성을 보고 이주하는 사람들이 늘어나면서 마을은 계속해서 발전하고 있다.

소도시에 살면서 이런 변화를 만들 수 있었던 것은 유튜브에 콘텐츠를 올린 덕이었다. 2009년 개설한 미주리스타퀼트의 유튜브 채널은 54만여 명이 구독하고 있으며, 조회 수가 1억 5,400만에 달한다 (2019년 1월 기준). 이렇게 유튜브로 연결된 세상은 지역의 한계를 넘어 지방 소도시에서도 고유의 콘텐츠로 창조적인 산업을 일으킬 수 있게 해준다.

일본의 가미야마는 도쿄에서 600킬로미터 정도 떨어져 있는 인구 6,000명 정도의 작은 시골 마을이다. 2018년 말 기준으로 16개 회사가 이곳에 자리 잡는 등 200여 명의 창의적 인재가 가미야마로 이주했다. 예를 들어 방송 시스템 솔루션을 만드는 IT 회사 프랏토이즈는 도쿄에 본사가 있고, 가미야마에 원격 사무소를 두고 있다. 가미야마에는 16명이 이주하여 근무하고 있다. 인구 감소와 고령화로 지방 소멸이라는 말까지 나오고 있는 일본에서 어떻게 이런 일이 일어났을까?

먼저 이 지역의 가능성을 발견하고 변화를 시작한 밀레니얼 개척자가 있었다. 바로, 오미나미 신야다. 그는 미국에서 경험을 쌓은 후 1998년 가미야마에 와서 20여 년간에 걸쳐 지역의 변화를 이끌었다. 창의적인 인재들이 또 다른 인재들을 불러들이게 함으로써. 예술가, 개발자, 디자이너들이 체류하고 꾸준히 유입될 수 있는 다양한 프로그램을 진행해왔으며 그 결과 창의적 인재들의 커뮤니티로 자리 잡았다.

이곳의 코워킹 스페이스에는 다양한 인재가 모여들고 서로 간의 교류가 일어난다. 예술가, 기업가, 요리사 등을 초대해 다양한 프로그램을 진행하며 일하고 잘 수 있는 공간인 위크 가미야마에서는 다같이 저녁을 먹는 행사가 열리기도 한다. 이들은 대도시에서 경험하기 어려운 방식으로 창의적 커뮤니티를 만들어간다.

가미야마는 어디에서나 와이파이가 잘 터지는 곳이라는 장점이 있다. 지금은 인터넷으로 어디든 연결되어 원격근무가 가능해진 세상이다. 지방 소도시에 창의적 인재들의 매력적인 커뮤니티가 만들어진다면 어떤 가능성이 열리는지를, 가미야마의 밀레니얼 개척자 오미나미 신야가 보여주었다.

인류 역사에서 지난 세기까지 성공적인 도시들은 모두 물류의 이동에 강점이 있는 곳들이었다. 이런 도시들에 상업과 제조업이 발달했고, 인적 자원이 몰려들었다. 제조업 시대에는 산업 도시에 직접 시설을 만들고 많은 노동자가 모여 살아야 했다. 무엇보다 이 도시들

일하고 잘 수 있는 공간 위크 가미야마(출처: 가미야마 홈페이지)

은 다양한 지식을 교류하는 데 독보적인 경쟁력을 가지고 있었다. 지금도 이런 대도시들은 여전히 인적·지적·사회적 자본에서 강점을 가지고 있기도 하다.

하지만 인터넷으로 모든 것이 연결돼 인재와 기업들이 소도시에 머물 수 있게 되면서 새로운 가능성이 열리고 있다. 앞서 살펴본 두 도시처럼, 소도시가 가진 고유의 정체성과 콘텐츠를 바탕으로 전 세계와 연결되어 성공적인 비즈니스를 하기도 하고, 원격근무를 하는 회사나 인재들이 소도시에서 살아가기도 한다.

이렇게 세계가 디지털로 연결되면서 사람들의 일하는 방식, 삶의 방식도 변화하고 있다. 중소 도시들도 규모와 관계없이 자신의 콘텐츠와 장소성을 바탕으로 창의적인 사람들을 끌어당겨 함께 성장할 수 있는 길이 점점 더 열리고 있다. 대도시와 소도시는 앞으로 상호 보완적으로 연결되어 나아가게 될 것이다. 인터넷으로 연결된 세상에서 자신만의 정체성을 세계와 연결해내는 소도시의 미래는 점점 밝아질 것이다. 도시의 규모가 작다고 불가능한 건 아니다. 그렇게 해내는 도시가 되느냐 아니냐는 매력적인 로컬 콘텐츠를 살려내고 창의적 인재들의 커뮤니티를 만들어낼 경계인, 강력한 시대 전환의 개척자가 있느냐 아니냐에 달려 있다.

대한민국 도시의 미래와
밀레니얼 개척자들

21세기 대한민국
도시의 위기

"딸들은 거제를 떠나 돌아오지 않음으로써 아빠의 믿음을 저버렸다.

노동자들의 '단순한 삶'은 나름대로 예찬받을 만한 가치가 있는 것

이었으나, 가족 안에 머무르기를 꺼리는 이들에게 그것은 한낱 보수

적인 삶의 형태에 지나지 않았다. 그렇게 중공업 가족은 빈축을 샀

다."

- 양승훈, 《중공업 가족의 유토피아》 중에서

중화학공업 도시로 대한민국의 고도성장을 견인했던 도시들이 위기에 빠졌다. 경남대학교 사회학과 양승훈 교수는 사회학 석사를 취득한 후 조선업 도시와 기업의 현실을 알고 싶어서 대우조선해양에서 실제로 5년간 근무했다. 일을 하면서 관찰한 내용을 바탕으로 논문을 썼고, 그것을 《중공업 가족의 유토피아: 산업 도시 거제, 빛과 그림자》라는 책으로 출간했다. "찬란한 황금기를 뒤로한 채 저물어가는 거제 중공업, 누가 떠났고 누가 남았나. '땐뽀걸즈'의 가족은 왜 뿔뿔이 흩어졌을까? 조선소의 젊은 엔지니어는 왜 거제를 떠나 서울로 향할까?"라고 그는 묻는다. 그의 연구가 바탕이 되어 거제 여고생들의 이야기를 담은 〈땐뽀걸즈〉라는 영화와 드라마가 나오기도 했다. 구조조정이 한창인 쇠락하는 도시 거제에서 조선회사에 취업을 준비하는 거제여상 학생들의 이야기를 담은 것이다.

20세기 후반 고도성장기에는 고등학교만 졸업해도 취업할 수 있었고, 숙련된 기술을 익히면 남부럽지 않은 급여를 받으며 살 수 있었다. 그래서 남성 노동자들이 중화학공업 도시에 먼저 유입됐다. 이어서 이들과 결혼하기 위해 여성들이 유입됐고, 가정을 꾸리고 자녀들을 낳았다. 그들의 삶은 단조로웠지만 경제적으로는 풍요로웠다. 하지만 행복하고 풍요로운 일상은 오래가지 않았다. 밀레니얼에 들어 중국을 비롯한 국가들이 저임금을 내세워 경쟁력을 갖추어갔다. 조선업을 고도화하기 위해서 거제에 R&D 연구소를 세웠지만 창의성과 자유로운 분위기를 원했던 젊은 연구원들은 거제에 적응하지 못하고 판교로 이동했다. 블루칼라 노동자들은 자녀들을 서울로 유학 보냈으며, 자녀들은 거제로 돌아오고 싶어 하지 않았다. 이것이 양승훈 교수가 문화인류학적인 방법으로 관찰한 산업 도시 거제의 현장이다.

서구 조선업 도시였던 영국 글래스고, 스웨덴 말뫼, 미국 포틀랜드, 시애틀이 30~40년 전에 겪었던 일들을 대한민국 도시가 겪고 있다. 양승훈 교수가 다녔던 대우조선해양은 2019년 부실로 인하여 현대중공업에 인수·합병됐다. 다른 중화학공업 도시들의 상황도 다르지 않다. 군산은 2017년 현대중공업 군산조선소가 폐쇄됐고, 미국의 디트로이트를 떠나 군산에 자리 잡았던 GM 자동차 공장마저 2018년 5월 폐쇄됐다. 대한민국에서 1인당 국민소득이 9년 연속 1위를 차지했던 도시인 울산, 방위산업을 중심으로 기계산업의 메카가 됐던 창원도 위기를 겪고 있다.

서울은 어떤가. 초단기 압축성장의 과정에서 우리나라는 수도권에 모든 자원을 집중했고 지방 도시는 제조업 생산 거점으로 육성했다. 그 결과 2019년 6월 현재 수도권의 인구가 대한민국 인구의 49.9%에 달한다. 지금도 여전히 증가하고 있기 때문에 곧 50%를 넘길 것으로 예상된다.

이런 과밀 때문에 수도권에 집중된 기능들을 지방으로 분산시키려는 노력이 진행되어왔다. 2002년 대통령 선거에서 노무현 후보는 행정수도의 충청권 이전과 지역 균형 발전을 공약으로 내걸고 당선됐다. 그러나 2004년 10월 행정수도 이전이 위헌으로 판정되어, 공공기관을 지역으로 이전하는 '혁신도시' 중심의 사업이 추진됐다.

혁신도시 사업은 10여 개의 도시를 선정하여 공공기관을 이전함으로써 지역에 성장 거점을 마련한다는 전략이었다. 혁신도시는 원래 3단계 로드맵을 가지고 있었다. 1단계 지역에 공공기관을 이전하고(2007~2012), 2단계 산·학·연이 정착하고(2013~2020), 3단계 혁신을 확산시키는(2021~2030) 단계로 추진해서 지역을 혁신하겠다는 것이었다.

하지만 현재의 혁신도시를 보면 아직도 1단계에 머무르고 있는 듯하다. 지역의 특성과 관련도가 크지 않은 공공기관들을 전국 각처로 이전한 것이기에 실제 지역의 발전에 기여하기에는 한계가 있다. 이전한 공공기관 직원들 중 상당수는 서울에 집과 가족을 두고 혼자 내려와 있다. 각종 인센티브를 통해 지방 도시로 이전한 기업에 다니는 직원들도 가족이 서울에 있어 주말에 오가는 사람들이 많다. 출산율은 낮아지는데도 서울의 주택난은 계속 심해진다. 지방 도시에 일하기 좋고 살기 좋은 생태계가 만들어지지 못한다면, 상황은 계속 악화될 것이다.

크리에이티브 생태계로의 전환을 앞둔 대한민국 도시들

───────────────── 대한민국의 산업 도시들은 30~40년 전 서구 산업 도시들이 겪은 전환의 시기에 있다. 서구보다 더 안 좋은 점도 있다. 우리나라는 서울 편중이 상당히 심하기 때문에 산업

도시가 위기를 겪을수록 서울로의 쏠림이 더 커질 수 있다. 지방 도시들이 무너지면 서울을 비롯한 모든 도시가 위험에 처하게 된다.

그렇게 되지 않으려면 어떻게 해야 할까? 앞서 살펴봤듯이, 크리에이티브 생태계가 조성되려면 경제적 자본 외에도 문화 자본, 사회적 자본, 창조적 자본 등이 풍부해야 한다. 산업의 다양성이 있고, 스타트업 생태계와 투자 생태계가 있으며, 협력적 경쟁 문화가 있고, 삶의 질이 높은 라이프스타일 도시여서 창의적인 인재들과 기업들이 모여들고 성장해야 한다. 그런데 어떻게 해야 이런 도시가 될 수 있을까?

우선 제각기 고유의 정체성을 갖춰 차별화된 도시로 발전해야 한다. 찰스 랜드리는 "세계에서 가장 창조적인 도시를 추구하지 말고 세계에 이바지하는 가장 창의적인 도시를 만들고자 노력하라"라고 말한다. 그렇게 하면 개인, 집단, 외지인을 그 도시뿐만 아니라 더 나아가 지구 전체와 더욱 긴밀하게 이어주는 '연대의 장'을 만들 수 있다는 것이다. 이를 위해 도시가 지역의 고유성과 정체성을 발견하고 발전시키며 세계의 다른 도시들과 어떤 관계를 맺을 것인지를 생각해야 한다.

그런 면에서 밀레니얼 개척자들의 역할이 중요하다. 이들은 지방 도시들 고유의 자원을 발굴하고 융합하여 새로운 것을 만들어내며, 이를 통해 도시의 정체성을 강화한다. 이들은 도시에 다양성을 부여하고, 삶의 질을 높여주며, 지적·인적·사회적 자본을 키워서 창의성이 발현될 토양을 만들어낸다. 다양한 사람들의 협력 네트워크가 형성되도록 촉진하고, 민간과 공공이 함께 도시의 변화를 만들어가도록 이끈다. 이런 밀레니얼 개척자들이 많이 모여들고 생태계를 만들어가는 도시는 크리에이티브 시티로 변화하여 번영할 것이고, 그렇지 못한 도시들은 쇠퇴할 것이다.

이 책에서 대한민국의 도시들이 크리에이티브 시티로 전환하는 데 필요한 모든 것을 다루기란 불가능하다. 그렇다 하더라도 핵심 원리와 단서들은 얻을 수 있을 것이다. 앞서 살펴본 선진국 크리에이티브 시티의 방식을 그대로 따라 한다고 해서 대한민국의 도시들이 크리에이티브 시티가 되는 것은 아니다. 핵심 원리는 비슷하지만 고유의 정체성, 차별화된 도시, 세계에 이바지하는 창의적인 도시를 만드는 것이 핵심이다. 가장 중요한 것은 이런 도시를 만들어낼 창의적인 개척자들이 있는가이다.

대한민국 도시의 개척자들이 활용할 수 있는 자원은 이미 많이 있다. 일례로, 각 지방 도시에 있는 원도심은 대표적인 자원의 보고다. 이들은 산업화 과정에서 비슷한 시기에 대부분 비슷한 방식으로 쇠퇴했다. 물질주의적 경제 성장의 관점에서는 원도심이 그렇게 중요하지 않았고 항상 재개발의 대상지로 여겨졌다. 산업화 시기에 서울의 신도심인 강남이 주목받았고, 각 지방 도시에서도 서울 강남을 따라 신도심을 만들기 바빴기 때문에 전국의 신도심들은 대부분 획일적이고 개성 없는 모습을 하고 있다.

관공서와 학교 등을 신도심으로 빼앗기면서 쇠퇴하긴 했지만, 원도심은 신도심에는 없는 차별화된 콘텐츠를 가지고 있다. 새롭게 전환하는 탈물질주의 사회에서는 콘텐츠가 산업의 견인차 역할을 한다. 기존에 잘 보이지 않던 보물 같은 콘텐츠 자원을 발견해내고 새롭게 해석하여 다른 산업들과 융합해 새로운 것으로 만들면 지역 발전에 큰 원동력이 된다.

모종린 교수는 '신도심-원도심 전쟁'이라는 이름으로 진행한 시리즈 연구 결과를 SNS에 연재했다. 우선 대한민국의 도시를 ①전통 도시(서울, 광주(경기도), 수원(화성), 경주, 전주, 안동, 창원, 강릉, 양주(경기도), 광주(전남), 파주, 충주, 공주, 청주, 홍주(홍성), 원주, 나주, 제주, 상주, 진주, 성주), ②근대 도시(부산, 인천, 목포, 군산, 마산, 대전, 춘천), ③ 산업 도시(울산, 포항, 거제, 구미, 여수, 천안, 서산, 아산, 당진, 광양)로 분류했다. 그리고 도시의 역사가 짧을수록 탈산업화와 고령화 압박에 더 큰 어려움을 겪게 될 것이라고 봤다. 그는 KTX 기차역이 원도심에 가까이 있는 도시들, 원도심에 기반한 독특한 '반골문화'의 정체성이 있는 곳의 발전 가능성에 주목한다.

탈물질주의 사회에서는 더 많은 콘텐츠 자원을 가진 도시들이 발전한다. 수도권 집중, 지방 도시와 원도심 쇠퇴의 문제를 해결해가는 과정에서 대한민국의 또 다른 성장 동력이 만들어질 것이다. 로컬로 향하는 밀레니얼 개척자들이 이런 변화의 주인공이 될 것이다.

로컬 크리에이티브
생태계를 만들어가며

이 책에는 내가 4년 반 동안 제주창조경제혁신센터를 운영하면서 현장에서 만난 밀레니얼 개척자들의 이야기를 담았다. 나는 전국 17개 지역에 있는 센터들과 교류하면서 다양한 도시가 어떤 역사를 거쳐 왔으며, 그 지역의 일과 삶, 생태계에 어떤 문제가 있고, 어떤 전환기를 맞이하고 있는지를 직간접적으로 접할 수 있었다. 이 책은 그서 책상 위에서 써 내려간 추상적 관념의 산물이 아니다. 내가 현장에서 실제 경험하고 만들어간 사례들이 중심이다. 가까이서 창의적 경계인들을 관찰하고 기록한 것들이며, 실천적 학습조직으로부터 배운 내용이다.

이 책에 등장하는 사람들 대부분은 제주창조경제혁신센터의 파트너들이다. 일례로, 2019년 10월 제주창조경제혁신센터는 로컬 브랜딩 스쿨을 준비했다. 모종린 교수의 '장인대학' 제안에서 아이디어를 얻은 것으로, 장인들을 발굴하고 소통할 수 있는 이희준 대표를 모더레이터로, 재주상회 고선영 대표, 컬쳐네트워크와 무등산브루어리의 윤현석 대표, 오젬코리아 지은성 대표, 와디즈 황인범 이사가 파트너로 참여한다. 제주에서 오랜 기간 자리 잡아 특별한 기술과 스토리를 가진 장인과 함께 제주의 로컬 브랜드를 만들어가는 것이 목표다.

국내 로컬 분야 및 브랜딩 분야 전문가들과 함께 제주의 숨어 있는 장인을 대상으로 제주의 가치를 발굴하고 브랜드 전략을 함께 기획했다. 제주의 일상과 가치를 콘텐츠로 만들어가고 있는 기획자, 디자이너, 콘텐츠 분야의 로컬 크리에이터들과 장인들이 함께 미래 가치를 만들어가는 것이다. 장인들의 마음을 열고 소통할 수 있는 이희준 대표가 없었다면 이 과정은 진행되기 어려웠을 것이다. 그만이 쌓아온 시간과 삶에 대한 태도는 그만큼 독보적이며, 우리 사회의 소중한 자원이다.

제1회 로컬 크리에이터 페스타
조직위원장을 맡다

────────────────── 제주에서 지역혁신 네트워크를

학장

모 종 린 교수 (연세대학교 국제대학원 전임교수)

미국 스탠퍼드 대학교 후버연구소 연구위원을 역임하였으며, 작은 도시가 가치는 라이프 스타일에 대한
다양한 저서 활동을 하고 있다. 대표적인 저서로 <작은도시 큰 기업>, <골목길 자본론>, <라이프스타일 도시> 등이 있다.

모더레이터

이 희 준 더로컬프로젝트 대표

전통시장 전문가로 <시장이 두근두근> 1, 2권을 출간한 국내 최초 전통시장 도슨트이다. 2013년 전통시장 활성화를 위한
소셜벤처 (주)아이디어셋에서 전통시장의 식재료와 셰프의 레시피를 집으로 배송하는 서비스 '쿠킷(COOKIT)'을 선보였고, 이후
2019년까지 전국 1,400여 개 전통시장 중 1,011개 시장을 누비며 시장 콘텐츠를 아카이빙하고 있다. 2017년부터 식문화 기반
동네 커뮤니티 공간 '연남방앗간'의 참기름 소물리에로 활동하고 있다.

파트너

고 선 영 주식회사 콘텐츠그룹 재주상회 대표

2014년 제주의 이야기를 담은 iiin(인) 매거진을 창간했다. 제주에서 활동하는 청년작가들과 함께 콘텐츠의 확장성을 실험하고
로컬 콘텐츠의 가치를 알리는 동시에 비즈니스로 연결하는 일을 하고 있다. 리인스토어, <사계생활> 등 콘텐츠와 독자가 직접
만나는 오프라인 공간을 기획하고 운영한다. 궁극적으로 누구나 공감할 수 있는 '제주 스타일'을 만들고 찾는 것에 몰두한다.

윤 현 석 (주)컬쳐네트워크 대표

(주)컬쳐네트워크, 무등산브루어리, 커뮤니티 카페 Re:f 대표로 활동중이며, 광주광역시를 기반으로 문화기획, 장소개발, 공간디자인,
공간운영, 공간콘텐츠를 기획하고 있다. 광주에서만 맛볼 수 있는 수제맥주 양조장 운영 및 수제 맥주 브랜드 기획, 퍼옥용당
공간을 활용한 청년커뮤니티 공간 기획 및 운영 등 지역적 가치를 문화적으로 재생산하는 것을 목표로 회사를 설립 운영하고 있다.

지 은 성 오젬코리아 대표

청정제주의 농산물을 고부가가치 상품이 될 수 있도록 돕는 6차산업 코디네이터로 활동 중이다. 6차산업화지원센터(제주농업/
농촌6차산업화지원센터) 현장코칭 강화위원으로 위촉되어 농가에 실질적으로 도움이 되는 컨설팅을 진행하고 있다. 사람과
사람의 진정한 본질을 연결시키고 본질에 충실한 제품을 만든다. 제주밭길 리브랜딩을 통해 매출을 4배가량 향상시켰으며,
삼다 알로에의 '알로말랑'과 제주 고사리로 화장품을 만든 고사리손 브랜드를 '코코리노'라는 새로운 브랜드로 런칭하였다.

황 인 범 와디즈 리워드사업실 이사

크라우드 펀딩을 진행하고 있는 와디즈에서 리워드형 크라우드펀딩 총괄을 담당하고 있다. 로컬에 집중하여 활동을 하고 있다.
로컬을 기반으로 활동하는 크리에이터들이 만들어내는 로컬 콘텐츠를 와디즈를 통해 대박시키는 길을 만들어가고 있다.

기획자들

임 경 희
#다큐멘터리_난널으로_캄을.얻다.감독
#사람을.통한_연결
#행정과_예술의.연결을_통한_비전_실험
#강릉출신
#로컬크리에이터가_혁신의_희망
#로컬의_응심_강릉과_제주

노 수 영
#제주출신 #아트토이작가
#Noel_Roh
#아트토이공모전대상
#제주로_리턴
#렌덤_에니그
#나도_로컬_크리에이터다
#서피가_꿈

박 지 연
#여행을_사랑하는 #제주출신
#리퍼족
#공공기관_네트워킹_프로그램
#커뮤니티
#공동체에_대한_관심
#사람과_사람을_통한_배움

제1회 로컬 브랜딩 스쿨(2019.10.4.~11.5)

구축하고자 노력한 일은 이제 전국으로 확산되고 있다. 2019년 10월 11일부터 이틀간 서울 성수동의 공장 부지였던 에스팩토리에서 로컬 크리에이터 페스타Local Creator Festa를 열었다. 전국의 로컬 크리에이터들이 한자리에 모이고 17개 센터가 함께한 행사다.

이 행사에서는 로컬 크리에이터를 '시대의 전환과 지역의 변화를 만들어가는 이들로서 지역의 콘텐츠에 기반해 창의력과 기획력을 바탕으로 혁신적인 활동을 하는 개인 또는 기업'으로 정의했다. 탈물질주의적 가치로 자신만의 취향과 재미, 심미성과 차별성을 중요하게 여기면서, 외적인 권위와 구속에 영향을 받지 않고, 사람들과의 교류를 즐기고, 가치를 중심으로 연대하고 창의성을 통해 지역의 변화를 만들어가는 이들이다. 이들은 로컬의 정체성으로부터 가치 있는 자원을 발굴하고 재미있고 가치 있는 콘텐츠로 재생산해낸다. 이들을 통해 로컬이 일하고 살기에 더 좋은 토양이 된다.

페스타의 콘셉트는 LOCAL의 첫 자를 따서, Lifestyle(로컬 크리에이터가 만드는 라이프스타일의 변화), Opportunity(로컬, 기회의 또 다른 이름), Community(커뮤니티 빌더, 로컬 크리에이터), Alternative(세상을 디자인하는 로컬 크리에이터), Learn(로컬 크리에이터 생태계의 현재와 미래)이라는 의미를 부여했다.

고맙게도 이 책에 등장하는 많은 이들이 이 행사에 함께하고 있다. 나와 함께 공동 조직위원장을 맡아준 모종린 교수를 비롯하여 비로컬 김혁주 대표, 컬쳐네트워크 윤현석 대표가 조직위원회에 함께한다. 그리고 충주시 SNS 1대 운영자 조남식 공무원, 해녀의부엌 김하원 대표, 재주상회 고선영 대표, 베드라디오 김지윤 대표, 이광석 이사, 더로컬프로젝트 이희준 대표, 공장공장 홍동우·박명호 대표, 공유를위한창조 박은진 대표, 개그맨 전유성 등 많은 사람에게 도움을 요청했는데 다들 선뜻 응해주었다. 그동안 J-Connect 데이 등 제주에서의 프로그램들을 통해 연결됐던 분들의 네트워크 덕분이다. 또한 이 책을 쓰면서 수집하고 써 내려간 콘텐츠가 이 행사를 준비하는 데 큰 도움이 됐다.

로컬 크리에이터 페스타는 전국 로컬 크리에이터들 간의 네트워킹과 교류의 장이 될 뿐 아니라, 더 나아가 로컬 크리에이터들의 생태계 형성의 장이 되었다. 지역 고유의 콘텐츠를 발굴하여 창의적인 것으로 만들고 유통하는 데에는 개인이나 스타트업뿐 아니라 대기업, 정부의 역할도 필요하다. 카카오, 네이버, GS 등이 함께하면서 연결됐고, 각 지역의 센터 담당자들과 중소벤처기업부 창업생태계조성과 공무원들도 함께 공부하며 지역 크리에이터들의 허브로서 역할을 해나가길 꿈꾸고 있다.

이렇게 다양한 창의적 경계인들이 연결되어 지역에서 활동하고 교류하며 네트워크를 확장하는 일들을 반복하다 보면 3년 뒤, 5년 뒤, 10년 뒤에 대한민국의 도시들은 시대 전환에 성공해 일하고 살기 좋은 도시들이 되어 있지 않을까? 이 자리에 모인 사람들은 서로 다른 일들을 하고 있지만 꿈을 함께 꾸고 있다는 점에서 모두가 창의적 경계인, 밀레니얼을 개척하는 로컬 크리에이터들이다.

대한민국의 도시들은 지금 위기를 겪고 있다. 그러나 도시는 언제나 위기를 기회로 만들면서 진화해왔다. 우리가 지금 그런 전환의 시기에 있다. 위기가 가장 크게 보일 때는 이미 변화의 움직임이 싹 트고 있을 때다. 이 책에서 살펴봤듯이, 밀레니얼 개척자들은 자신의 길을 개척하면서 자신들이 살아갈 토양이 되는 도시들을 발전시킨다. 당신 역시 이미 그 길 위에 있을 수도 있다. '아직 나는 아니다' 하더라도 이 책을 읽고 앞으로 그 길에 동참하게 되기를 기대해본다.

이 책에서 다루지 못한 주제들

다양한 영역의 경계인으로서 현상 이면에 존재하는 본질을 다루고자 노력했지만, 이 책을 마감하는 시점에 돌아보니 한계를 느낀다. 2018년 초 책을 처음 쓰기 시작할 때는 내가 경험하고 알고 있는 것들을 담아내기만 해도 되리라고 생각했다. 그런데 글을 쓸수록 모르는 것이 더 많이 보였고, 설익은 생각과 잘못된 정보를 출판해서는 안 되겠다는 생각에 다양한 지식을 계속해서 탐구하게 되었다.

책을 쓴다는 것은 '내가 무엇을 모르는지 알아가는' 과정인 것 같다. 그 모름not-knowing은 끝이 나지 않는다. 만일 완벽하기를 바란다면 책을 영원히 출간하지 못했을 것이다. 최선을 다했지만, 시대 전환과 지역 변화에서 중요한 주제임에도 전혀 다루지 못한 것들이 있다. 이 중 몇 가지를 밝혀두고 다음을 기약하는 것이 저자로서 할 수 있는 최소한의 책무라는 생각이 든다.

　첫째, 4차 산업혁명에 따른 전 세계적인 변화다. 미국의 2020년 대선을 준비하는 과정에서 민주당 내 경선 후보였던 앤드루 양Andrew Yang의 2019년 8월 연설을 살펴보자. 그는 지난 대선에서 도널드 트럼프가 대통령이 된 이유가 무엇이라고 생각하는지를 묻는다. 그러고는 기술 발전과 자동화로 오하이오 · 미시간 · 펜실베이니아 · 위스콘신 · 미주리 · 아이오와 등과 같이 트럼프가 승리한 중서부 경합 지역에서 약 480만 개의 일자리가 사라져버렸기 때문이라고 자답한다. 그런데도 민주당은 테크놀로지 중심의 산업 성장, GDP 증가만 바라보고 장밋빛 미래를 그리고 있었다. 하지만 현실을 보면 기술 발전으로 제조업 현장의 일자리가 줄어들고 있다. 그뿐 아니라 아마존과 같은 테크 기업의 성장으로 소매 상점, 식당, 운송 업계 등에서도 일자리가 사라지고 있다. 경제 성장의 낙수효과가 사라진 것이다.

　앤드루 양은 기술혁명에 따른 일자리 감소로 분노한 미국인들이 트럼프를 선택한 거라고 말한다. 트럼프는 '미국을 다시 위대하게'를 내걸었고, 힐러리는 '미국은 이미 위대하다'고 했다. 민주당은 문제를 직시하지 못했고, 그래서 사람들은 트럼프를 선택했다. 하지만 트럼프의 솔루션은 시대착오적이었다. 이민자를 막기 위해 국가적으로 장벽을 세우고, 노동자들의 임금을 위해 사라진 제조업을 불러오겠다면서 시계를 거꾸로 돌렸다.

　앤드루 양은 다른 제안을 한다. 4차 산업혁명으로 인한 인공지능

활용과 자동화는 되돌릴 수 없는 것이므로, 사회를 진보시키기 위해서는 GDP가 아닌 새로운 지표가 필요하다고 말한다. 그는 자동화로 효율성이 높아지는 만큼 세금을 걷어 기본소득을 제공하자고 주장한다. 알래스카는 해마다 모든 주민에게 '오일체크'라는 이름의 배당금으로 1,000~2,000달러를 제공한다. 알래스카의 원유 덕분이다. 21세기의 원유는 테크놀로지다. 테크놀로지가 인공지능 · 데이터 · 소프트웨어 · 자율주행차처럼 생산성을 높여주므로, 여기서 세금을 걷어 국민에게 배당금으로 제공함으로써 사회를 질적으로 향상시키자는 것이 그의 주장이다. 그러면 예술활동, 창작활동, 봉사활동, 문화활동, 정치참여가 증가하는 '분수경제(낙수경제의 반의어)'가 일어날 것이라고 말한다.

둘째, 기후 변화와 환경 파괴로 전 세계적인 위기가 닥치리라는 점이다. 물질주의 사회의 기반에는 인간이 자연환경을 무제한으로 가져다 써온 산업혁명이 있다. 탈물질주의 사회로 이행되고 있다고는 하지만, 그 또한 물질적 성장을 기반으로 한다는 사실을 부인할 수 없다. 지구 온난화로 북극의 얼음이 녹고 이상 기후가 빈발하며 플라스틱 공해로 바다의 오염이 심각한 지금, 미래 세대를 위해서는 더 크고 근본적인 시대 전환이 요구된다.

이에 10대들이 자신들이 살아갈 미래를 위해 움직이기 시작했다. 2003년생인 스웨덴의 환경운동가 그레타 툰베리Greta Thunberg가 대표적인 인물이다. 그녀는 정치인들이 지구 온난화를 방치한다며, 스웨덴 의회가 기후변화를 해결하기 위해 진지하게 나설 때까지 매주 금요일 학교를 결석하기로 하고 의회 앞에서 시위를 시작했다. 2018년 8월 툰베리의 1인 시위로 시작된 '미래를 위한 금요일' 운동은 석 달 만에 스웨덴 100여 개 도시로 확산했고, 이어 전 세계로 퍼져나갔다. 2019년 3월 15일에는 전 세계 105개국 1,650여 도시에서 수십만 명의 청소년이 이 운동에 동참했다.

이 책에서 이렇게 크고 중요한 시대 전환의 주제들을 다루지 못한 것은 나의 한계였다. 다만 이 책에서 다룬 주제들이 세계적인 시대 전환의 주제들과 모순되거나 충돌하는 것은 아니다. 인류가 맞이한 전 세계적 이슈들을 들여다보면 우리의 시대 전환 방향과 관련하여 또 다른 시사점을 발견할 수 있다. 한 걸음 더 내다보고 미래를 향해 나아가는 밀레니얼 개척자들이 있다면, 어떤 문제에 부딪히더라도 더 큰 임팩트를 만들어내리라 믿는다. 따라서 가장 중요한 것은 이를 만들어갈 주체인 밀레니얼 개척자들의 존재다.

이 책에는 많은 사례가 등장한다. 그 주인공들은 대부분 내가 현장에서 함께했던 분들인데, 원고 확인 요청을 했을 때 선뜻 응해주셨고 현재 상황도 업데이트해주셨다. 트레바리 윤수영 대표, 낯선대학 백영선, 재주상회 고선영 대표, 아트클러스터 별의별 고은설 대표, 남의집프로젝트 김성용 대표, 섬이다 김종현 대표, 도시여행자 김준태 대표, 더웨이브컴퍼니 김지우 대표, 해녀의부엌 김하원 대표, 다자요 남성준 대표, 공장공장 박명호 대표, 한복남 박세상 대표, 공유를위한창조 박은진 대표, 당신의과수원 오성훈 대표, 왓집 문주현 대표, 컬쳐네트워크 윤현석 대표, 베드라디오 이광석 이사, 완도살롱 이종인 대표, 론드리프로젝트 이현덕 대표, 더로컬프로젝트 이희준 대표, 빌드 임효묵 이사, 오젬코리아 지은성 대표, 칠성조선소 최윤성 대표, 하이브아레나 최종진 · 황혜경 대표, 크립톤 김선경 이사, 비로컬 김혁주 대표 등이다. 이분들 덕분에 이 책이 현장감 있는 내용과 사진으로 채워졌다.

제주창조경제혁신센터 임직원들에게도 감사드린다. 센터에서 만든 다양한 지역혁신 프로젝트 덕분에 시대 전환과 지역 변화의 흐름을 가장 가까운 곳에서 접할 수 있었다. 센터 임직원들은 항상 든든한 파트너였다. 이들의 창의적인 기획과 커뮤니티 구축, 아카이브가 없었다면 이 책은 나오기 힘들었을 것이다. 이 책은 지난 4년 반 동안 이들과 함께해온 일들에 대한 기록이자 앞으로의 길잡이이기도 하다. 특히 민간과 공공에서 파견 나와 경계인으로 지냈던 안민호, 박은하, 그리고 지역혁신 프로젝트를 주도한 강나경, 이경호는 이 책의 내용과 관련이 깊다.

현장을 함께 지켜보며 생각의 틀을 만들어가는 데에는 연세대학교 국제학 대학원 모종린 교수님, 건축도시공간연구소 윤주선 박사, 메타기획컨설팅 최도인 본부장의 도움을 크게 받았다. 각각 다른 영역에서 활동하던 분들이지만 센터의 사업을 하면서 서로 연결되었고 지식 공동체가 형성될 수 있었다.

혁신공무원들의 도움도 빼놓을 수 없다. 미래창조과학부에서부터 센터 업무를 담당했고 중소벤처기업부 창업생태계조성과 과장을 맡은 후 현재 청와대 중소벤처기업비서실에 발탁된 이옥형 국장, 제주도 미래전략국 노희섭 국장은 언제나 의지하고 상의할 수 있는 든든한 공공혁신 파트너였다. 제주창조경제혁신센터에 변함없는 지지를 보내준 제주도 원희룡 도지사에게도 감사한 마음이다.

2018년 초, 책을 쓰자고 마음먹었을 때 한 연구모임에서 알게 된 이진아콘텐츠컬렉션이 없었다면 이 책은 세상에 나오지 못했을 것이다. 내게는 첫 저작인 만큼 미숙한 점이 많았는데 책을 쓰는 법을 제대로 트레이닝해주었다. 이진아 대표님은 내가 초고를 완성한 후 이를 가장 잘 이해할 출판사와 편집자를 만날 수 있도록 연결해주었다. 더퀘스트 김세원 팀장과 함께하면서 날것의 초고를 다듬는 작업을 계속했다. 이 과정에서 적지 않은 글을 쓰고, 버리고, 다시 썼다. '훌륭한 첫 독자'로서 김세원 팀장은 가감 없이 피드백을 주었고, 나는 든든한 편집자를 믿고 마음껏 글을 쓸 수 있었다. 그런 행운 덕분에 행복한 마음으로 독자에게 더 가까이 다가가는 책으로 완성해갈 수 있었다. 그 과정에서 내 생각도 더 명료해지고 성숙해진 느낌이다.

경계인으로서 나의 정체성을 형성해준 분들께 감사드린다. 카카오메이커스 홍은택 대표님이 4년 반 전 제주창조경제혁신센터 일을 하도록 나를 설득하지 않았다면 나는 민간과 공공, 서울과 제주 사이의 경계에 서지 못했을 것이다. 한국예술종합학교 예술경영과 전수환 교수님은 2012년에서 2017년까지 함께하며 나의 논문을 지도해주셨다. '창조적 삶 디자인'에 대한 아이디어는 그분께 얻은 것이다. 거의 30년 전 대학 시절 나에게 큰 영향을 주었던 또하나의문화를 만든 조한혜정 교수님께도 감사드린다. 또한 1990년대 초반 대학 시절 대부분의 시간을 함께했던 또하나의문화 연극 소모임 이적(가수), 심성보(〈살인의 추억〉 조감독, 〈해무〉 감독), 김희옥(크리킨디센터 센터장), 박일형(홍익대학교 영어영문학과 교수), 이동훈(이화여자대학교 건축학과 교수), 소영(하자센터 전 팀장) 등 친구들과 선후배들도 지금의 나를 형성하는 데 큰 영향을 주었다. 그들은 나의 정체성에서 일정 부분을 차지한다.

이렇게 탄생한 나의 첫 책을 가족에게 바친다. 이 책을 쓰면서 근대사를 돌아보게 되었고, 가난한 나라에서 태어나 서울로 올라와 초단기 압축성장 시대를 살아오신 부모님 세대의 삶을 조금 더 이해하게 되고 감사한 마음이 들었다. 그분들의 노고가 있었기에 우리가 지금 새로운 시대 전환을 꿈꿀 수 있게 됐다. 영광, 고창, 벽성(황해도), 광주가 고향이면서 서울로 향했던 아버지, 어머니, 장인, 장모님의 삶을 반추하면서, 거꾸로 서울에서 지방 도시로 향해 가는 미래 세대를 상상해봤다.

무엇보다 삶의 동반자인 아내 이진아에게 고마움을 전한다. 서울에서 태어나 자랐고, 4년 전 나의 직장을 따라 제주로 이주한 아내의 조력이 있었기에 이 책이 탄생할 수 있었다. 오랜 기간 주말마다 글쓰기에 집중하느라 다른 일에 신경을 쓰지 못했는데도 항상 아낌없이 응원해주었다. 서울에서 지방 도시로 이주한 사람으로서 느끼는 여러 가지 결핍과 가능성, 그것을 뚫고 지역 공동체의 일원이 되어가는 아내를 가까이서 지켜본 덕에 좀 더 풍성한 책이 될 수 있었다. 이 책을 쓰면서 아내와 함께 서로 읽은 책과 생각들을 나눌 수 있었던 것도 큰 기쁨이었다.

이 책을 만났을 때 독자들이 어떤 마음일지 벌써부터 궁금하다. 이 책을 손에 들 독자들에게 미리 감사드린다. 나의 글을 읽어주는 독자가 있기에 나는 비로소 작가가 되고, 이 활자들이 책이 되기 때문이다. 책은 또 다른 인연의 매개체가 아닐까. 이 책을 통해 미래를 열어가는 많은 분과 즐거운 연결이 생겨나기를 기대한다.

2019년 가을 제주에서

- 건축도시공간연구소, 《BOOT UP, 건축도시 START UP: 짓는 건축에서 잇는 건축으로》, 건축도시공간연구소, 2017
- 고선영 지음, 김형호 사진, 《소도시 여행의 로망》, 시공사, 2010
- 구기욱, 《반영조직》, 쿠퍼북스, 2016
- 구선아, 《여행자의 동네서점》, 퍼니플랜, 2017
- 김건우, 《대한민국의 설계자들》, 느티나무책방, 2017
- 김미경, 《다시 을지로》, 스리체어스, 2018
- 김수현, 《나는 나로 살기로 했다》, 마음의숲, 2016
- 김영록 · 김민지, 《더 스타트업 카르텔》, 티핑포인트, 2017
- 김태훈, 《우리가 사랑한 빵집 성심당》, 남해의봄날, 2016
- 나쓰메 소세키, 《나츠메 소세키 문명론》, 소명출판, 2004
- 또하나의문화편집부, 《내가 살고 싶은 세상 - 또하나의문화 10》, 또하나의문화, 1994
- 로널드 잉글하트 · 크리스찬 웰젤 지음, 지은주 옮김, 《민주주의는 어떻게 오는가》, 김영사, 2011
- 로버트 킨슬 · 마니 페이반 지음, 신솔잎 옮김, 《유튜브 레볼루션》, 더퀘스트, 2018
- 리처드 플로리다 지음, 이길태 옮김, 《Creative Class: 창조적 변화를 주도하는 사람들》, 전자신문사, 2002
- 마강래, 《지방도시 살생부》, 개마고원, 2017
- 마쓰나가 게이코 지음, 이혁재 옮김, 《로컬 지향의 시대》, 알에이치코리아, 2017
- 마스다 히로야 지음, 김정환 옮김, 《지방 소멸: 인구감소로 연쇄붕괴하는 도시와 지방의 생존전략》, 와이즈베리, 2015
- 모종린, 《작은 도시, 큰 기업》, 알에이치코리아, 2014
- 모종린, 《라이프스타일 도시》, 위클리비즈, 2016
- 모종린, 《골목길 자본론》, 다산3.0, 2017
- 박상준, 《불황터널 진입하는 한국 탈출하는 일본》, 매일경제신문사, 2016
- 박해천, 《콘크리트 유토피아》, 자음과모음, 2011
- 박해천, 《아파트 게임: 그들이 중산층이 될 수 있었던 이유》, 휴머니스트, 2013

- 박해천, 《아수라장의 모더니티》, 워크룸프레스, 2015
- 버니 트릴링 · 찰스 파델 지음, 한국교육개발원 옮김, 《21세기 핵심역량》, 학지사, 2012
- 변양균, 《경제철학의 전환》, 바다출판사, 2017
- 브로드컬리 편집부, 《제주의 3년 이하 이주민의 가게들: 원했던 삶의 방식을 일궜는가?》, 브로드컬리, 2018
- 브로드컬리 편집부, 《서울의 3년 이하 퇴사자의 가게들: 하고 싶은 일 해서 행복하냐 묻는다면?》, 브로드컬리, 2019
- 사쿠마 유미코, 《힙한 생활 혁명》, 하루, 2016
- 새라 케슬러 지음, 김고명 옮김, 《직장이 없는 시대가 온다》, 더퀘스트, 2019
- 스가쓰케 마사노부 지음, 현선 옮김, 《물욕 없는 세계》, 항해, 2017
- 앨버트 라슬로 바라바시 지음, 김기훈 옮김, 《링크: 21세기를 지배하는 네트워크 과학》, 2002
- 야마모토 요시타카 지음, 임경화 옮김, 《나의 1960년대: 도쿄대 전공투 운동의 나날과 근대 일본 과학기술사의 민낯》, 돌베개, 2017
- 야마자키 미츠히로 지음, 손예리 옮김, 《포틀랜드, 내 삶을 바꾸는 도시혁명》, 어젠다, 2017
- 야마자키 미쓰히로 지음, 이승민 옮김, 《포틀랜드 메이커스》, 컨텐츠그룹 재주상회, 2019
- 양승훈, 《중공업 가족의 유토피아》, 오월의봄, 2019
- 어반플레이, 《로컬전성시대》, 어반플레이, 2019
- 에드워드 L. 글레이저 지음, 이진원 옮김, 《도시의 승리》, 해냄, 2011
- 에릭 리스 지음, 이창수 · 송우일 옮김, 《린 스타트업》, 인사이트, 2012
- 에이미 골드스타인 지음, 이세영 옮김, 《제인스빌 이야기: 공장이 떠난 도시에서》, 세종서적, 2019
- 엔리코 모레티 지음, 송철복 옮김, 《직업의 지리학》, 김영사, 2014
- 오원철, 《박정희는 어떻게 경제 강국 만들었나》, 동서문화사, 2006
- 와디즈, 《새로운 시대에 투자하는 사람들》, 와디즈, 2018
- 우치다 다쓰루 · 시라이 사토시 지음, 정선태 옮김, 《사쿠라 진다: 전후 70년, 현대 일본을 말하다》, 우주소년, 2019
- 유하, 《세운상가 키드의 사랑》, 문학과지성사, 1999
- 이동진, 《퇴사준비생의 도쿄》, 더퀘스트, 2017

- 이지행, 《BTS와 아미 컬쳐》, 커뮤니케이션북스, 2019
- 이철승, 《불평등의 세대》, 문학과지성사, 2019
- 이희준, 《시장이 두근두근 1·2》, 이야기나무, 2015
- 임명묵, 《거대한 코끼리, 중국의 진실》, 에이지21, 2018
- 임홍택, 《90년생이 온다》, 웨일북, 2018
- 자이미 레르네르 지음, 황주영 옮김, 《도시침술》, 푸른숲, 2017
- 전상진, 《세대 게임》, 문학과지성사, 2018
- 정석, 《도시의 발견》, 메디치미디어, 2016
- 제주창조경제혁신센터, 《리모트워크로 스타트업》, 하움출판사, 2019
- 제주창조경제혁신센터, 〈2019 CIRI & 지역혁신콜로키움 자료집〉, 제주창조경제혁신센터, 2019
- 제주창조경제혁신센터, 〈J-Connect Day 2018 자료집〉, 제주창조경제혁신센터, 2019
- 제프 멀건 지음, 김영수 옮김, 《사회혁신이란 무엇이며, 왜 필요하며, 어떻게 추진하는가》, 시대의창, 2011
- 조한혜정, 《선망국의 시간》, 사이행성, 2018
- 조한혜정, 《글 읽기와 삶 읽기 1》, 또하나의문화, 1992
- 조한혜정, 《글 읽기와 삶 읽기 2》, 또하나의문화, 1994
- 조한혜정, 《글 읽기와 삶 읽기 3》, 또하나의문화, 1995
- 존 호킨스 지음, 김혜진 옮김, 《존 호킨스 창조경제》, FKI미디어, 2013
- 창작과비평 편집부, 〈창작과 비평 181호 – 2018. 가을〉, 창작과 비평, 2018
- 찰스 랜드리 지음, 메타기획컨설팅 옮김, 《크리에이티브 시티 메이킹》, 역사넷, 2009
- 찰스 랜드리 지음, 임상오 옮김, 《창조도시》, 해남, 2005
- 최덕림, 《공무원 덕림씨》, 컬처코드, 2017
- 콘텐츠그룹 재주상회, 〈리얼제주 매거진 인 iiin 2019. 여름〉, 콘텐츠그룹 재주상회, 2019
- 크리스티안 생-장-폴랭 지음, 성기완 옮김, 《히피와 반문화》, 문학과지성사, 2015
- 탁석산, 《한국의 정체성》, 책세상, 2001
- 피터 드러커 지음, 현영하 옮김, 《비영리단체의 경영》, 한국경제신문, 2003
- 한종수·강희용, 《강남의 탄생: 대한민국의 심장 도시는 어떻게 태어났는가?》, 미지북스, 2016
- 홍성국, 《수축사회》, 메디치미디어, 2018